科学推进减负提质，打造全程育人体系

佛山市"双减"精品案例集

彭海燕 主编

佛山市教育局教研室 组编

南方传媒

全国优秀出版社
全国百佳图书出版单位
广东教育出版社

·广州·

图书在版编目（CIP）数据

科学推进减负提质，打造全程育人体系：佛山市“双减”精品案例集 / 彭海燕主编 . — 广州 ：广东教育出版社，2022. 8（2024. 6重印）
ISBN 978-7-5548-5130-2

Ⅰ. ①科… Ⅱ. ①彭… Ⅲ. ①中小学教育—教育改革—案例—佛山 Ⅳ. ①G639.21

中国版本图书馆CIP数据核字（2022）第138681号

科学推进减负提质，打造全程育人体系——佛山市“双减”精品案例集
KEXUE TUIJIN JIANFU TIZHI DAZAO QUANCHENG YUREN TIXI
FOSHAN SHI SHUANGJIAN JINGPIN ANLI JI

出 版 人：朱文清
责任编辑：唐俊杰　赵亚敏
责任技编：许泽璇
装帧设计：苏永基
责任校对：田艳明　李彦谚　周月玲
出　　版：广东教育出版社
（广州市环市东路472号12-15楼　邮政编码：510075）
销售热线：020-87615809
网　　址：http://www.gjs.cn
E-mail：gjs-quality@nfcb.com.cn
发　　行：广东新华发行集团股份有限公司
印　　刷：广州小明数码印刷有限公司
（广州市天河区高普路83号B栋C5号）
规　　格：787 mm × 1092 mm　1/16
印　　张：21.5
字　　数：400千
版　　次：2022年8月第1版
2024年6月第2次印刷
定　　价：76.00元

编委会

主　编　彭海燕

副主编　钱运涛

编　委　（按姓氏笔画排列）

刘　湘　孙治中　何晓锋

何爱华　何润青　张　芸

陈日新　陈冬梅　林美芳

赵嘉茹　郗　宁　饶小锋

曾春燕

序

2021年5月,中央全面深化改革委员会第十九次会议审议通过《关于进一步减轻义务教育阶段学生作业负担和校外培训负担的意见》（以下简称《意见》）。2021年7月，中共中央办公厅、国务院办公厅印发《意见》，减轻学生作业负担和校外培训负担（以下简称“双减”）。

教育是一个国家和民族最根本的事业。“双减”政策的实施，是以习近平同志为核心的党中央站在“两个一百年”奋斗目标的历史交汇点上做出的重大战略决策，是以坚持以人民为中心发展教育、坚持办人民满意教育为宗旨深化教育发展的重要体现。从治“标”的意义上讲，“双减”是要切实减轻学生的校内作业负担和参加校外培训的负担；从治“本”的意义上讲，“双减”是要坚决克服教育“内卷”对学生身心健康造成的损害，减少由社会竞争引发的教育无序竞争对整个教育生态系统的破坏。对学校而言，“双减”意味着学校教育要全面贯彻党的教育方针，落实“立德树人”根本任务，通过“五育并举”的教育教学活动，在减负的基础上不断提高教学质量和育人质量；对整个教育系统而言，则是要以深入推进“双减”工作为抓手，重构学校教育、家庭教育、社会教育的关系，恢复和重建以学生健康为本、幼有所育、学有所教、充满生机与活力的绿色教育生态系统，形成学校、家庭、社会各归其位，协同育人的“五好教育”

新形态。只有理解了这一逻辑，才能读懂中央和地方出台的“双减”系列改革措施。

为此，佛山市教育局以落实“双减”为契机，全面推动基础教育高质量发展，形成了“领导重视、系统思考、综合施策、齐抓共管、扎实推进”的工作机制。全市校内减负进展良好，学生作业总量和时长得到有效管控，考试压力大幅减轻，课后服务实现了2个“全覆盖”和“5+2”，服务水平全面提高。校外培训机构治理取得重大突破，全市已实现了机构总量、培训课时、参培人数、招生规模和预收费“五个减少”。目前，全市“学生过重作业负担和校外培训负担、家庭教育支出和家长相应精力负担1年内有效减轻”的目标已经实现，高质量地完成了“双减”首年的工作任务。

作为佛山教育的“排头尖兵”，服务教育决策的“智囊团”，佛山市教育局教学研究室积极行动，多措并举地贯彻局党组关于“双减”工作的部署安排，构建了“市区镇共建”教研体系，设立了“双减”样本示范校，推动优质课程教学资源共建共享，组织义务教育阶段教研员进校园、进课堂、进社会，见老师、见学生、见家长，在研究“双减”政策、指导实践探索、深入一线调研、总结经验案例上下功夫，为全市中小学落实“双减”工作提供了强有力的智力支撑和技术保障。一年来，全市中小学在扎实推进“双减”工作的生活实践中，涌现出了一大批可圈可点的“双减”优秀成果和精品案例，先后在《中国教育报》、人民网等中央媒体上公开报道。通过认真学习教育部编发的“双减”典型案例，积极梳理我市各区各校在贯彻落实“双减”政策中涌现出来的好经验好做法，形成了这本《科学推进减负提质，打造全程育人体系——佛山市“双减”精品案例集》。

全书从区域推进和学校探索两个层面，共收录了来自全市五区的122个“双减”精品案例，涵盖了作业管理优化、课后服务提质、课堂教学增效、考试评价增值和教师队伍减负等五个维度，每个维度分别从区域引领、样本示范和校本经验三个角度分享佛山实践经验。从一个个案例的字里行间，可以看到佛山教育人深化课程教学改革，深入推进“双减”工作落细落实的生动实践；看到广大教师“让学科回归本质，让教育回归初衷，让学习回归本位”的守正创新；看到“双减”工作带来的教育观念、育人方式、教育评价、家校社协同等多方面的深刻变革……从某种程度上讲，本书的正式出版，为各级各类学校持续推进“双减”提供了基于实践、实操性强的佛山样本，标志着我市的“双减”工作已经从实践探索阶段进入了经验输出阶段。

本书在成书的过程中，得到了我市义务教育阶段教研员、各“双减”样本校、各区教研室和相关学校的大力支持，对无私分享先进经验与做法的单位与个人，在此一并致谢！由于时间较紧，水平有限，本书还有不少疏漏，恳请广大同行不吝赐教。

是为序。

彭海燕

2022年7月于佛山

目录

第一章
作业管理优化

ZUOYE GUANLI YOUHUA

第一节 区域案例

作业变花样，越做越精彩！

禅城区教育局

自2021年7月国家出台“双减”政策以来，禅城区各中小学积极行动，为中小学生作业总量和作业时长做“减法”，为作业管理和作业质量做“加法”，切实减轻义务教育阶段学生作业负担。

一、强管理，力促“双减”落地

禅城区教育局于2021年9月出台《关于加强义务教育学校作业管理的实施意见》（简称《实施意见》），进一步规范学校作业管理，确保“双减”政策落实、落细。《实施意见》要求，各中小学要建立“周公示”“月检查”和“季摸查”三项作业常规管理制度。

图1-1-1 河滘小学“季摸查”学生问卷现场

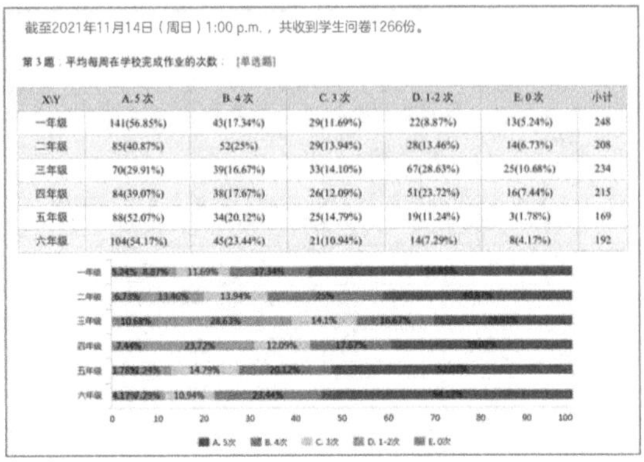

截至2021年11月14日（周日）1:00 p.m.，共收到学生问卷1266份。

第3题：平均每周在学校完成作业的次数：［单选题］

X\Y	A. 5次	B. 4次	C. 3次	D. 1-2次	E. 0次	小计
一年级	141(56.85%)	43(17.34%)	29(11.69%)	22(8.87%)	13(5.24%)	248
二年级	85(40.87%)	52(25%)	29(13.94%)	28(13.46%)	14(6.73%)	208
三年级	70(29.91%)	39(16.67%)	33(14.10%)	67(28.63%)	25(10.68%)	234
四年级	84(39.07%)	38(17.67%)	26(12.09%)	51(23.72%)	16(7.44%)	215
五年级	88(52.07%)	34(20.12%)	25(14.79%)	19(11.24%)	3(1.78%)	169
六年级	104(54.17%)	45(23.44%)	21(10.94%)	14(7.29%)	8(4.17%)	192

图1-1-2 吉利小学“季摸查”数据

二、优设计，提升作业质量

“减负”与“提质”两者是辩证统一的关系，禅城区坚持做到“两手抓、两手硬”。区教育发展中心教研室将作业设计纳入教师专业技能比赛，纳入整体教研体系。其中，语文、数学、英语学科研究单元整体作业设计，实现发展学生学科素养的目标；美育、体育、德育、劳动教育研究周末项目式作业设计，培养学生的综合能力和创新精神，大力推动“作业布置”向“作业设计”转变。

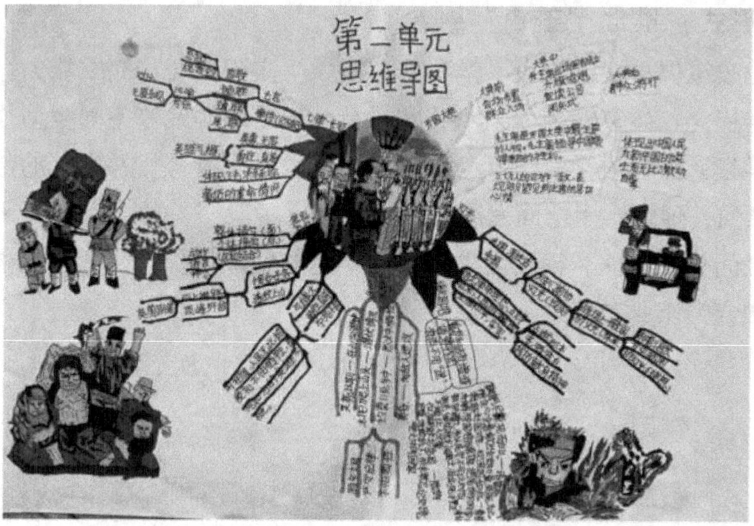

图1-1-3　语文学科作业：让知识结构化（佛山市第一小学五年级）

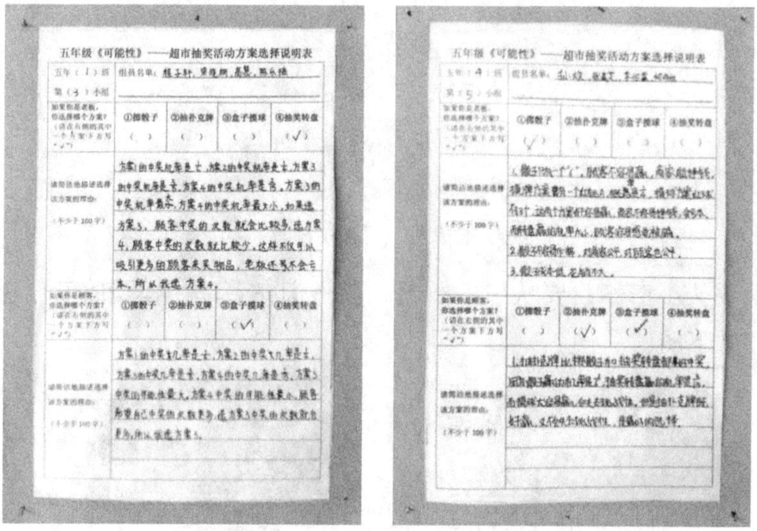

图1-1-4　数学学科作业：让知识生活化（城南小学五年级）

图1-1-5　英语学科作业：让知识可视化（同济小学三年级）

三、新形式，推动“五育”融合

“双减”政策倡导根据学段、学科特点及学生实际需要和完成能力，合理布置书面作业、科学探究、体育锻炼、艺术欣赏、社会与劳动实践等不同类型作业。禅城区倡导各中小学设计“打破学科边界，体现学科整合，‘五育’并举”的作业，以提升学生的综合素质，促进学生全面发展。

各学科之间相互支撑，相互促进，唤起学生的创造热忱，让学生建构自己的知识图式，学科融合类作业如下图。

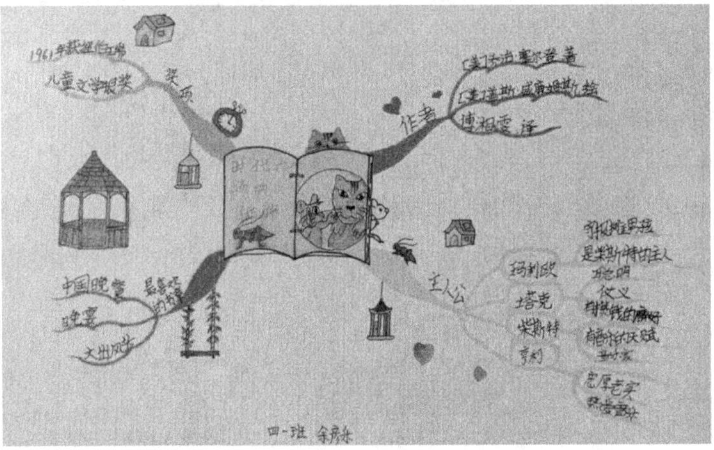

图1-1-6　“好书导读”（佛山市第一小学四年级）

热爱劳动要从小培养，要从小事做起。孩子们在劳动中体验收获，感悟成长，劳动实践类作业如下图。

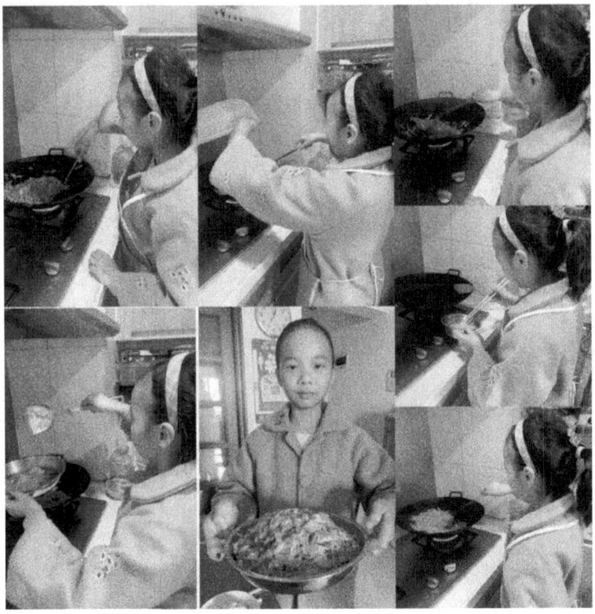

图1-1-7　学生“做拿手菜”（龙津小学四年级）

探索是孩子的天性，孩子们在实践中探索，在探索中发现和成长，科学探究类作业如下图。

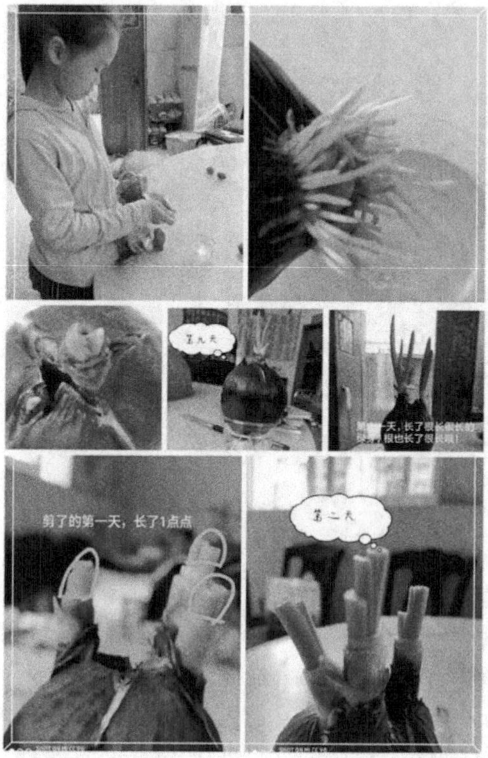

图1-1-8　“观察洋葱生长”（紫南小学三年级）

艺术创作不但能让孩子们变得心灵手巧，还能培养孩子们的创新精神，艺术创作类作业如下图。

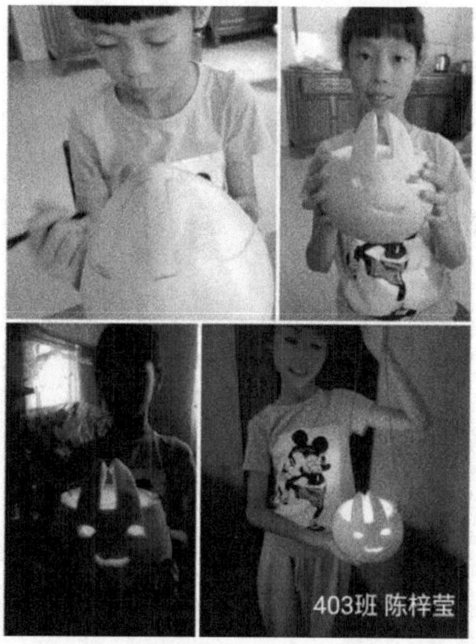

图1-1-9　“制作中秋灯饰”（吉利小学四年级）

坚持体育锻炼能增强少年儿童的体质并培养坚强的意志品质，体育锻炼类作业如下图。

图1-1-10　体能锻炼（吉利小学三年级）

“双减”政策下的作业改革，老师们别出心裁让作业变“花样”，学生在完成作业的过程中提升了学习兴趣，综合能力得到了发展，禅城学子越学越轻松，越学越精彩。

【点评】

禅城区教育局积极推动“双减”工作落地见效，根据区委、区政府“强中心”的战略部署，明确“减负增效”“减负提质”的工作目标，为切实减轻学生作业负担，大力推进作业改革，不断优化作业设计，以提升作业品质，实现减负增效，让作业回归育人本质，助力基础教育良性发展！

从“双减”走向“双赢”
——高明区物理学科典型案例

高明区教师发展中心　陈永基

“双减”政策实施以来，如何才能既减轻学生的作业负担，又能有效地提高作业质量？如何既能激发学生兴趣，又能巩固教学效果？高明区物理学科从区级层面组织行动，积极探索，加强对作业设计与实施的研究与指导，组织开展作业设计和命题的比赛与展示交流活动，聚焦作业减负、提升教学质量，取得了阶段性的进展和成效。

一、政策引领，减负提质

为推动“双减”政策的落实，进一步提升作业设计的科学性、针对性和规范性，增强作业实施的有效性，减轻学生过重的作业负担，高明区在2021年10月出台了《佛山市高明区义务教育阶段学生作业减负实施方案》和《佛山市高明区初中物理作业设计与实施指导意见》。文件要求加强物理作业管理，围绕作业设计的科学性、有效性、发展性、多样性等开展专题研究，科学构建作业管理机制，定期组织开展优秀作业设计比赛与展示交流活动；引导物理教师培养自主研发作业的意识与能力，避免过分依赖教学辅导材料，避免长期设计和布置类型单一、机械低效的作业，稳步提升全区物理教师作业设计能力与水平，提高作业设计与完成质量，尽快扭转“学生过重作业负担、高负低效”的不良局面，实现减负提质增效，促进全区中小学生全面发展、健康成长。

二、以赛促学，以赛促研

为提高学生物理学科学习能力，创新物理作业形式，帮助学生减轻作业负担，推动思维导图走进物理课堂，高明区在2021年12月举办了“赛出思维　导出精彩”的物理学科学生思维导图比赛。比赛面向八、九年级的学生，基于单元大观念制作思维导图，要求学生能科学准确地体现物理学科的知识本质、特点、规律，整体布局合理，层级科学，符合逻辑，兼具形象化、艺术性和创新性。各校学生积极参与比赛，思维导图以“电功率”“透镜及其应用”“热与能”“电流与电路”等为主题，内容多样、精彩纷呈，避免了机械性、死记硬背等低效的作业形式。比赛受众面广，同时也兼顾了个体差异，激发了学生的学习兴趣，收到了良好的效果。

为提高教师的命题能力和作业设计水平，助力学生核心素养的养成，高明区在2022年3月举办了初中教师物理命题比赛。命题比赛本着“改编创新”“形式多样”“多元整合”的设计原则，要求内容上要基于学习目标，紧扣课程、单元和课时所学核心内容，体现基础过关性、能力提升性、探究拓展性和综合实践性等层次，提倡于实践中应用物理知识。命题比赛让物理试题的灵活性得到提高，同时也让教师钻研教材、深挖教材的能力得到进一步锻炼。

三、课堂变革，提质增效

“双减”背景下，学生负担能否“减”下去，关键看课堂教学质量能否“增”上去。减负不仅依赖于作业的改革，还依赖于课堂教学的改革。作为一线老师要转变教学观念，课堂上要以学生为中心，基于课程教学目标和学生实际设计教学，再基于学生学习习惯，结合真实的问题情境让学生通过合作学习，去发现、探究和解决问题，充分发挥学生的主观能动性，提升学生的科学思维能力。

在市、区的“双减”教研联动下，为发挥“双减”典型课例和典型教师的示范作用，2021年10月，在市和区教研员的指导和协助下，高明一中实验学校的曾芝老师上了一节“探究串并联电路电压规律”的示范课。示范课的录像在全市以及黔东南等地区进行展示交流，收获专家老师们的诸多赞扬。这节课既有“减法”又有“加法”：首先，教师改变了以讲为主的教学模式，老师讲得越来越少了，问的问题越来越多了，教师通过设问和追问，用问题引领学生思考；其次，虽然老师给学生布置的纸质作业少了，但是教师在课堂中充分发挥学生的主体作用，让学生猜想、展示、实验，整节课的关键问题都是由学生回答出来，学生的思维量增多了，物理规律的归纳和发现的方法掌握得更多了。

【点评】

以政策为引领，以比赛为突破口，在课堂教学、作业设计等方面深耕精研。高明区物理学科依托区级平台，以文件形式加强作业管理和指导，创新物理作业形式，提升教师命题能力，树典型打造高效课堂，通过区级引领带动，让更多学校老师形成共识，让学生成为“双减”的受益者，切实推进“双减”政策落地，真正成为“双减”的执行者，实现“双减”之后减负不减质，增效不增压。

抛开作业的“枷锁”，拥抱素养的成果

顺德区均安镇教育局　黄婉珊
顺德区均安中心小学　欧阳妙诗

“双减”政策下，均安镇各小学语文教研组立足“双减”主阵地，在作业的减量提质上潜心钻研，积极探索有效的作业管理模式，创新作业形式，以多样的作业评价激发学生的积极性和潜能，提升学生的语文核心素养。

一、从知识本位走向素养本位

“双减”预示着我们要从知识本位走向素养本位，牢牢抓住语文核心素养，在教材的基础上，结合学科逻辑和生活逻辑设计大单元、大任务，让学生在真实情境中解决真实的问题，在丰富作业形式的同时，起到提质增效的效果。如均安镇顺峰小学根据统编教材双线组元的特色设计单元作业，以六年级上册第二单元为例，他们紧扣“革命岁月”的主题，聚焦“点面结合”的单元语文要素，以“重走红色革命道路”为情境主题，分别设计“重温红色记忆”“传承红色精神”“争当红色传人”三大板块。在主题的引领下，以“遇见历史，夯实知识”“沉淀理想，提升能力”“项目学习，落实素养”三大任务为驱动，设计多样式的单元作业，让学生在真实情境下进行深度学习，真正实现“作业目标—作业内容—作业实施—反思改进”的自我循环与完善，在优化整合作业资源的同时更大程度地让学生做到乐学、活学，让作业赋能增效。

二、以整体的作业意识打破作业局限性

以整体的作业意识取代碎片化的作业设计思维，打破作业设计的局限性，把作业的形式从纸上解放出来，优化作业呈现的形式，均安镇各校在不断地探索前行，为学生设计内容丰富、形式新颖的特色作业。《义务教育语文课程标准（2022年版）》指出：倡导少做题、多读书、好读书、读好书、读整本书，注重阅读引导，培养阅读兴趣，提高读书品位。因此，均安中心小学加大对学生阅读的指导力度，创造性地设计阅读单，注重阅读策略的引领，搭建文本阅读与阅读策略间的路径，围绕整本书阅读的实践要求，根据主题设计核心大任务，构成一系列的阅读项目，以核心的任务驱动学生去进行整本书阅读。这样将阅读输入与输出巧妙融合，建立整体性的阅读视野和可视化的阅读思维，让学生在深度阅读的过程中，忘记了作业的形式，沉浸在阅读旅程中。

三、丰富学生的知识构建

语言学习从输入到输出，不断丰富学生的知识建构。如富教小学语文科组结合学校的“书香致远课程体系”建设，开展“书香致远小达人”课前三分钟分享活动，把单一的书面作业转变成多种呈现形式的作业，探索实施“教中学、做中学、创中学”的阶梯形、序列化、个性化语文课前三分钟微活动。课前三分钟的准备是一个选择的过程，学生必须有意识地选取自己感兴趣的素材，这就要求学生充分阅读，多加思考，观察提炼，这个过程无形中提高了学生的阅读能力。要将选择好的材料拿到讲台上，还有一个思考和提炼的过程，将思考成果写下来作为讲稿，写和说的能力得到了锻炼。语文核心素养所需要的语言建构与运用、思维发展与提升、审美鉴赏与创造、文化传承与理解融入微活动的实施中，学生的交流能力、思维品质、审美品位、文化视野都在这个过程中得到提升。

抛开作业的“枷锁”，拥抱素养的成果。作业并不局限于写的形式，融合“听、说、读、写、思”的综合性作业，低阶思维跃向高阶思维的作业设计更是当今需要深入探索的方向。

【点评】

“双减”政策下，均安镇各小学语文教研组立足“双减”主阵地，创设形式多样的作业管理模式：素养导向的大单元整体作业设计；以阅读单为学习蓝图，指引学生进行深度阅读的整本书阅读设计；阶梯形、序列化、个性化、可操作、内容丰富、可评价的语文课前三分钟微活动……这充分体现了作业设计的整体观、育人观、评价观正从知识本位走向素养本位。学生在大单元、大项目、大情境的视野下，乐学、活学，语文核心素养得到不断提升。

第二节 样本示范

三方三联动为“双减”护航

高明区杨和镇中心小学　李燕娥

我校积极响应上级号召，探索个性化作业设计实现作业减负，将孩子的教育和生活连接在一起，真正做到“五育”并举，培养学生的自主学习能力和时间管理能力。

学校以“三方三联动”方式打通“双减”形势下减负不减质、增效不增压的作业管理渠道。“三方”即行政方、业务方和督导方；“三联动”即教导处与学科组教研联动、学科组与年级组管理联动、学校指导与家庭监督联动。

一、以“研学案”为载体的教导处与学科组教研联动

学校通过建立“教导处—学科组—备课组”三级教研网络，充分发挥教导处方向引领、学科中心组攻坚克难、年级教师备课组落实教研的作用，健全课改、教研、作业设计一体化建设。“研学案”紧紧围绕“作业减负”这一核心，从课堂教学、教研方式、作业设计、学习评价等四个方面开展研究，以基础性作业为主，发展性作业为辅，创新性作业落实分层。以语文五年级下册第一课《古诗三首》为例，老师设计了一道创新性情境作业：“三位诗人参观了我们学校，看到了同学们丰富多彩的大课间活动，他们会聊些什么？”通过这样的问题，勾连古今儿童的生活，激发学生对现今科技进步的畅想。

二、借助“年级作业统筹登记表”推动学科组、年级组管理联动

为了对各学科作业进行有效管理，学校制定了以年级为单位的“年级周作业统筹登记表”，并每周向家长公示。年级周作业统筹登记表设计体现了学校对书面作业量的有效控制，内容由备课组成员集体讨论，确定作业的内容、时长等。该作业由备课组长把关，科长、级长审核，由教导处统一公示，确保作业具有典型性和启发性。统筹表设置综合性作业布置要求，要求以年级为单位，布置体育锻炼、艺术欣赏、社会与劳动实践等不同类型作业。跟学校下发的“班级作业登记本”配套使用。以下为我校三到六年级的作业统筹表：

表1-2-1　杨和镇中心小学（　　）年级第（　　）周家庭作业布置统筹登记表

<table>
<tr><td colspan="2" rowspan="2">学科</td><td colspan="2">语文</td><td colspan="2">数学</td><td colspan="2">英语</td><td colspan="2">其他</td></tr>
<tr><td>作业内容</td><td>所需时长/分</td><td>作业内容</td><td>所需时长/分</td><td>作业内容</td><td>所需时长/分</td><td>作业内容</td><td>所需时长/分</td></tr>
<tr><td rowspan="5">星期</td><td>一</td><td></td><td></td><td></td><td></td><td></td><td></td><td></td><td></td></tr>
<tr><td>二</td><td></td><td></td><td></td><td></td><td></td><td></td><td></td><td></td></tr>
<tr><td>三</td><td></td><td></td><td></td><td></td><td></td><td></td><td></td><td></td></tr>
<tr><td>四</td><td></td><td></td><td></td><td></td><td></td><td></td><td></td><td></td></tr>
<tr><td>五（含双休日）</td><td></td><td></td><td></td><td></td><td></td><td></td><td></td><td></td></tr>
<tr><td colspan="2">总时长/分</td><td colspan="2"></td><td colspan="2"></td><td colspan="2"></td><td colspan="2"></td></tr>
<tr><td colspan="2">备课组长、科长签名</td><td colspan="2"></td><td colspan="2"></td><td colspan="2"></td><td colspan="2"></td></tr>
<tr><td colspan="2">综合性作业</td><td colspan="8">譬如学科的调查、访谈作业，数学道具制作，艺体作业，劳动作业，手工作业，品德作业等，最好是主题类作业，如认识二十四节气等 。
级长签名：__________</td></tr>
</table>

三、创设“书包解放日”推动综合实践作业落实，促家校联动

“减负”，先从孩子们背上沉重如小山的书包减起。按“标本兼治、多管齐下”的原则，我校实施双周四“书包解放日”活动。活动当天，教师不布置书面作业，学生不背书包回家，学科组与年级联动，根据学段学科特点、学生发展需要及完成能力，布置搜集整理、科学探究、体育锻炼、艺术欣赏、社会与劳动实践等不同类型的综合实践作业。我校第二周的“书包解放日”作业精彩纷呈，二年级综合作业是帮家长扫地、洗碗；五年级语文是采访并完成“长辈的童年生活”调查问卷；三年级数学是“制作二月份日历”……通过“书包解放日”开展各种综合实践性活动，推动家长深度参与教育，有利于建立良好的亲子关系，同时实现家校有效互动。

表1-2-2　杨和镇中心小学第（　　）周“书包解放日”综合性作业反馈表

班级				
学生姓名				
学科	语文	数学	英语	综合
作业				
完成情况（在相应内容后打√）	很好（　）好（　） 一般（　）差（　）	很好（　）好（　） 一般（　）差（　）	很好（　）好（　） 一般（　）差（　）	很好（　）好（　） 一般（　）差（　）
家长签名				

【点评】

家庭、学校、社会联动，力促核心素养教育真正落地。杨和镇中心小学“三方三联动”推动“双减”工作落地见效，体现了学校对学生作业全方位、多渠道、立体化的管理。杨和镇中心小学以“研学案”作业为主体，以年级作业统筹和综合性作业辅之的“一体两翼”式管理模式，减轻了学生作业负担，释放了师生的内生动力，撬动了教与学变革的“双减”路径探索。

第三节　学校案例

书面作业减下来，体育锻炼加上去

——“家”运动，让孩子从学校“动”到家里

禅城区环湖小学

“减负”“提质”两手抓，环湖小学在行动。我们对“双减”朴素地理解为“健康第一”。如何增加孩子的锻炼时间以及有效培养孩子体育锻炼的习惯是我们一直在思考的问题。在此背景下，环湖小学在确保孩子每天校园体育活动1小时以上的基础上，推出了“‘家’运动”的做法，让孩子的体育锻炼延伸到课外，“动”到家里。

一、专属的家庭锻炼卡，让锻炼效果看得见

为了让孩子养成良好的锻炼习惯，我们把家庭锻炼视为每天必做的“作业”，并为每一位学生制作了一张精美的体育锻炼卡，作为孩子体质发展的小档案。锻炼卡除了设计精美，在内容上还包含了自选作业单、锻炼要求、作业记录表和国家体质测试项目的达标标准，让孩子清晰知道自己在家锻炼的内容与强度，并且在与国家标准的对比下，了解自己的体质健康水平。在日积月累的打卡记录中，不断强化孩子家庭锻炼的信心与习惯。

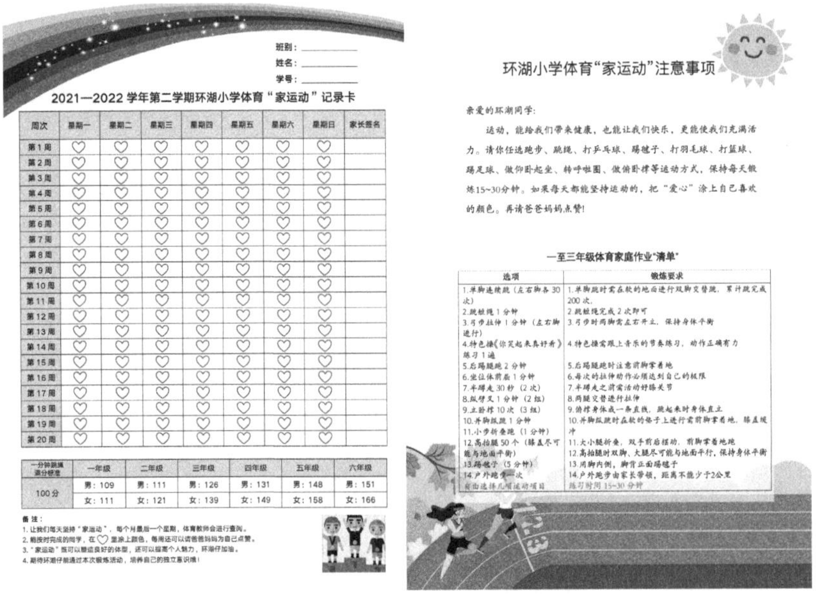

图1-3-1　精美的体育锻炼卡

二、亲子互动养家风，让锻炼成为生活方式

“家”运动，养良好“家风”。父母是孩子成长的第一榜样，热爱体育锻炼的父母，他们的孩子很大可能是热爱锻炼的。所以，我们鼓励家长发挥表率作用，参与孩子每天的家庭锻炼，或是指导锻炼，或是参与锻炼，让孩子的锻炼多了互动的乐趣，并且通过打卡、视频、照片等形式记录亲子互动，让运动成为一种生活方式，同时也逐渐形成一种良好的家风，为学生培养锻炼习惯、促进身体发育提供强而有力的保障。

图1-3-2 亲子互动

三、“每月体育小健将”，让热爱锻炼成为校园时尚

为了提升孩子对体育锻炼的热爱，学校根据孩子体育课上的表现、家庭锻炼卡的打卡情况以及同伴评价，评选班级“每月体育小健将”，并且为每一位“小健将”颁发奖状并隆重表彰，让热爱锻炼成为校园生活的一种时尚，让“小健将”成为孩子竞相争取的荣耀。

图1-3-3 表彰“每月体育小健将”

“家”运动，让体育健身活动从学校延伸到家庭、社区，拓展学生锻炼空间，延长学生锻炼时间、形成强身健体的氛围，成为家校合作的纽带。家长与孩子共同进行体育活动，一方面创建和谐快乐幸福的家庭，另一方面可以让家长多方了解自己的孩子，让学生把在体育课中学会的各种运动技能展示给家长，有更多的时间与空间展示自我。“家”运动让家长与孩子快乐“动”起来！

【点评】

“家”运动，使家校同心同行，为孩子的健康成长保驾护航。每日在家锻炼、亲子互动、圈画锻炼卡、评比“每月体育小健将”等活动，使运动不仅成为环湖校园的一道亮丽风景线，更让运动成为环湖小学众多家庭的一种生活方式。

前置作业撬动高效课堂杠杆

禅城区澜石小学　朱　霞

2021年，中共中央办公厅、国务院办公厅印发《关于进一步减轻义务教育阶段学生作业负担和校外培训负担的意见》，提出发挥作业诊断、巩固、学情分析等功能，将作业设计纳入教研体系，系统设计符合年龄特点和学习规律、体现素质教育导向的基础性作业；鼓励布置分层、弹性和个性化作业，坚决克服机械、无效作业，杜绝重复性、惩罚性作业。

随着“双减”工作的深入开展，如何将作业与课堂教学有机融合，贯穿联通，形成一体化建构，促进学生的高效学习，是我们教研的重点。为此，我们以“前置作业”为探究引线，以推动学生自主学习为突破关键，将“备课”与“作业”进行模块对接，深入探索课堂教学的高质量发展。

“前置作业”是预学的探路石，其目的是作为课堂教学的前哨，对学生的知识储备、新知理解、加工能力进行探底，由此展开准确的课堂教学定位，避免重复信息和烦琐加工带来的无价值低耗。我们的探索路径如下。

一、初次备课，设计要点，以框架搭建学习地图

初次备课需要厘清目标、要素、基础点、能力点，并形成一定的线条思路，逐层搭建学习阶梯，形成框架式的学习导航，在此基础上对应初步的教学思路设计“前置作业”。通俗来说，“前置作业”便是基本的备课思路，学生拿到“前置作业”的同时便可以大致了解教师的教学思路，以便提前筹谋，增加学习的舒适度和安全感。然后借由可视化工具，如科学图表、启发式草图、视觉隐喻、知识动画等帮助孩子完成知识图谱的构建，掌握基础的能力点，搜集相关的信息源，挑战重要的思辨关。完成“前置作业”的过程便是学生对新授课内容的前期加工，而后形成初步的认知和课堂交流储备。

二、二次备课，挖掘难点，以分析寻找突破关口

在学生完成“前置作业”之后，教师首先对作业进行批阅及分析，进入第二次备课过程，也就是通过“前置作业”的探底，了解学生已经掌握的能力、方法和知识点，删除无价值的设问环节，逐步缩小教学内容的范围。其次，通过作业的反馈，发现浮出的难点、焦点、矛盾点，对各个环节进行筛选、分类，掌握数值的比例和情况的分布，对应学生的学习心理、感知方式、储备厚度等学习因素进行客观分析，合理

增删。最后，发现优秀的作业成果和丰富的知识信息，进行归纳、统整，充实到新授课的资源库里，以备课堂上分享交流。

三、再次备课，突破重点，以探究深化理解运用

“前置作业”分析完毕，通过二次备课的整体情况，将难点问题、焦点问题进行梳理，归纳精炼，汇集成重点，在前置学习基础上形成立体“圆锥”，以“小切口”打开“大入口”，拓展延伸，链接前置学习资源，在学生已有的储备基础之上，对难点抽丝剥茧，逐步明晰，打开思路，催发实践，引导创新运用。

通过“前置作业”撬动高效课堂的实践，我们通过一段时间的探索，收获了很多的经验。

首先，将“前置作业”和“课堂教学”结合，极大地提高了教师备课的深度和广度。教师需要立体、宏观地分析教材、研读大纲、把握重点，同时还要深入了解学生，掌握学生的学习心理、学习兴趣、学习习惯。持续这样的研备会极大地提升教师教学设计的能力和有效性。

其次，摒弃了以往固定模式的束缚，教学的个性会逐步打开，教师依托“前置作业”可以无限量地发掘学生的潜能，获得无穷的设计灵感，在师与生、生与生的多重交汇中，动态实践，变化创新。

对于学生而言，这种提前式的自主学习，无疑是打开了一条新路径，它让师与生站到了共同学习和成长的平台，相互助力、共享资源，学生不再仅仅是一个学习者，还是学习活动的协作者，不但提供了学情反馈，还提供了学习资源，这一过程既充满乐趣，又富有挑战，还有满满的成功感。在信息发展的2.0时代，在万物互联的高运转时代，学生无疑是成就课堂的最佳同伴。

当然，撬动杠杆的最终目的便是提升效率、节省时间，以期让孩子真正从繁重的作业中得到解脱，享受高效课堂，追求幸福人生。

【点评】

作业是课堂教学的延伸，澜石小学从课堂入手，以“前置作业”为切入口，通过两者的结合，让作业开辟思路，课堂实现回路。在互促的过程中，以作业导学，诊断分析，以作业定教，精炼提升，杜绝了烦琐、机械的无效作业，充分提升了作业的有效性和课堂的高效度。

打好作业“组合拳”

禅城区奇槎小学　黄楚婵　夏惠卿

“双减”政策掷地有声，奇槎小学各学科遵循“润泽教育”的理念，在深度学习的课堂教学中，主动创新作业实践，使学生的学习“轻负高效”，提升学生的核心素养。

作业作为课程的有机组成，其必然指向课程目标，反映课程的理念和追求的价值。奇槎小学以“五育并举　融合育人”为课程理念，以“整体认知—深度理解—融合创生”为课程目标，进行课堂改革的同时推进实施作业改革。学校学科作业不搞形式上的“一刀切”，而是基于学生的心理特点与实际学情，结合学科学习特点与跨学科学习的共性，以学生以德为先、学会生活并可持续发展为目标，进行了探索实践。

学校一直认为，作业“减负”，绝然不是少布置作业，或布置所需时间少的作业，抑或只布置“浅层作业”，而应聚焦在学生综合能力的形成，良好思维习惯的形成甚至是高阶思维的训练过程上。学校各学科以大单元整体教学为统整思路设计作业，以整合性、实践性、层次性、趣味性、创新性为抓手，注重做中学，大胆设计综合性实践作业、跨学科融创作业和项目式作业。这套作业“组合拳”，基于学生主动学习的需求，引导学生将问题、知识与生活、社会相结合，促进学生从探究到实践的深度学习，提升学生解决问题的能力，发展学生的核心素养。

这套作业“组合拳”是如何出招的呢？且看数学学科出奇招——四年级数学创想作业：绘制佛山地图。这是一项了解长度单位——千米的有趣的数学实践活动。佛山地图是一个大概念，学生面对这一难题，纷纷放飞思维。在合作学习的前提下，学生分别通过实地走访、查阅地图、向大人请教等方式，收集佛山市的相关数据，再结合之前学习的比例关系，以合乎“比例尺”的要求，用“画”“涂”“注”的方式，绘制了一幅区域颜色分层、数据准确、观赏性强的佛山地图。学生们还会优化绘制的地图，在地图上标出走访中找到的网红打卡点、热门旅游景点等。这次作业设计，既培养了学生学习数学的兴趣，又提高了学生对数学、美术、科学、综合实践等多学科知识的综合应用能力，让小组内不同层次学生的能力都得到相应的发展，让具备不同能力的孩子可以互相学习，让跨学科的综合性学习连接生活、指向生活，解决生活中的问题。

又如学校STEAM课程开展的项目式作业设计——制作自动浇水器。该项目式作业源于学生的生活，基于问题寻求解决的方法。学生在生活中发现无人照料时植物枯萎的问题，寻求教师帮助："假期到了，我们班里的植物怎么办？"教师从学生感兴趣的问题出发，因势利导地带领学生开展制作自动浇花器的项目式学习。他们充分融合科学、信息技术、美术、数学、语文、劳动等学科知识，通过观察记录植物生长情况，撰写方案、提供支架，创意制作、测试实验，优化改进、总结评价等环节，解决了无人照料时植物枯萎的问题。从生活出发，学生经历了发现问题—分析问题—解决问题的深度学习全过程，取得了良好的项目实施效果，让问题回归生活，服务于生活，全面提升学生的核心素养。

"双减"之道，贵在"准"，奇槎小学打好这套创新作业的"组合拳"，"准"拳出击，颇具成效！

【点评】

该校在学校办学理念和课程建设指导下开展的创新作业实践，注重做中学，通过综合性实践作业、跨学科融创作业和项目式作业这套作业"组合拳"，促进学生从探究到实践的深度学习，全面提升学生的综合素养。

低年级数学作业有“新”更有“心”

禅城区聚锦小学　张惠玲

在“双减”政策的大环境下，要进一步减轻学生的课业负担，达到“减负增效”的目的，关键是要解决学生的作业设计问题。作业是培养学生提出问题、分析问题和解决问题的能力，创新探索实践能力，思维能力等综合素养的重要途径，设计灵活多样、开放性的数学作业，有利于发散学生的思维，这就需要教师在课堂作业和课后作业上大胆创新。尤其是一、二年级的学生，他们不能带书面作业回家，这对作业的设计提出了更高的要求。结合我校现阶段只有一、二两个年级的现状，以及“让每一个孩子享受合适的教育”的办学理念，我校经过半年的实验与实施，总结了关于低年级数学课后作业设计的一些做法。

一、口述类的作业

在小朋友学习《比大小》时，我们让学生在课间餐吃水果时，与同桌比一比谁吃的枣子或小番茄多，多多少。例如小明吃了5个枣子，小红吃了2个，那么小明比小红多吃了3个枣子，小红比小明少吃了3个枣子。然后让学生模仿课间餐吃枣子的情景，回家跟爸爸妈妈一起数豆子并比一比谁数的豆子多，多多少。这样既锻炼了学生的口头表达能力，又培养了学生的动手能力，同时也让学生感受到数学来源于生活，生活中处处有数学。

二、探究类的作业

在学习《认识图形一》前，我们让学生回家寻找立体图形，并把找到的立体图形每个面都剪下来，比一比每个面的大小是怎样的。学生通过剪拼知道长方体有6个面，有3组的面是一样大的；也知道了正方体6个面都是正方形，大小都相等；还知道了圆柱上下两个面都是圆形而且一样大。这样既让学生提前感受了长方体、正方体和圆柱的特征，也加深了对长方体、正方体和圆柱的认识。在学习《认识图形二》时，因为有之前的认识基础，学生学起这部分的内容就更加得心应手，部分学生会把立体图形的每个面印在纸上，并能用平面图形组合成一幅幅精美的画。这样的操作比老师在课堂上用电脑演示更加生动，激发了学生探究新知的欲望和兴趣。

三、操作类的作业

在学习《认识钟表》前，我们让学生去寻找生活中的钟表并尝试自己做一个钟面。这个钟面既是学生知识经验的展示，也为上课学习相关的知识作铺垫，有利于老师摸清学生的现实基础。

在学习《认识钟表》后，我们让学生回家想一想自己最愉快的一天是怎么度过的，什么时候在做什么，然后设计一份合理的作息时间安排表，用绘本的形式把它画下来，最后编成一个小故事讲给大家听。这样既巩固了新知，也做到了学科之间的融合，让学生感觉到新颖有趣。

四、亲子类的作业

“双减”是要减轻孩子的课业负担，但不等于完全“减”掉家长的责任。为了让家长及时了解孩子的知识水平，我们设计了一些亲子互动类的作业。

1. 学生学习20以内数的加减法时，我们让学生回家和父母玩抛骰子的游戏，把两个骰子的点数相加或相减，比比谁回答得最快。

2. 学习完20以内数的认识后，我们设计了综合实践活动“数学乐园”，活动是让孩子回家和父母一起玩飞行棋的游戏，抛到几就回答第几题的问题，答错了要回答5道口算题。

3. 学习完20以内数的认识后，我们还设计了这样一个数学亲子游戏：父母读题，孩子直接说答案，说对了就可以在相应的位置涂上颜色。

在“双减”政策下，低年级学生的课后作业既要做到有“新”，更要做到有“心”，我们在作业设计中力求给予每一位孩子动手实践、学以致用的机会，让作业能“动”于生活，“启”迪思维，“奇”思妙想，“齐”悟数美。

【点评】

落实“双减”政策，作业有“新”更有“心”。低年级的作业既做到了内化新知，又培养了学生学习数学的兴趣，把做的权力让给学生，把说的话语权还给学生，把思的空间留给学生。让作业能“动”于生活，“启”迪思维，“奇”思妙想，“齐”悟数美。

数说生活：自主布置作业，做生活小能手

南海区大沥镇太平成远小学　刘玉燕　黎宝媚　许铭钳

“双减”政策下，太平成远小学巧妙地用“双增”来推动“双减”的落实：一是以精细集体备课打造高效课堂，增“课堂之效”；二是以精心作业设计提升作业质量，科学设置课后服务，增“课外之能”。“数说生活”，就是一个缩影。2021学年以来，太平成远小学各年级学生，每周末都会亲手为同学们，也为自己制作一份充满智慧和趣味的礼物——“数说生活”系列作业。

数学是人类生活的工具，数学来自生活，又运用于生活。学校开展的“数说生活”社会实践活动，把数学教学生活化，让学生利用课余时间以自愿参与为原则进行项目式学习，还聘请父母等长辈作为家庭导师，增加亲子互动机会，营造更加积极向上的家庭学习氛围。

“数说生活”活动旨在让学生利用自己的生活经验，理解现象，透过现象看本质，用数学对现象进行解读。抽象的数学与生活实例结合后，变得形象生动，更加具体化，有利于提升学生的发现能力、数学思维能力、分析能力、综合表达能力，并保持对万物的好奇心，更好地热爱生活、享受生活。孩子们编写的题目有新年主题、冬奥会主题、种菜卖菜主题、水资源主题……

例如，四年级的同学看到劳动基地里种植的玉米成熟了，去采摘劳动成果，用玉米做各种美味佳肴的同时，想到了劳动基地的面积问题：种植玉米的基地是一块长6米、宽1.5米的长方形土地，共种了60棵玉米；我们学校约1.8公顷，如果都种满玉米，能种多少棵？五年级的同学在参加水资源调查时想到了家庭用水中的数学问题：已知洗澡时如果一直开着花洒，10分钟将流掉约90升的清水，相当于发22.5度电的耗水量，如果小明洗澡不节约用水，开着花洒长达一个小时，相当于发多少度电的耗水量呢？

又如，一年级的艺菲同学周末和妈妈去商店购物，买了番茄酱（7元5角）、刀削面（28元）和奶黄包（14元8角），她提出了三个有趣的问题：1. 它们一共花费多少钱？2. 奶黄包比番茄酱贵多少钱？3. 账单结算方法有哪些？艺菲同学在观察商品价格时从不同角度出发，提出求总数、比大小以及账单结算方式等三个有趣的数学问题，观察力十分敏锐。

这样，同学们结合已有的数学知识，用敏锐的双眼观察生活，发掘生活中与数学的联系，用观察的眼光、审视的态度看待身边的事物，并将它们编成一道道应用题，做到了无情境不作业、无思维不作业、无综合不作业。学校每周会通过公众号分享同

学们的“数说生活”作业成果。

【点评】

“数说生活”让学生用数学视角去观察生活，分析问题。同学们在观察中锻炼思维能力，在实践中发现数学之美，真切感受到数学源于生活。学校通过实践活动真正做到了无情境不作业、无思维不作业、无综合不作业。

“前后”呼应，点亮作业精彩

南海区罗村实验小学　赖舜茹

2021年7月，《关于进一步减轻义务教育阶段学生作业负担和校外培训负担的意见》印发。该意见让各地中小学不得不直面教育的本质——教育不是把瓶子灌满，而是把灯点亮。“双减”政策的意义，不仅是减轻学生的学习负担，更重要的是做到“减负提质”“减负增效”，抓好教育质量问题。这对学校高质量发展提出了新的要求，构建作业管理体系与变革作业是让学生从题海战术的枷锁中解脱，让教师教学真正做到“授之以渔”的重要举措。

罗村实验小学为推进“双减”政策的落实，成立专门工作小组深入研读政策，确保作业不超“量”和不超“时”，提高教师思想认识，优化作业设计，为提升教学质量指明方向。学校以学生课前预习和课后延伸为切入口，对学习形式和作业形式进行了有益探索，并取得初步成效。

一、“微”处入手，点亮智慧教育

微课在疫情期间一度火爆，同时，对微课的负面声音也随之产生。微课作为智慧教育的产物，若合理利用，可以赋能教育教学的发展。因此，学校在稳抓课堂的同时，把视线聚焦到了课前的预习，高质量的预习可以让课堂教学质量翻倍提高，有效提高学生的积极性和参与度。学校开展体验式微课预习，各年级根据学科特色，基于学习目标，深入挖掘教材内容，通过5分钟微课视频，让学生提前感知学习内容。

学生通过观看预习微课视频对学习内容产生初步感知，课堂学习就变得灵动高效。同时，有意义的预习微视频能激活学生的生活感知，让学生把知识和生活经验关联起来。例如，四年级学生在学习有关食物文化的英语课文之前，教师通过5分钟的微课视频让学生欣赏了国内外美食节的场景，视频中人物的交流，让学生感知了交际用语，也激活了自己参与美食节的记忆，从而对知识产生兴趣，为课堂学习打下了基础。

二、“多元化”呈现，点亮学生思维

有了好的导入，如何让作业不终止于课堂，实现学以致用，素养落地？多元化的课后作业是重要途径。学校注重作业设计单元化，在课后作业设计中依据单元作业目标进行作业形式的优化和改变，有利于学生思维的发展。

1. 项目式课后作业

项目式学习目前在各地区得到了广泛的应用和推广，合作是项目式学习的最大亮点。借助项目式合作学习布置课后作业能打破个人完成作业的壁垒，有利于学生自主学习能力和思辨能力的形成。在课后作业中，学生借助项目活动、开展基于知识延伸的小组创编活动等，能很好地将知识融入生活，也能实现知识与生活、知识与自我的关联。例如，三年级学生在学习关于颜色的单词时，设计了以小组为单位为社区或者校园下水道盖或者消防栓进行图案设计的课后作业，并进行设计意图分享。项目式作业，让作业更具真实性，让作业与生活融合在一起，满足了不同层面学生的需求，提高了学生对知识内容的巩固与应用能力，既能“吃饱”，又能“吃好”。

2. 思维导图课后作业

思维导图是一种常见的作业形式，更符合“双减”政策对作业减负的要求。思维导图有多种呈现形式，常用的有树状图、流程图等，每一种图形都有其适合的使用场景。学校通过挖掘思维导图作为教学工具的优势，鼓励教师根据教学内容和知识点布置不同形式的思维导图作业，帮助学生对知识进行梳理并建立概念关系，以达到提质的效果。例如，六年级在学习关于计划合理安排的英语课文时，开展双重气泡思维导图的作业设计，让学生进行知识的梳理和归纳，在做作业的过程中体会乐趣，同时实现知识关联和整合，巩固了课堂所学，也提高了学生的学习能力。

在作业管理优化的探索中，罗村实验小学坚持把作业的育人功能作为“双减”政策落实的前提，从课前、课后相互呼应出发，以提升教师作业设计与实施能力为重要抓手，不断构建有利于学生发展的作业管理体系，实现“减负提质”，点亮学生，点亮教育。

【点评】

罗村实验小学在推进“双减”政策落实中，以课前预习、课后延伸为切入口优化作业形式，以达到“提质增效”的目的。通过微视频导入、项目式课后作业和思维导图课后作业，落实立德树人的根本任务，让学生喜欢作业，让教育回归本质，赋能教育教学发展。

童心妙语练口述，特色作业践“双减”

——低段语文作业例谈

南海区西樵镇中心小学　黄彩欢　刘凤珍

《关于进一步减轻义务教育阶段学生作业负担和校外培训负担的意见》指出，要“全面压减作业总量和时长，减轻学生过量作业负担”，并明确“学校要确保小学一、二年级不布置家庭书面作业”。这是构建良好教育生态的重大决策，是改善教育大环境的重要举措，旨在回归教育初心，回归“五育”并举。那么，如何在做细做实“不布置家庭书面作业”的同时，夯实学生学科知识，提升学生综合素养？西樵镇中心小学一、二年级语文老师开启了口述作业的探索，并取得了一定的成效。

一、激发兴趣，引入门

以口述作业落实“双减”，目的是巩固所学，发展思维，提升学生的学科素养以及激发学习的持续兴趣。在开始口述作业阶段，要给予学生足够的表达自由，激发浓厚的表达兴趣，让学生打开“话匣子”。

对于低年级的识字教学，生活识字是很好的学习方法。在设置口述作业时，教师可以让学生玩“找字游戏”——在课外书籍、报纸、宣传单等有文字的地方找生字，大声读出它们，并与生字对话。这样“寓学于乐”的游戏，一步步地把学生引进了口述作业的大门，不仅让学生巩固了所学知识，还激发了学生开口说的兴趣。

二、双线结合，促提升

要让口述作业不成为学生和家长的负担，就要让学生在课堂上真正得“法”。注重课堂内外的“双线结合”——课堂得法，课后运用，让口述作业成为一件让学生自信展示自我的事。

如，引导孩子使用“四要素”（时间、人物、地点、事情）法把口述内容表达清楚。对于一年级学生来说，“四要素”的概念有些困难，可以转变角度，让学生自由说话，老师再加以总结：（时间），（谁）在（什么地方）（干什么事情）。对二年级学生则侧重于课文中表达方式、方法的迁移学习。坚持利用课前三分钟进行口述训练，引导学生读说结合，如复述课文、推荐书目、趣谈见闻……在用好“四要素”法的基础上，引导学生勤于观察、善于积累、敢于表达，做到言之有物、言之有序、言之有理，让学生敢想、敢说、会说。

课堂得法，课后运用，双线并行，坚持训练，使学生的口头表达能力有了很大的提高，为写作奠定了坚实的基础。

三、关注生活，巧拓展

口述作业不受时空限制，可以结合国家大事、社会现象、节日风俗、学校活动、家庭趣事、阅读感受等进行情境训练。如西樵镇中心小学围绕北京冬季奥运会举办了以“借冬奥之风，扬奥运精神”为主题的口述作文比赛。孩子们运用以往所学方法，讲述冬奥会里的人和事，表达自己的所思所感。一切孩子感兴趣的事都是口述作业的好话题。

口述作业，是常规作业的拓展，离不开老师的精心设计。老师首先要多想、敢想，经常分析研究作业内容，才能启发学生思路，锻炼学生的思维力、想象力、语言表达能力。

四、多方激励，保热情

为鼓励学生大胆尝试，不断创新和改进，老师们利用班级群点评或小程序网上投票等方式，为学生的大胆表达点赞，锻炼学生的语言综合运用能力，培养语文素养，让学生保持完成口述作业的热情。

如，2021年5月西樵镇中心小学就举行了以“我和我的家乡”为主题的口述作文比赛，学生利用视频为大家讲述家乡的美食、美景、风俗习惯、名人逸事……活动掀起了一波热潮，获得老师、家长、社会等多方的关注和点赞。同时，教师定期开展口述作业的汇报课，颁发“口述作业小明星”的奖状；利用班级展示栏、校园宣传橱窗等渠道来展示优秀作业，并通过广播朗读的方式大力表彰优秀，肯定学生的进步和成果。多方的关注和激励，让学生有了继续前行的热情。

“减负提质”面前，西樵镇中心小学语文学科在口述作业方面进行了实践和探索，学生“减作业”，教师就需要“增责任”“增研究”。学校教师将会继续对口述作业进行更深入的研究，力求使作业布置更加优化。

【点评】

“减负”政策，特别是“学校要确保小学一、二年级不布置家庭书面作业”，确实对低年级老师如何合理设计作业，巩固学生新知，提升学生的素养和综合运用知识的能力，提出了新的要求。西樵镇中心小学探索口述作业的经验分享，给了一线老师设计作业新的思路和方法。这样的实践创新，落实了“双减”的要求，激发了学生学习的兴趣，体现了教师“教—扶—放”的智慧。

巧搭作业分层模型，夯基建构减负提质

南海区西樵镇第四小学　何雪萍　梁彩霞

“双减”政策已发布一个多学期，我校要求教师结合“双减”要求，以实际行动深化“五项管理”举措，在“减负”的同时更要注重“提质”，将作业设计、课后服务纳入教学的整体设计来谋划，多措并举引导广大教师、家长统一思想，形成家校合力，为学生的健康成长营造更优质的环境。我校在优化作业管理方面进行了一系列的探索，取得了一定的效果。

学校提出“作业优化2.0制度”，教导处严格控制作业总量，一、二年级课后不布置书面作业，同时加强学科组、年级组作业统筹，优化作业结构和梯度要求，为孩子留下足够的休息调整、自主发展、创新探索的时间与空间，有目的地从作业数量、作业难度、作业形式、作业评价四个维度进行分层设计，以“基础+拓展”“基础+进阶”“规定+自选”等方式，因材施教，形成了作业管理的“123”模式，让每一个孩子都能“吃饱，吃好”。

一、一个基于目标的课堂分层题组练习设计，培养学生夯基建构能力

在“三步五环”的课堂学习中穿插题型练习，针对教学重难点设置专项巩固训练，让学生在课堂练习中联系旧知、巩固新知、引发新思，同时减轻学生课后作业的负担。在课后作业设计中做到尊重学生，承认差异，给学优生设计精而活的拓展作业，给中等生设计难度适中的巩固练习题，给后进生设计精而少、难度较小的基础题。让学优生“吃得饱”，中等生“吃得好”，后进生“吃得了”。

二、两种双向延伸练习，培养学生发散思维能力

一是重视学生对于变式题型的识别能力，结合常规题型设置多样的变式练习，题型要丰富，题目要精，提升学生思辨能力。二是要注意培养学生的“逆商”，鼓励学生在难题中不轻言放弃，另辟蹊径寻找答案。如设置“一日一练”，引入“高阶思维”，引导学生以顺推、逆推、一题多解、归纳概括等多种方法解题，辐合思维与发散思维并驾齐驱。

三、三项创造体验作业，培养学生创新实践能力

一是开展每月分组主题亲子研学活动。结合特定主题，学生在动手实践形成作品的过程中，培养团队意识、自学能力和知识应用能力。如在这个学期，我们学校推出“博雅学子的二十四节气亲子研学课程”，给学生们布置三月份的作业主题为“惊

蛰播下希望的种子”，让学生与家长一起利用亲子时光完成五项任务——给种子写自传、做种子故事绘本或连环画、填写一本种子记录册、当种子测量师、完成一份种子实验报告。学校希望通过开展“惊蛰播下希望的种子”的主题活动，让每一颗种子在孩子心中成长发芽、开枝散叶，告诉孩子生命的力量；在培土浇水、每日关照中，告诉学生劳动的价值；希望这颗种子带孩子走进生命，看见成长的意义，了解生命的价值。

二是布置每周“趣味性”作业。学生在实践体验中，领悟知识的真谛，提高综合素质。兴趣是最好的老师，因此教导处倡导教师根据学科特点与教学内容在课后适当布置趣味性作业。如语文学科高年级学段设计“探寻课文中的楹联雅趣”的作业，要求学生学完课文后，阅读与课文内容相关的楹联故事并谈感受，进而仿写对联或收集更多的楹联故事，让学生接受传统文化教育，提高语文素养。又如在体育、艺术学科课堂上加强篮球、足球、游泳、跳绳、集体舞、葫芦丝、国画等的训练，让学生每周制订家中训练计划，在体艺活动中提高自身素质，凝聚团结力量，点燃运动激情，陶冶情操，提高审美能力，有效促进学生心理健康发展，营造优良班风。

三是在寒暑假期间设计精而实的实践作业。学校巧妙利用美丽乡村的资源（如全国历史文化古村松塘村），开展贴近生活的综合实践活动，让学生在生活实践中走一走，看一看，问一问，想一想，真正让学生“动”起来，“问”起来，“想”起来，“创”起来，让作业从教室走出来，让学生用学到的知识解决生活中的实际问题，从而达到学以致用的目的。

在2021年寒假，学校为学生们设计了“欢乐集五福　别样庆虎年”的主题实践作业，作业不仅包含着新年新气象，更承载着“福临万家”的年味！学校设计了勤学福、慧乐美福、健康福、亲情福、平安福等5个类型的实践活动，内容包括“为长辈送祝福”、自制“春节文化研究手册”、“写福字、剪窗花、贴对联、制作特色红包”、吹奏新年曲目、跳新年舞蹈、走近村居感受家乡的喜人变化、看冬奥写感受、做运动健康过年等，鼓励学生用智慧的双眼寻找“年”的气息，用勤劳的双手感受劳动的快乐，迈开双脚享受健康的愉悦，在寒假里做个虎虎生威的“五福”博雅少年！

“双减”减的是学生繁重的课业负担、家长沉重的经济负担，不减的是全校教师对教育的初心和使命。落实“双减”促成长，砥砺前行启新篇，我们一直在路上！

【点评】

学校有目的地以“基础+拓展”“基础+进阶”“规定+自选”等方式，因材施教，形成了作业管理的“123”模式——一个基于目标的课堂分层题组练习设计、两种双向延伸练习、三项创造体验作业，让每一个孩子都能“吃饱，吃好”，较好实现了优化作业结构和梯度的要求，为孩子留下了足够的休息调整、自主发展、创新探索的时间与空间。

“套餐式”作业，减负增效随心选

顺德区北滘镇承德小学　曾琳琳　苏少欢　吴柱国

随着2021年7月中共中央办公厅、国务院办公厅《关于进一步减轻义务教育阶段学生作业负担和校外培训负担的意见》的出台，落实“双减”政策，成为北滘镇承德小学认真贯彻的重点工作。学校统一思想，加强组织，切实按照上级指示，健全学校作业管理机制，加强作业完成指导，推出具有我校特色的“套餐式”作业。

一、“主菜”重实效，紧跟时代步伐

“双减”环境下，减轻课业负担，要从源头抓起。因此，优化“主菜”，精选“配菜”，主次合理搭配尤为重要。承德小学制定《承德小学学科作业管理制度》，要求老师设计的“主菜”符合新课标要求，具有单元整体观，跨学科融合，真正体现出以生为本、培养学生综合素养的作业特点，把“主菜”做成一道“硬菜”！同时，承德小学教导处细化作业管理要求，定期做好作业情况调控与反馈，及时总结和完善相关工作。

二、“主菜”加“配菜”，多元智能发展

“套餐式”作业由“主菜”和“配菜”组成。“主菜”为主科作业，以知识识记和能力提升练习为主，在校内课后托管课上完成，以巩固课堂的教学效果。“配菜”则是根据学生的学情和爱好布置的特色作业，在家里完成，以丰富学生的课余生活。

确定了“套餐式”作业这个方向，我校行政班子对于“配菜”菜单如何做到优选精选，经过了反复琢磨。结合承德小学的实际情况，将“配菜”菜单分为两大板块五种类别，分别为“动起来”板块的A类运动特长、B类粤剧爱好、C类家庭劳动和“玩起来”板块的D类科学实验、E类年级特色课程。

（一）动起来，更欢快

体艺结合，强健体魄。为了鼓励学生养成爱运动、爱劳动的习惯，承德小学编写了《体育锻炼及家务劳动成长记录册》，引导学生记录成长点滴。一段时间下来，学生养成了跳绳和仰卧起坐的良好习惯。在记录册“自选运动”一栏，学生大多选择了我校音乐科组创编的，结合粤语童谣和粤剧身段的特色体操《粤韵操》，人人唱得一嘴流利的粤语歌，摆得一副好架势，趣味和锻炼两不误！

（二）玩起来，更有趣

科学作为承德小学最具特色的学科，也是最受学生欢迎的“菜品”之一。学校科

学科组编写了实验手册《家庭科学实验室》，建立了承德小学家庭科学实验室群聊，学生利用手册在家做感兴趣的科学小实验，并发布到群里，和他人分享动手实践的快乐，激发了科学探索欲。

还有不少学生选择E类“菜品”，这是结合了我校推行的“三五六艺”而开展的特色课程，如在家演奏葫芦丝，和家长下盘围棋，写上一幅书法作品等，丰富了学生的课余生活，发展了学生的兴趣特长。

（三）选起来，更精彩

学生根据不同的课程、老师的指引及自己的爱好，选择不同的“菜品”，形成不同的“套餐”作业。这样一来，既尊重学生的个体差异，又提升效率，引领学生多元发展。

承德小学推行的“套餐式”作业，深受老师和学生的喜爱，它具有趣味性、实效性、层次性、发展性，与传统的作业相比，提高了学生的积极性，也适应时代需求，能有效地促进学生的身心健康发展。

“双减”环境下，轻负高质势在必行。承德小学的“套餐式”作业将继续促进学生个性化发展，因材施教，做到减负不减效！

【点评】

北滘镇承德小学的“套餐式”作业，实行“主菜”加“配菜”的科学搭配，是学生喜闻乐见的作业新形式。“主菜”重实效，培养能力和落实教学效果两手抓；“配菜”随心选，强健体魄和发展特长两不误。“双减”环境下，“套餐式”作业的推行实实在在地做到了减负增效。

研学课程，为孩子全面成长积蓄力量

顺德区碧桂花城学校　郭园　马婷

在“双减”背景下，碧桂花城学校坚持立德树人，全面推进素质教育，突破以笔试为主的考核标准，注重设计探究性作业、实践性作业，探索跨学科作业、综合性作业，坚决克服机械、无效作业，杜绝重复性、惩罚性作业，努力提高学生的社会实践能力。

近几年，学校因材施教、多措并举，满足学生的个性化发展，开展了传统文化课程、农耕课程等项目化学习，开设了城市穿越、异地游学、亲子研学等研学课程，举办了职业体验、亲子劳动等体验课程，让德育课程往深处扎根，培养学生的家国情怀。2021学年，学校深入贯彻落实教育部等11个部门印发的《关于推进中小学生研学旅行的意见》，分年级按学期设计了以“我和父母去研学”为主题的假期亲子研学活动，所推荐的研学地点跨佛山市五个区，共12条线路。刚刚过去的寒假，孩子们和父母一起寻古村、访书院、赏山河，近距离接触佛山本土文化，感受这座城市的魅力。

一年级，顺德博物馆追寻顺德历史

顺德博物馆设有综合反映顺德历史文化的专题展厅，是一部浓缩的顺德史书。通过这条特殊的“时光隧道”，家长带着一年级孩子们回顾了聪慧勤劳的顺德人民建设家乡的历史进程，激赏了家乡先贤前辈在各领域中所取得的光辉成就。

二年级，南海松塘村对话翰林精神

松塘村文风鼎盛，人才辈出，仅在明清两代考取进士者5人，考中举人以及获颁优贡者近20人，其中有4人入职清代翰林院，故松塘村有“翰林村”之美誉。2019年9月，松塘村入选“广东省文化和旅游特色村”名单。二年级学生在家长的带领下穿梭于此，就像回到了历史的长河里，懂得了要尊重师道，勤勉向学。

三年级，顺德清晖园领略古典文化

清晖园是“中国十大园林”之一，园林艺术、古建文化、家族历史相互交融，底蕴深厚，是了解顺德历史浓缩的窗口。三年级的家长带孩子们感受岭南古园林的天人合一，领略清晖龙氏好家风。

四年级，罗登贤事迹展览馆传承红色基因

罗登贤事迹展览馆是为纪念中国工人运动的著名领袖罗登贤烈士而建，是爱国主义教育基地和国防教育基地，是佛山“红色文化”名片。少年强则国强，对于少年儿童来说，历史是最好的教科书。孩子们通过参观纪念馆，可以深入了解罗登贤烈士的伟大事迹，懂得自己承担的责任与使命，更加坚定自己的理想和信念。

五年级，佛山科学馆畅游科学世界

佛山科学馆设有4个常设主题展厅，共有200多套融合科学性、知识性、趣味性的展项，还设有立体、动感、球幕3个科技影院，多个实验室与培训室。五年级学生可以悉心观察，认真体验，愉快操作，边询问边思考，与家长积极讨论交流，感受科技的神奇和魅力，培养科学和探究意识，科技改变世界的梦想的种子已在他们心中播下。

六年级，三水大旗头古村体验民俗文化

大旗头古村，是岭南广府古村落，岭南规模最大的广府镬耳屋古建筑群，是首批国家级历史文化名村。学生在古色古香镬耳屋中感受着中国古典文化气息，可以激发他们与更多的历史文化古村对话的好奇心。

寒假亲子研学活动，培养了孩子对佛山的归属感、认同感和自豪感。学校精心设计的研学记录表，引导着孩子们从平常处感知文化现象，培养了他们的想象力、创造力和批判性思维。这样的研学课程，改变了以前寒假作业的思路，从原来的以纸质作业为主，转向更多的实践活动，让孩子们在实践中学习，在生活中学习，走向更广阔的生活空间，真正做到了提高质量、“减”之有效，丰富载体、“加”之有道，为学生全面发展积蓄力量。

【点评】

该校对佛山市本土文化进行细致筛选，根据不同年龄段学生的特点，设计了涵盖佛山市五个区的12条线路。六年的时间，不仅让学生近距离接触佛山本土文化，培养了学生对佛山的归属感、认同感和自豪感，而且以亲子的方式开展假期研学活动，极大地增进了亲子关系。作为学校研学课程的良好补充，假期亲子研学让学生在实践中学习，在生活中学习，提高了学生的社会实践能力。研学课程，为学生的全面发展积蓄了可贵的力量。

破陈立新，作业先行

顺德区均安镇顺峰小学　吕伟新

“双减”政策下，减轻学生过重的作业负担是学校当前的重点工作之一，顺峰小学积极探寻如何真正做到减负提质，那么需要从创新作业设计、构建高质量作业体系、提升教师专业素养等方面入手。

一、顶层出发，统筹安排

想要减轻学生作业的负担，降低作业的总量势在必行。数量的减少，势必要提高作业的质量，把握住学科核心。教务处从总体出发，把握全校的作业布置以及批改情况，定期开展作业检查，发现问题及时反馈，指导教师改进工作，切实减轻学生课业负担。

教务处、科长、年级教师三级统筹，逐层管理，认真细致地做好作业跟踪和反馈。各科利用教研时间，根据年级学生的学情，研讨本科组的年级作业设计，将作业进行细化，理清各个知识要点，设计有针对性的作业，确保作业精选优质且学科平衡、分配合理。

二、精准设计，分层有度

为了融入学校“趣、活、实”课堂模式，在作业设计上，我们也摸索出一条“趣、活、实”作业设计之路。

（一）“趣”味加持，方可提质

如何让学生喜欢上作业呢？我们一直在探索符合我们学校特色的作业，结合学校“趣、活、实”课堂模式中的“趣”，我们决定以“趣味”为抓手，设计趣味性作业，唤醒学生对于作业的兴趣，从根本上激发学生学习的内驱力。学校设置不同形式的作业，有效促进了学生学习方式的转变，增添了作业乐趣。例如，数学学科根据知识内容设计了实践性作业，比如学习完关于时间的知识，我们会设计一份有趣的实践作业：《画一画你的一天》。每一幅作品，学生都精心设计，颜色鲜艳，插图精美，设计独特，充满活力。

（二）灵“活”有度，方可减负

作业的设计需要有温度，需要有层次，需要灵活多变，为了充分照顾到不同层次学生的不同需求，我们根据学科特点设计了分层作业，积极探索出“基础+提升”“基础+拓展”“基础+个性”等多种模式的分层作业。英语学科设计了“ABC”

三层作业，数学学科结合学生特点，推出了“数学作业超市”，语文学科则设计了不同层次的提升拓展作业。个性化作业是对课堂学习的深化。

（三）“实”践叠加，方有深度

有了趣味，有了分层，还需要有实践的叠加。为了让作业内容丰富、形式多样，充分调动学生的动手实践能力，各科组根据需要，多次组织学习，开展专题培训，讨论—实践—修改—再实践—形成终稿，充分考虑实践性、思考性、知识性，从锻炼动眼、动手、动口能力，培养家国情怀，践行感恩之心等方面进行考量制定。

三、创新评价，及时反馈

一项改革要想持续发展，离不开有针对性的评价。对学习的评价需要注重过程性、阶段性、引导性，合理使用各种形式批改作业，如小组互评、学生自评，调动学生参与的主动性。对当天的作业采取集体讲评、个别讲解等方式，有针对性地及时反馈，并根据作业情况检测教学效果，精准分析学情，改进教学方法，调整教学进度。为此学校制定了“好作业”评价标准，既可以以此评价教师的作业设计水平，又可以指导教师作业设计的主方向。

四、厚重理念，深度有为

为了让作业设计更有深度、更有质量，教师的理念必须要逐步提升，为此我们定期开展教师专业培训，提升教师专业素养。同时在教师充分学习理论知识并实践的基础上，组织教师以年级组为单位，每人精心准备一份作业设计，科组内评选出优秀设计。

我们要着眼于学生的身心健康、全面发展和核心素养的提升，有效落实减负提质，让顺峰学子的成长、成才之路有更多的选择。

【点评】

遵循知识核心，发挥作业之本质。顺峰小学以“趣、活、实”为理念，设计有层次、有梯度的作业，根据学科特点，紧扣知识核心，让作业有温度、有深度，引领学生深度学习。

一减一增一创一建　四步作业提质设计

顺德区乐从小学　冯玉红　张霞　梁铃铃

“双减”政策为减轻学生学业负担提供了制度性支持，也对教学质量提出了更高要求。作业是学校教育教学管理工作的重要环节，是课堂教学活动的必要补充，顺德区乐从小学紧盯优化作业设计各环节，以“压总量、控时间、调结构”为抓手，纵向深化分类指南，横向强化动态筛选，多维打造“一减一增一创一建”新模式，立体搭建作业设计新架构，确保“双减”减量不减质、减负不降档。

一、关注设计量度，去杂存真做实“减”字

“学生要轻装上阵，也要从完成作业的过程中持续提升综合素质”，乐从小学校长梁德初如是说，“必须处理好作业‘质、量、时’三者之间的关系，规避质量不高、数量过多、功能异化等问题。”我校根据各阶段课程的具体情况，对照大纲进度，对习题册细致甄别和筛选，删减重复、超纲、机械化、不合理等方面有问题的练习，仅保留以“巩基础、理概念、掌过程”为主的练习，目的是通过“小代价”获得“大收获”。据统计，删减后课后作业数量同比减少30%以上，学生可利用更多时间加深对习题的理解，及时纠错，培养反思能力。

二、关注设计难度，分层设计做精“增”字

减是初衷，增是补充。我校为满足全体学生知识面拓展的实际需求，从课外习题册中筛选少量习题作为课堂作业的补充，通过定期检查和动态调整难度、数量，在不增加学业负担的基础上达到提速增效目的。此类精选补充习题秉持“重应用、展思维、培素养”原则，展现作业难度上的弹性和可持续性，让其更符合不同能力层次的学生期盼与教学要求。如：基础题占比为15%、典型题占比为25%、变式题占比为30%、拓展题占比为30%。

三、关注设计宽度，立足应用做活“创”字

从心理学视角，知识具有一定趣味性能激发学习热情。“我们在各学科间、课本知识与日常生活间灵活打造‘有趣系列’课堂，丰富作业形式。”如数学科组以“有趣的数学”为主题，开展“开口讲数学”“动手做数学”等活动，设计需要学生参与说、读和表演的环节，让学生亲手做学具，如制作钟面、立方体、绘本、数学画报、错题卡等，并通过“感受身边的数学”环节，把数学与其他学科知识结合起来，

如数学与旅游、数学与美食、数学与科学、数学与运动等，形成作业“1+N”融合新格局。

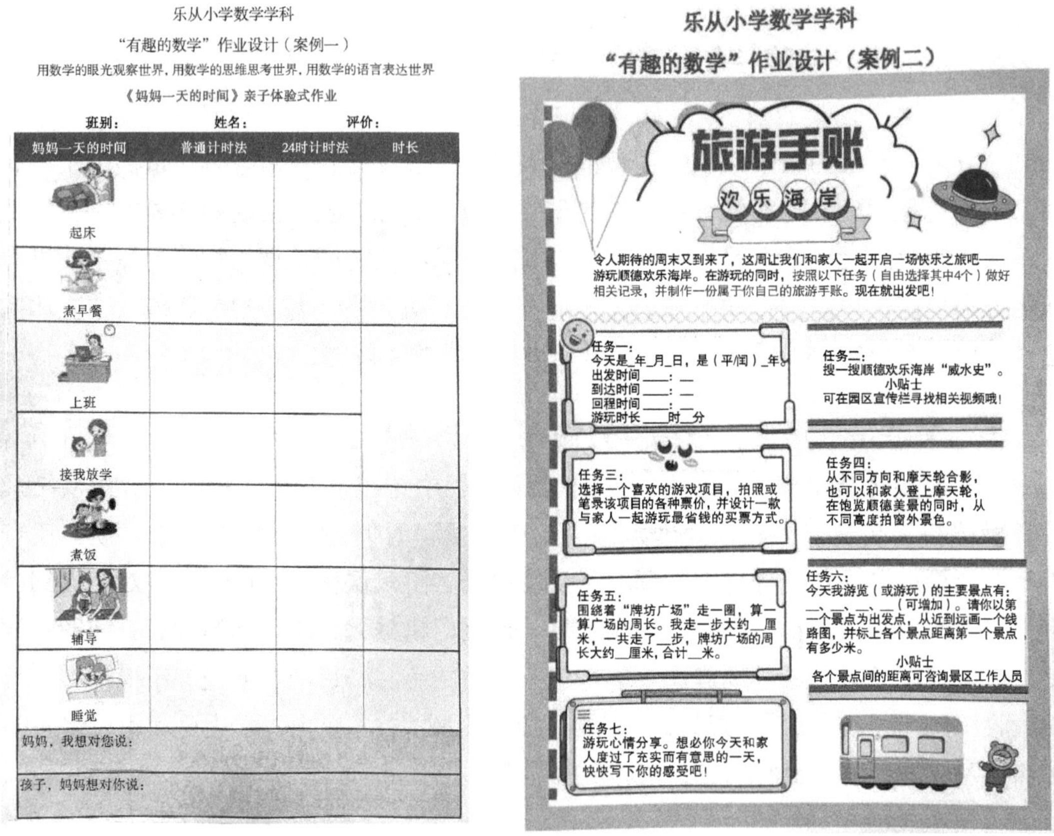

图1-3-4 顺德区乐从小学“有趣的数学”作业设计

四、关注设计基底，把牢关口做稳“建”字

无论是减少作业数量，还是拓宽知识面，乐从小学坚持通过“集体筛选+专人归拢+多层审核”的工作流程来严把作业质量关，以各备课组全体老师为主体，在甄别、增减习题的过程中共同商讨、选择和决定，并指定专门老师对终选习题排版整理、汇总制册，随后交给备课组长或学科科长试做及审核。全链条的闭环式操作，为最终筛选得出的作业习题提供了质量上的可靠保障，确保实现“知识结构零缺陷、习题质量零瑕疵”的目标。

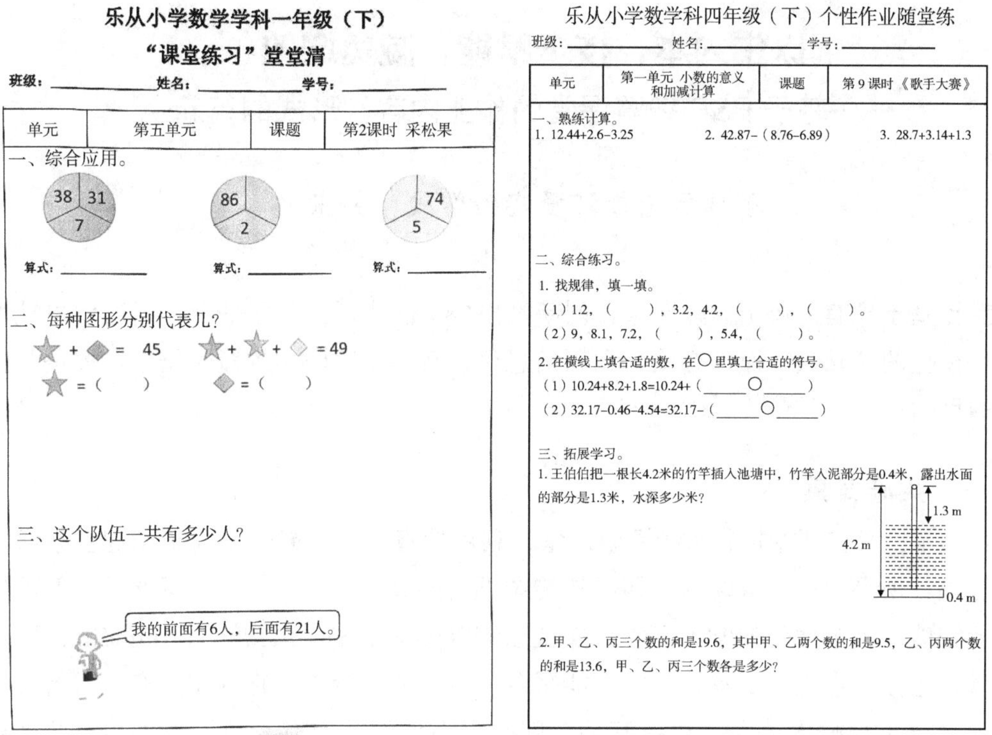

乐从小学数学学科一年级（下）

“课堂练习”堂堂清

班级：________姓名：________学号：________

单元	第五单元	课题	第2课时 采松果

一、综合应用。

算式：________ 算式：________ 算式：________

二、每种图形分别代表几？

三、这个队伍一共有多少人？

乐从小学数学科四年级（下）个性作业随堂练

班级：________ 姓名：________ 学号：________

单元	第一单元 小数的意义和加减计算	课题	第9课时《歌手大赛》

一、熟练计算。

1. 12.44+2.6−3.25　　2. 42.87−（8.76−6.89）　　3. 28.7+3.14+1.3

二、综合练习。

1. 找规律，填一填。

（1）1.2，（　　），3.2，4.2，（　　），（　　）。

（2）9，8.1，7.2，（　　），5.4，（　　）。

2. 在横线上填合适的数，在○里填上合适的符号。

（1）10.24+8.2+1.8=10.24+（____○____）

（2）32.17−0.46−4.54=32.17−（____○____）

三、拓展学习。

1. 王伯伯把一根长4.2米的竹竿插入池塘中，竹竿入泥部分是0.4米，露出水面的部分是1.3米，水深多少米？

2. 甲、乙、丙三个数的和是19.6，其中甲、乙两个数的和是9.5，乙、丙两个数的和是13.6，甲、乙、丙三个数各是多少？

图1-3-5　顺德区乐从小学随堂连续作业设计

通过“一减一增一创一建”优化作业设计，对学生而言，减少了作业数量，拓宽了知识面；对教师而言，提升了教学效能和自身审题、编题能力及作业设计水平；对学校而言，作业设计更加规范、合理，为逐步建设与持续完善各学科的优秀习题库提供了有力支撑，确保了更多学生真正“减负”。

【点评】

“双减”背景下，佛山市顺德区乐从小学以作业设计“一减一增一创一建”作为减负改革突破口，主动作为，抓铁有痕，从实践出发优化习题的设计、反馈，改进全流程，特别是“作业设计”新架构既可顾及不同知识层面的学生需求，又做到了寓教于乐、以乐促学，具有积极借鉴意义。

以生为本，技术赋能，减负增效
——基于P&P智慧课堂的作业内容和形式的革新

顺德区伦教汇贤实验学校　吴东平

我校基于现有的P&P智慧课堂，创新推出P&P智慧课业管理平台，通过信息技术提供可视化的“减负”操作方法，利用信息化、智能化手段达到减负增效、促进学生发展的目的。

一、实施背景

2019年，我校开始推行P&P智慧课堂，利用信息化、智能化手段辅助课堂教学与课后管理。所谓P&P智慧课堂，即保持传统纸（paper）笔（pen）书写形式，创设信息化、智能化、个性化的学习环境，实现预知（prevision）和深度（profundity）学习的课堂，包括师生应用工具、教室智能平台、智慧云平台等。它的特点有：保持传统书写，融合现代技术；多元立体互动，即时反馈评价；作业云端管理，实时监控查阅；数据挖掘分析，精准分析学情。这些特点有助于学校、教师利用信息化、智能化手段进行作业管理，提高学生作业效率，达到减负增效的目的。

二、平台优势

（一）有助于教师“解放”

教师通过智能端随时发布作业，无须到教室布置作业；通过智能端还可以实时了解学生作业进度，无须现场监控；通过智慧云平台及时批阅作业，批阅的时效性得到保证；通过系统智能识别批阅客观题，有效减轻批阅工作量；通过后台作业数据及时掌握学情，作业布置的针对性、科学性和有效性提高。

（二）有助于学生“解脱”

学生借助智能手写板提交作业，但仍保持传统的纸笔书写，不影响学生的视力；无论在校还是在家，都可以借助智能手写板随时提交作业；学生作业的时长能实时记录；作业数据能及时反馈知识点掌握情况，便于学生针对性学习，避免题海战术。

（三）有助于学校“解困”

学校依据“双减”政策制定作业管理细则，革新教师课业管理理念；基于平台动态了解各班和各科的作业内容、质量、完成时长和批阅等情况，有利于学校进行跟踪评价；基于系统的大数据分析，发现课业管理存在的问题，进一步优化调整作业设计，减轻师生课业负担。

三、管理策略

（一）作业总量精确控制

作业要遵循适时适量原则，总量的有效时间应以学生的平均完成时间为准，总时长不超过90分钟。各学科时长控制情况如下：

表1-3-1　各学科时长控制情况

单位：分钟

年级	学科								
	语文	数学	英语	物理	化学	道德与法治	历史	地理	生物学
七	30	30	30						
八	25	25	25	15					
九	20	20	20	15	15				

学生每天用15分钟借助P&P智慧平台完成作业，剩余时间自主做作业。道德与法治、历史周末每天可留20分钟的作业。地理、生物学周末可以适当布置探究性作业。

（二）作业内容精研设计

作业内容要重视不同能力水平的学生完成作业的能力，充分体现作业的层次性。

1. 教材习题全面处理。教材中的所有练习必须在课堂或课后进行全面的处理。

2. 扩充习题合理精选。扩充的习题要合理精选，有明确的学习水平指向，涵盖学科常见题型，杜绝错题，严防怪题。

3. 改编习题科学有效。通过选编、改编、创编，设计出科学、合理、有效的学科作业，避免重复训练，杜绝死记硬背和机械刷题。

（三）作业形式精巧多样

依据课程学习目标要求，精巧设计各种形式的作业，课内检测与课外拓展相结合，培养学生多种素养。

1. 巩固性作业。要凸显基础性和针对性，注重基础知识和基本技能的巩固，主要夯实课堂教学中的重难点知识。

2. 拓展性作业。要凸显递进性和扩展性，注重跨学科知识整合和发散思维培养。

3. 探究性作业。要凸显启发性和典型性，注重学科思维与学科方法的渗透，主要培养思维能力、知识迁移应用能力。

4. 实践性作业。要凸显应用性和创新性，注重问题意识的培养，帮助学生解决实际问题，积累基本生活经验。

（四）作业要求精准革新

1. 改变作业布置方式。突出难点、重点的作业一定要借助P&P智慧平台进行布置，其他作业灵活处理。

2. 调整作业批阅模式。借助P&P智慧平台，各班各科提交率不能低于90%；教师线上批阅率100%，第二天授课前须批阅完毕。

3. 转变作业批阅思路。将传统的作业批改留痕转变为学生作业订正有痕，教师以平台批阅为主，个性化面批为辅，重点检查讲评后学生的作业订正情况。

4. 注重作业数据反馈。通过平台数据把握学情，集中讲评主要针对有代表性和典型性的题目，并根据反馈，改进备课。

【点评】

该校巧借平台，优化作业设计，提高作业质量，对作业内容和形式进行革新，利用信息化、智能化手段开展作业管理，提高学生作业效率，达到减负增效的目的。

自主学习，快乐成长
——基于项目式学习的作业设计

三水区云东海街道下东鲁小学　梁健霞　李婉琪

《中共中央国务院关于深化教育教学改革全面提高义务教育质量的意见》强调："融合运用传统与现代技术手段，重视情境教学；探索基于学科的课程综合化教学，开展研究型、项目化、合作式学习。"为此，在"双减"政策的背景下，我校结合学校教育特色，立足学生生活，融合各学科课程，开展基于项目式学习的作业设计研究，丰富学生的课余生活，引导学生爱生活，爱研究，落实"五育"并举，切实提升学生的综合素养。

一、立足学科整合，设计项目式拓展作业

我校是佛山市中小学劳动教育特色学校，项目组教师围绕学校劳动教育特色，充分挖掘各学科劳动教育学习内容，实现学科资源的整合，引导学生综合运用学科知识，创造性地解决生活中的问题。例如，针对植树节，项目组教师基于学生兴趣，确立实践活动主题，从不同学科角度设计项目式拓展作业：从劳动的角度出发，要求学生了解学习"种植所需的工具和具体步骤有哪些"，并撰写"如何观察植物"自然笔记作业；从语文的角度出发，要求学生完成观察日记的撰写；从德育的角度出发，要求学生完成"如何保护自然环境"的学习报告；从美术角度出发，要求学生探索如何利用花草制作手工作品。

二、立足传统节日，设计项目式探究作业

中华民族丰富多彩的节日文化是项目式学习的重要资源，为了弘扬中华民族优秀传统文化，我校结合每月主题，将德育教育、传统节日习俗、劳动实践等相结合，精心设计项目式探究作业。如针对春节布置"干干净净迎新春""置办年货交给我""我家的年夜饭""装饰家居"等主题作业，针对元宵节布置包汤圆、做花灯等手工作业，针对端午节布置学包粽子、制作香包、插艾叶等实践作业。

三、立足家庭生活，设计项目式实践作业

陶行知先生提出"生活即教育"理论，强调培养学生的生活力。我校围绕"劳动创造美好生活"提出了"学会自理，学会服务，学会创造"的培养目标。其中"学会自理"是小学阶段的重点内容，项目组教师围绕"衣食住行"四大方面设计项目式周

末作业，结合各学科的学习内容和核心素养，开展相应的子项目设计。班主任在学校落实相应主题的教学，学生周末在家长指导下开展家庭劳动教育主题实践活动，让学生在家庭生活实践体验中，学习自理，增强家庭责任感。

四、立足社区服务，设计项目式体验作业

“学会服务”是我校劳动教育的一个重要目标，项目组教师结合不同年级学生的年龄特点，引导学生在家长的带领下参与社区服务和社会实践活动。2018年学雷锋活动月，学校成立亲子志愿服务队，家长和学生积极报名参与。学生从利用课余时间为班级服务，为学校服务，延伸到利用节假日清洁社区楼道、小区草坪，探访社区孤寡老人，为邻居服务等志愿服务。

五、立足社会资源，设计项目式自主作业

社会生活提供着丰富的教育资源，我校从社会资源出发，基于学生的兴趣爱好设计项目式自主作业。针对国庆节、寒暑二假，我校开展了“走读家乡研学活动”，鼓励学生体验父母职业，走进乡村、工厂等地进行研学，参与劳动实践，领略祖国壮丽河山。2021年寒假适逢北京冬奥会盛大开幕，学校设计了一系列冬奥会探究活动。如为运动员制作海报，为冬奥会设计奖牌，完成冬奥会手抄报，学做冬奥会吉祥物，学唱冬奥会主题曲，等等。学生根据自己的爱好和能力选择一种方式完成项目实践作业，如低年级同学可以采用“画图+文字”的方式，高年级同学则可以选择创意物化等方式。

我校基于项目式学习的作业设计受到了家长的高度评价，在省市项目学习案例评选中屡获佳绩，2020年获得市一等奖，2021年获得省一等奖和三等奖，产生了较好的社会反响，为其他学校开展“双减”下的作业设计提供了借鉴经验。

【点评】

在“双减”政策的背景下，下东鲁小学基于综合实践活动，结合学校教育特色，立足学生的生活，融合各学科课程，开展项目式学习的作业设计研究，把“五育”并举的导向作用扩展到学生的课余生活。

“双减”背景下小学英语作业设计的实践探索

三水区西南街道第十二小学　唐颖心

在“双减”背景下，我们需要更新理念，明晰作业的功能和目标，以减轻学生的作业负担，让学生获得最大限度的发展为起点，去探讨小学英语作业设计。西南街道第十二小学（简称“十二小”）英语科组确立研讨专题，积极进行“双减”背景下小学英语作业设计的实践探索。

一、有“色”的书写作业

传统的书写作业一般是抄写课文中要求掌握的单词、词组或句子等，是单一的“搬字过纸”模式。十二小英语科组创新作业模式，给学生布置图文并茂、色彩丰富的“书写”作业：

（一）制作单词卡。让学生制作单词卡，学生在制作时可从图形、色彩方面进行联想记忆，从而更形象立体地学习和复习单词。

（二）DIY抄写设计。为了摆脱以往机械抄写的弊端，老师巧花心思尝试布置DIY抄写作业，学生可以结合学习内容，根据个人的兴趣，发挥自己的想象，各自设计创作抄写的装饰。因为喜欢，所以认真对待，同学们上交的作业不仅形式多样，颜色斑斓，而且书面整洁，字体也端正。

（三）思维导图。让学生根据相关主题设计思维导图，如单元知识整理思维导图、语法思维导图、单词分类思维导图等。一张思维导图就是一幅图，大量色彩、图像、关键词的使用，使学习过程变得活泼有趣。

（四）主题设计。如PEP版（人教版）英语教材四年级上册“Unit1 My classroom”，根据教材内容布置“My dream classroom”设计作业，并借助教材第8页文本框架“This is my classroom. The door is yellow. The ____ is ... I like my classroom”布置绘本DIY作业。让学生通过图文结合的作业形式进一步巩固知识，多维度引导学生全面发展。

二、有“戏”的读背作业

有“戏”的读背作业即情境型或表演型作业，可以让文本变得立体，让简单、单调的英语作业变得很精彩。学生能借助“剧本”或情境理解英语知识，并在表演过程中积极展示自我，增强自信心，提高表达能力。

（一）创情境，促朗读。将英语学习置于情境中，能化抽象为直观，化刻板为生动。如PEP版（人教版）英语教材四年级上册“Unit 5 Dinner's ready”第52页的“Let's do”栏目，老师把作业设计为“做一个水果/蔬菜沙拉”，要求学生边做边说，可以自由制作视频。学生为了达到最佳效果，反复朗读，在完成沙拉制作的同时能流利地背出句子，在真实的情境中对“Make a salad”有了透彻、立体的理解。

（二）入角色，巧背书。很多学生觉得背书是一项枯燥乏味而且令人有负担感的作业，老师如能巧花心思把课文背诵作业换成角色扮演，会收到意想不到的效果。把背书作业改为背演作业，学生很自然地把课文的对话当作“小剧本”，同时为了展现自我，主动“入戏”，从背句子变成了记“台词”，增加了作业的趣味性。如PEP版（人教版）英语教材四年级下册“Unit 1 My school”第5页的“Let's do”，文本可分成四个小剧本，学生可以自由组合，自主选择角色完成背演作业。同学们为了更好地完成作业，除了背熟句子外，还各出奇招，比如请弟弟扮演花，把客厅变成足球场……力求创建真实的场景。

【点评】

将图与文有机结合，让学生在手脑并用的过程中学习，同时为学生提供展示个性和潜能的舞台，提高学生的思维能力、想象力、创新能力，这样的作业设计有“趣”又有“味”；可自主发挥的作业很有梯度性，既尊重每一个学生的个性，也让每个层次的学生都享受到学习的快乐。这样的作业体验，益于学生的思维发展和身心健康，同时能够培养学生积极主动的学习态度。优化作业设计，需要老师们走“新”更走“心”。

“双减”视域下的语文作业改革实践

三水区乐平镇中心小学　欧栩谋　易紫群

在“双减”背景下，为了切实减轻学生过重的作业负担，我校融合“方圆”教育理念，积极探索有效路径，力争取得更大的育人效果。在学校的大力支持下，我们语文科组群策群力，进行了一场语文作业改革实践，以提升学生的语文核心素养。

一、统筹作业总量，让作业更有尺度

学校统一步调，确保一、二年级不布置书面家庭作业，巩固练习在课堂上完成；三至六年级语、数、英三科书面家庭作业平均完成时间不超过60分钟。作业减量不减质，老师们精心设计，体现作业的目标性、实效性、科学性，减少烦冗抄写类作业。

二、优化作业设计，让作业更有梯度

（一）“备”出好课

科组要求老师们在备课时要关注整个单元甚至整本书，以单元整体导读、单元作业目标、单元作业内容为抓手，引领作业设计；把作业分成常规目标作业、核心目标作业以及素养目标作业三大类，而且每项作业都预设了完成时间和不同的能力训练点，对不同层次的学生进行分层训练，尽最大可能做到因材施教，让不同层次的学生都有所得。

（二）“做”出特色

根据“双减”政策的要求，我们减少了抄写类的作业，注重发展学生的思维，多布置实践性的作业。在阅读方面，我们每学期都会让各年级进行“图书漂流”的活动，让班级学生共读一本书，并开展读书交流；在寒暑假期间，我们还会让学生通过“阅读树”进行课外阅读登记，并根据各年级学生年龄特点布置读写绘、写读书报告或读后感的阅读实践作业。在朗读方面，我们通过开展“亲子共读”“小小朗读者”等活动激发学生的朗读兴趣，并动员家长和学生一起参与，利用家长群视频和音频的展示，做到家校联动。在教学中，我们主张一年级开展两周一次的“绘写”活动，二年级开展两周一次的“看图写话”活动，中高年级开展整本书阅读的各具年级特色的实践活动。我们还经常布置“跨学科作业”，如开展“我运动，我快乐”“劳动最光荣”等促进学生全面发展的特色作业。

三、展示作业成果，让作业更有态度

科组会通过各种不同的方式展示学生的作业成果。每个学期初，科组会举办假期学生阅读优秀作品展，把优秀的“阅读树”、读写绘、读书报告、读后感作品在教学楼展示出来。每个班级还在教室设置展示区，让每个孩子的努力都能得到回报，让校园充满浓厚的书香氛围。

我们还经常通过学校的公众号分享学生的作业成果，如在公众号中通过音频或者视频的方式展示“小小朗读者”和“亲子共读”的优秀作品，分享学生假期运动和劳动的跨学科作业成果。

四、改革评价方式，让作业更有温度

老师批改作业认真及时。对于课内的日常作业，做到全员反馈，精准反馈，“凡练必收，凡收必改，凡错必纠”，指导学生及时改正错题并对此进行复批；对于课外的拓展作业，则采取择优反馈、展览反馈的方式。

在评价方式上，老师采用等级+鼓励的评价方式，批改时写下鼓励性语言或符号。如“哇，你完成了所有的题目，真不错！来给自己的努力送爱心吧！”让学生在完成作业后更能获得成就感。

评价不仅可以落在纸上，还可以生发在活动过程中。科组针对一、二年级开展了以“乐学嘉年华，趣味闯关游”为主题的趣味游园活动，将知识融入游戏，让学生在“玩中学，学中玩”，检测、评价与学习同时发生，在减轻学生学习负担的同时，助力学生的身心发展。

五、规范作业管理，让作业更有制度

科组每月进行一次全年级的作业检查，老师们交流作业布置、批改心得，确保作业题优中选优且各类型题目分配合理。若发现问题及时反馈、改进，切实减轻学生课业负担。

“双减”是目标，是标准，更是切切实实的行动！接下来，我们语文科组将与学校一起，继续积极回应社会关切与期盼，切实减轻学生负担，助力提升学校教育教学质量，办人民满意的教育。

【点评】

在“双减”政策背景下，乐平镇中心小学语文科组结合学校“方圆”教育的理念实施“五度”作业改革实践，通过科学合理的作业设计和先进有效的作业管理方式让老师和学生都“动”起来，不但调动了学生学习的积极性，而且提升了老师的教育教学和研究能力。

小作业 深学习

——“双减”背景下的作业管理

南海区桂城街道中心小学

关于“作业”，《学记》云：“时教必有正业，退息必有居学。”作业是反馈、调控教学过程的实践活动，也是在教师指导下，学生独立运用和亲自体验知识、技能的“二次学习”过程。关于“课外作业”，《教育大辞典》中指出：“根据教师要求，学生在课外时间独立进行的学习活动。”它是课堂教学的延伸。

为贯彻落实教育部“五项管理”政策，进一步落实中共中央办公厅、国务院办公厅《关于进一步减轻义务教育阶段学生作业负担和校外培训负担的意见》和教育部办公厅《关于加强义务教育学校作业管理的通知》（教基厅函〔2021〕13号）精神，我校进一步规范教育教学管理工作，以单元作业目标为依托，以促进学生深度学习发生为基点，加强并优化学校作业管理，追求“无情境不作业，无思维不作业，无综合不作业，无选择不作业”，从而真正达到减负提质的效果。

一、建章立制，优化作业管理的保障措施

学校教导处根据文件精神，制定了《桂城街道中心小学落实“五项管理”工作实施方案》《桂城街道中心小学作业管理方案》《桂城街道中心小学作业检查制度》《桂城街道中心小学作业公示制度》《桂城街道中心小学教学流程管理制度》等，从制度上规范教师和学生作业的行为。

从作业的数量、针对性、批改反馈等方面进行制度化规范，形成以班主任为总协调人，班级各学科作业协商机制，确保学生每天的作业能做到学科平衡、总量控制、合理分配，并注重对学生作业的反馈。

用制度约束行为，及时总结作业管理经验，分析存在的问题，健全作业管理校本机制。学校还将作业质量、作业批改、作业负担等情况，作为教师师德师风和教学效果的考核内容之一。加强监督检查，主动接受学生、家长和社会各界的监督。

二、拓宽思路，探索指向深度学习的单元作业“5C+”模式

“双减”政策背景下，如何让学生从浅表学习走向深度学习？如何让学生从无意义的机械记忆走向有意义的综合性学习创造？如何让学生在学习上有积极的情绪，提高学习效果？根据北师大郭华教授团队2021年提出的深度学习五大特征——“联想与结构”“活动与体验”“本质与变式”“迁移与应用”“价值与评价”，我校探索指

向深度学习的单元作业“5C+”模式，即：connect（联结），collaborate（协同），create（创造），choose（选择），comprehensive（综合），+（无限可能）。以教研组为研究单位，研究设计至少含有一项“5C+”特征的，并对学生的知识理解、动手能力、观察能力、情感、写作能力、持之以恒的意志力等有综合作用的组合类型作业，鼓励个别教研组尝试设计跨学科、项目式作业，深化作业设计研究。

（一）connect（联结）

具有联结特征的书面作业，要求学生对知识点进行纵向和横向联结，逐渐形成知识体系。可以是整理类作业和开放性作业，以及其他有助于学生建构知识体系的作业。整理类联结作业包括日积月累作业、单元复习整理类作业、思维导图和错题集等。它具有归纳性和阶段性的特点，既能培养学生的整理归纳能力，又能帮助学生查漏补缺。学生能借助各类思维导图进行个性化的创作与展示。开放性联结作业往往没有标准答案，如作文、设计方案、简单的研究报告等。

第____周课外阅读登记表

时间	书名或文章题目	页数
星期一		
星期二		
星期三		
星期四		
星期五		
星期六		
星期日		

自评：这周我一共获得（　　）个☆

家长的评价及签名：________________

老师的评价：________________

年　月　日　星期

书名或文章名	
好词（5~10个）	
佳句（3~5句）	
读后感	

图1-3-6　整理类联结作业案例之课外阅读登记本

（二）collaborate（协同）

作业的协同特征就是作业设计与单元整体教学目标一致，体现从课前到课中再到课后的整体导学过程。它以学生为中心，关注学生的自主建构，关注目标与任务对应、课程生成以及教学评一体化。具有协同特征的书面作业一般有导学案、课堂作业、课后作业和单元作业。

1. 以学生为中心。教师需要先做学情调研，要对学生已有的知识经验和生活经验进行深入的调研和分析，了解学生关于新知识的已有知识基础如何，已有生活经验如何，等等，以学定教。

2. 自主建构。课前，教师可设计导学案，提供自学微课，让学生先自主探究，自主研读，然后再教。如英语教研组尝试设计的导学案，让学生去思考，自己去发现语言规律，或根据主题的语言总结出一些简单的知识结构和认知结构。课中，在教师指向深度理解的本质问题和大问题、建脚手架和设计课堂作业的引领下，学生通过活动的体验，团队合作，自主发现，从而感悟出本质问题或者大问题的答案。课后，教师可以设计知识拓展和延伸的作业，如做英语绘本的持续默读，或是绘本的阅读日志，或者让学生去搜集一些资料，还可以是一些围绕主题的项目化作业。

（三）create（创造）

作业的创造性特征，一方面是指生成非同寻常的产品，另一方面也指学生自己对信息或材料进行综合，从而生成新的整体。创造过程一般分为三个阶段：问题表征（学生试图理解任务并产生可能的问题解决方案）、方案计划（学生审视可能的方案然后形成可行计划）以及方案执行（学生成功地执行计划）。信息技术教研组创意搭建、创意机器入门、明日之星、3D竞技机器人、编程作品设计、动漫作品设计等课程作业，科学教研组“蒲公英的旅行”户外观察作业，都是创造性作业的有益尝试。

图1-3-7　具有创造性特征的作业

（四）choose（选择）

学生能选择适合自己的作业，是学生在课业上有积极情绪的一种重要举措。教师在作业设计、批改、评讲与辅导时，要充分关注学生已有的知识技能基础、兴趣爱好、学习动机、学习能力、认知风格、性格差异、智能倾向、意志力等方面的差异，设计不同内容或者不同操作方式供学生选择，促进同一阶段不同学生、同一学生不同阶段的发展。

（五）comprehensive（综合）

作业的综合性一方面强调设计与教学内容紧密相关，包括一些实践类和操作类的大任务，让学生在完成过程中发展自身的认知逻辑，拓展思维和视野；另一方面强调综合运用不同学科的知识、能力和思维方式解决生活中的一个真实问题，从学科逻辑走向生活逻辑。

语文教研组的阅读作业——《爱丽丝漫游奇境》阅读任务单，包括“写出你认为有趣的情节并阐释原因”“分析留在你脑海里印象最深的人物的性格特点”“绘制爱丽丝的‘奇境漫游地图’”“以思维导图或者表格的形式梳理爱丽丝的变化”等培养学生思维能力的序列活动。在《骑鹅旅行记》阅读导引单中，语文教研组设计了“为这本书写一段好书推荐词”的大任务。这些是对教学内容的巩固、延伸和拓展，既综合训练了学生学科技能，又培养了学生的思辨能力。

综合实践活动作业是项目式、跨学科作业的一个典型。它是从学生的真实生活和发展需要出发，将生活情境中的问题转化为活动主题，通过探究、服务、制作、体验等方式，培养学生综合素质的跨学科实践性作业。学生能从个体生活、社会生活及与大自然的接触中获得丰富的实践经验，形成并逐步提升对自我与社会、自然之内在联系的整体认识，具有价值体认、责任担当、问题解决、创意物化等方面的意识和能力。

1. 在活动准备阶段，运用六个“何”字的问题（何时？何地？何人？何事？为何？如何？），叙述、理解和分析事件，提出研究问题。通过思维导图法，自由联想，激发思维，在短时间内就主题构想大量意念。通过组件与整体关系图，学生了解每个组件在整体事件中产生的作用，思考组件与整体之间的关系。

2. 在活动实施阶段，进行不同的方法指导。如：用五感（视觉、听觉、味觉、嗅觉和触觉）观察法，探索事物和自然现象；用奔驰法（SCAMPER），激发七种创意思维；用时间轴法，按时序列出事件重点，以理解事情的发展过程；用列表法比较两种或两种以上事物的异同；用流程图法，以文字或图片显示事件各阶段的先后次序；用因果图表法，推测各种做法可能导致的结果，以助选择最佳的做法；等等。

3. 在成果交流阶段，引导学生从不同维度欣赏同伴，提出有建设性的个人见解，体会价值感和成就感。

三、注重评价和反思，改进教学和作业设计

课程视域的作业思想不仅强调作业的个性化、协同性、目标性、系统性，还基于学生作业结果进行反思和再设计，体现“设计—实施—反思—再设计—再实施”的循环往复、不断完善的思想。同时，作业结果既有对学生学习情况、教师教学情况的诊断改进功能，也有对作业设计自身诊断和改进的功能。在进行作业评价时，评价对象应多元化，包括学生自评、教师评价和生生互评等，评价维度应多维化，如学习兴趣、学习习惯和学习成果等，评价方式应多样化，如课堂观察、课堂提问和课堂联系等。

一方面，评价和反思有利于教学的改进。作业评价的结果是新的教学任务的出发点。同样，教师对作业批改、评价和反馈的方式也会影响学生的学习行为，以及下一次的作业态度。教师应设计高质量的作业，发现学生存在的学习问题，发挥作业的评价诊断功能，提高个别辅导学生的效率。教师还可以通过分析学生作业结果，不断改进教学行为，为有效教学提供支持。

另一方面，评价和反思也有利于作业设计的改进。通过对学生作业结果的评价，教师反思自身和团队在作业设计方面可提高的地方，不断优化作业设计。

作业不应该是负担，而应是一个充满召唤的入口。期待在不久的将来，在教师的引导和陪伴下，学生从作业中发现学习的乐趣、学习的意义和自我的力量，我们的探索继续着！

【点评】

以促进学生深度学习发生为基点，体现育人价值的作业设计，南海区桂城街道中心小学建章立制，优化作业管理的保障措施；拓宽思路，探索指向深度学习的单元作业“5C+”模式，即联结（connect），协同（collaborate），创造（create），选择（choose），综合（comprehensive），无限可能（c+）；注重评价和反思，改进教学和作业设计，追求无情境不作业、无思维不作业、无综合不作业和无选择不作业。

用“新”更走“心”的“双减”后首份寒假作业

南海区桂城街道灯湖小学　刘映荷　刘春花　张雪

2021年寒假是“双减”政策实施后的首个寒假。我校深入落实“双减”政策，依据“五育并举”的教育方针，积极探索寒假作业创新模式，巧妙设计了充满“年”味、充满爱心、充满挑战、充满体验的多样化融合育人的作业。

在这个喜迎虎年又异常特殊的寒假里，为了让学生度过一个充实、快乐、有意义的假期，学校花费心思，以“虎”为活动主题，精心设计出“五虎闹新春”争章闯关式的寒假作业（“乖乖虎懂孝顺”“巧巧虎爱劳动”“美美虎爱艺术”“跳跳虎爱运动”“聪聪虎爱学习”），给孩子们提供了新的学习空间、新的学习工具、新的展示舞台，让孩子们以全新的方式展现自己的风采。

担任“阅读推广大使”录制说书小视频，参与“灯湖十二道风味”年夜饭制作，线上秀出学艺风采，跟着“冰墩墩”一起关注奥运……这类创新式的作业，让孩子们直呼“接地气”，“走心”又有趣。

精美的年夜饭手账本，萌趣十足的老虎灯，寄托新年愿望的书法吉卡，图文并茂的冬奥会手抄报……寒假结束后，各式各样的特色作业展不仅让校园增添了十足的年味，也为不同兴趣特长的孩子搭建了展示的平台。灯湖学子在“双减”后的第一个寒假里过得是那样多姿多彩！

一份好作业设计的前提，是学校不断更新的“升维作业观”。灯湖小学在继承优良做法的基础上，升维观念，优化系统，科学管理，让作业真正成为育人的关键环节，让“双减”在学校日常运行中平稳落地。

我校以“共生课堂”“心亮课程”为载体，通过学科渗透、活动融合、实践创新、空间融通等方式来设计特色作业。围绕“懂孝顺”“爱劳动”“爱艺术”“爱运动”“爱学习”五大育人领域，将基础类、拓展类两类作业，课堂、学校和家庭三大实施空间，统整成一个融合共生的作业体系。每周，有劳动、体育的特定活动；每月，有主题类的活动作业；特别的日子，有特色化的综合实践活动作业；假期，有“五育融合”项目化作业，品类丰富，可自主选择。

作业评价也充满创意。例如，2021年寒假，我们以“五虎闹新春”争章为评价手段，唤醒学生的生命自觉，引领学生实现自我发展。在评价形式上，我校设置了“运动记录表”“家长反馈评估表”等丰富直观的形式，记录多元评价的过程。通过自评摘星、家长寄语等多样的评价角度，所有参与的学生都能获得积极正面的“评”。通过学校布置的多种形式的“展”，不同层次的学生都能获得认同感、成就感。

用“新”更走“心”的首份“双减”后的寒假作业，让灯湖学子有了一次全新的体验。这次的寒假作业设计主要突出了自主性、体验性、趣味性、实践性、探究性原则，通过激发学生自主学习兴趣，释放自由表达空间，学生在巩固所学知识的同时，又体验了学习和生活相融合的乐趣。

【点评】

灯湖小学“双减”后所布置的首份寒假作业，形式丰富多样，“点亮”了学生的寒假生活。这次寒假作业的设计与实施，为灯湖小学今后在教学工作中持续发力，全方位、立体化推进“双减”工作做了有效尝试。这次作业设计有“大活动”概念，注重跨学科的融通性学习，把作业的育人功能发挥出实效，真正达到“减负、提质、增效”的目的，让学生享受作业的乐趣。

聚焦主题作业　助力“双减”启航

顺德区龙江实验学校　李明姝

“双减”政策如一声惊雷，使教育原有的模式发生了很大的变化。加强作业管理、优化作业设计是必举之措。顺德区龙江实验学校深入研究“减什么”，思索“如何减”，在作业设计上花心思、下功夫。借力于基础性课程与拓展性课程的教材，让作业在完成其本身的基础功能外，与项目化学习相结合，建构主题单元作业体系，设计三层作业，关注作业的创新性、趣味性，努力使作业发挥出更大的效能。

第一层，线性结构作业：关注基础知识、基本能力，争取做到一课一得，将基础性作业落实到位。

第二层，块状结构作业：教材与主题拓展相结合，课内课外相互勾连。

第三层，网格式结构作业：重视各学科知识的综合运用，突显作业的项目化特性。

一、大单元视域下的线性作业设计

（一）借力主题阅读的“一主”教材及“两翼”读本，设计语文线性作业

线性作业重视积累与运用。在语文教学过程中，教师引导孩子关注语言、积累语言，发现文本的表达方式或者语言规律，当堂设计基础性练习，实现一课一得。作业的设计与课文的学习紧密结合，作业成为课堂学习推进的一个环节，真正实现语文学习“工具性与人文性的统一”。另外，以单元主题为中心，适当拓展，巩固语言积累，拓展语言运用。各年级学生借助“两翼”读本《主题阅读》《你读我诵》，加强背诵积累，为语文学习打下坚实基础。六年级上册第二单元语文要素之一是“了解文章怎样点面结合写场面的”，其中一项作业是“积累场面描写的成语，并用几句话把成语意思用情景表现出来”，学生在这个作业中既积累了与本单元主题相关的词语，又勾连了五年级下册的知识点，横向纵向全面考虑，加强积累运用。

（二）英语学科以PEP版（人教版）（三年级起点）教材为依托，开启单元作业设计的实践之旅

对单元教材内容进行多维度深度解读，跳出教材看教材，聚焦核心语言。找到可以串联单元内容的逻辑链条，使教学主线更加清晰，促进学生对整体意义的理解，从而提高语言运用能力。实践证明，指向深度学习的英语线性作业设计改变了浅层的、碎片化的作业方式，实现了关联整合的学习，特别是凸显了学生在学习中的主体地位，让语言学习真正服务于学生的日常生活。

（三）英语学科创设“原学单”

作业前置，旨在转变学生学习方式，学生在“原学”过程中，通过自主学习，初步把握基本知识，为课堂的“研学” 打下坚实的基础。教师通过“原学单”充分了解学生的学情，掌握学生的起点。

二、大单元视域下的块状作业设计

（一）语文学科

语文教师根据主题内容及语文要素，结合“两翼”读本，从课外选择相似的文章让学生进行拓展阅读，让学生从一篇走向多篇，从课内走向课外。同时，语文教师从语文要素出发，设计多彩的语文综合性实践活动，如从知识点掌握到片段练笔，从语言理解到语言实践。五年级上册第一单元我们这样做：根据“初步了解课文借助具体事物抒发感情的方法”这一语文要素，利用“两翼”读本中的相关文章，学生通过思维导图梳理这几篇文章抒发感情的方法，由一篇到多篇，归类学习，寻异求同，拓宽思路。这样的作业设计，实现了课内得法，课外得益，对学生提升语文能力大有帮助。

（二）数学学科

数学教师搭建“生活舞台”，让学生根据实际体验答题，如现场给同学量身高、购物、认识钟表等。这样的打通课本和生活的作业，能有效提升学生数学应用能力。

（三）英语学科

英语学科以PEP版（人教版）（三年级起点）教材为载体，与Little Schoolbag系列绘本深度融合，设计块状作业。英语教师认真研读教材和绘本，找准衔接点，在此基础上设计相应的作业。如果说主教材关注重点在语言知识，那么绘本阅读则是在语言知识的基础上聚焦语言意义和语用价值，让学生的思维层次得到提升。

借力学历案，设计英语块状作业。从本学期开始，英语学科在实现单元整体教学设计的基础上，基于英语学科大观念，同样以PEP版（人教版）（三年级起点）教材为依托，编制单元学历案。学历案有别于学案与导学案，突出了“历”字，即学生的学习经历。我校教师站在学生的立场思考教学，将学生的认知发展通过学历案的方式进行可视化呈现。我校教师在设计学历案评价任务时，通过小语篇聚焦单元大观念，将大观念统领下的单元教学内容与学生生活实际关联，引导学生关注单元学习的价值引领，促使学生带着问题开启单元的学习，为学生“学会”搭建支架，从而大大提高学习效率。

三、大单元视域下的网格式作业设计

以“确定学科关键概念—形成本质问题—转化为驱动问题—学科融合进阶实践—成果展示实践评价”为主线进行作业项目设计和实施。将教材元素与课外素材紧密结合，实现阅读方法、阅读策略的有效迁移。项目活动过程指向学生综合素养的培育，设计语言建构活动、思维发展活动、语言积累活动等。然后，由语文学科向其他学科拓展，形成融合，从宏观的角度关注学生更深层次的能力成长点，通过项目化作业，形成系统。最后以成果展示的形式呈现学习的效果，同时对成果本身及项目实施过程进行评价，通过评价增强学生的重视度与参与度。

在“双减”政策下的第一个寒假，我校不再布置枯燥的纸笔作业，而是将触角延伸到生活的各个方面，架起课本与生活的桥梁，打破学科之间的界限，让作业变得既有趣又有料。学生开展了“顺德年俗”的项目化学习，搜集材料，对顺德春节习俗作调查，丰富了对春节各种“意头”前世今生的认识，受到了传统文化的熏陶。思行结合也是这次寒假作业的特点，实践性与综合性融入其中，学生们包“角仔”、炸煎堆、写对联……更有趣的是设计海报为“角仔”做宣传，为开学后的义卖活动“广告”做准备。实践让学生们这个春节过得更有意义，更重要的是让他们感受到了文化的传承——“角仔”除了香气，还多了温情。通过实践，学生们有了更多对春节的体会与感悟，写出了一首首年俗小诗，有行，有思，有情，有味……美术、语文、数学、英语、综合实践等多学科在寒假作业中融合，调查报告、海报、小诗、思维导图等多种方式在寒假作业中呈现。

四、强化作业质与量的过程性监控

（一）“日报表”制度

每天检查各学科作业报表，注重作业分层，既有必做作业，也有选做作业，提升作业监管深度。

（二）“周公示”制度

每周公开班级各学科作业，加强作业总量监控。

（三）“月检查”制度

每月一次检查各学科作业和批改情况，加强作业质量监督，发现问题及时整改。

不管是学科作业还是寒假作业，我校均以“主题”为中心，从全局意识与系统性考量，加强作业内容之间的衔接性、递进性，着力将零散的认知联系为一个整体。将学生从无趣的作业中解放出来，以有趣与有料的作业为突破口与媒介，培养学生探索生活、探究世界的能力，助力学生健康成长。

【点评】

顺德区龙江实验学校以“主题”为切入口，设计“三层作业”，学科深度融合并注重实践性，多层面、多维度，既相对独立又互为促进，由易到难，从低阶思维到高阶思维逐步提升。既让学生在完成作业的过程中巩固知识、培养能力、拓宽视野，又培养学生思维的系统性、深刻性和灵活性，促进高阶思维的发展。作业发挥了其最大的效能，有趣又有料。

“双减”政策下“快乐读书吧”的作业优化设计的探索

南海区南海中心小学　何美心　陈晓丹　何丽茵

在“双减”政策背景下，我校语文教师在进行“快乐读书吧”作业设计时以学生为本，紧扣语文学科特点，体现实践化、多元化、探究化、可视化，实现减负提质，既减轻了学生过重的作业负担，又提高了学生的语文素养。

一、作业设计实践化，给予学生运用语言的空间

语文是一门实践性很强的课程，语言的构建与运用能力的培养，唯有通过语文实践活动实现。我校在“快乐读书吧”作业设计中既重视学生的口头语言表达能力，也注重学生的书面语言表达能力。例如：让学生在阅读童话、寓言、民间故事等故事类的书籍后，向同学讲述自己最喜欢的故事或分享自己最喜欢的片段；在阅读《小英雄雨来》《水浒传》等凸显人物形象的小说后，给喜欢的人物写个“颁奖词”。只要善于挖掘，“快乐读书吧”的内容中实践机会无处不在，无时不有。

二、作业设计多元化，给予学生自由选择的空间

学生的学习风格存在差异，多元化的作业设计可以满足不同学生的个性需求；学生的学习能力也存在差异，分层作业可以让学生在不同的基础上得到发展。在设计“快乐读书吧”作业时，教师让学生根据阅读体裁及自己的喜好，自主选择名人海报、人物卡、思维导图、手抄报、连环画、手账等方式进行创作，进一步提升学生的阅读思维水平，让不同层次、不同水平的学生都能体会到阅读的乐趣。例如在五年级上册古典名著的阅读提升活动中，有的学生选择用思维导图概括梳理“三国”势力，有的学生选择为《水浒传》的英雄设计人物卡，进一步加深对人物的理解，还有的学生通过绘制连环画还原《西游记》中九九八十一难的经典场景。我校还结合软陶特色课程，让学生自由选择自己喜欢的人物或场景进行“亲子软陶制作”，并配上作品说明。

依据学生年龄特点，我校还分学段设计了阅读作业，给予学生更多的展现平台：（1）低年级举办故事大王比赛，鼓励学生复述故事、创编故事；（2）中年级开展课本剧的编写和演绎活动，培养学生的创造力和表现力；（3）高年级强调学生的综合实践能力，鼓励学生根据必读书目选择课题进行专题合作调研、话剧创作等。

三、作业设计探究化，给予学生探索创新的空间

部分“快乐读书吧”要求学生阅读不同国家的同一体裁的书籍，例如四年级上册要求读世界各地的神话传说，五年级上册要求读中国和欧洲、非洲各国的民间故事。由于文化差异，同一体裁的中外作品，在很多方面都有不同之处，但这要在比较、探究中才能领悟到。这时阅读探究单就能起到很好的效果。在学生读完中国神话故事和世界神话传说相关的书后，可以通过阅读探究单，让学生选择同主题的故事进行比较，体会中外神话故事在表现方式和价值取向上的异同。这样的探究作业让课外阅读向深层次推进，真正提升了学生的语文能力。

四、作业设计视觉化，给予学生鉴赏比较的空间

有些书的阅读需要打破不同艺术形式的边界，借助戏剧、电影、评书等艺术形式帮助学生对比细节，发现差异，让学生在跨界阅读过程中体会不同的艺术形式在表现人物、设置情节方面的特点，立体化地品评人物，加深对原著的理解。例如《西游记》《水浒传》等名著都有影视版，在学生阅读原著后，把观影作为作业布置给学生，为学生减轻作业负担，让学生在欣赏影视剧中进一步加深对原著的理解。

【点评】

紧扣语文学科特点，作业体现“实践化、多元化、探究化、可视化”。南海中心小学以学生能力为基点，以学情为依据，对整本书阅读作业进行多维度设计，丰富多样的作业形式在保证阅读质量的前提下满足了学生的个性化阅读需求，提供给学生展示的平台，充实学生在“双减”政策下的课余生活，培养了学生阅读的兴趣和能力。

“读整本书 +”跨学科作业受到学生热捧

顺德区容桂海尾小学　陈翠

在“双减”政策背景下，我校提出“作业即作品，读书即生活”的课程理念，学校以“读整本书+”跨学科融合课程为抓手，创设具有真实生活情境、问题情境的阅读“大任务”，将学科、课堂、生活加以联结，通过阅读这把钥匙，引领学生通向多彩的世界，体验学习的快乐，从根源上实现减负提质。

“这是我们给自己布置的作业！”

整本书阅读涉及的知识面广，特别适合开展跨学科实践，只要尊重学生、关注学生的真实学习过程，就能生成许多有趣的学习活动。四年级的学生阅读了《十万个为什么》《看看我们的地球》等科普书籍后，在交流课上提出了“为什么地球有四季？”“中国传统的二十四节气还能指导当代的农事吗？”等问题。“老师也不知道啊，你们自己来解决问题好吗？”老师抓住契机，引导学生从自己感兴趣的地方展开“二十四节气”系列实践活动。到了“雨水”这一天，学生们有的用量杯收集雨水，记录当天的降雨量；有的用环保材料创作“雨水”艺术作品；有的在班里吟诵描写春雨的诗句。在“惊蛰”这一天，学生们到学校的劳动基地里寻找昆虫的踪迹；搜索各地的天气情况，绘制“惊雷地图”；创作春回大地，万物萌动的艺术形象；与家人一起制作“惊蛰养生汤”美食……每一份作业都是学生自己选择的任务，而每一份作业都是独一无二的成长的作品。丰富的跨学科实践后，再重返整本书阅读时，学生各自感兴趣的内容更加丰富，新问题产生的角度更加开阔，直接催生新一轮探究性、专题性的阅读，学习呈现积极开放、绵延伸展的势头。

“请欣赏我们自己创作的作品！”

作业负担之“重”，往往因“机械重复”，在“读整本书+”跨学科融合实践中，我校打破传统作业重“记忆、理解、应用”低阶思维的桎梏，通过不同学科场景的灵活穿插，向“分析、评价、创造”等高阶思维的培养迈进。例如在六年级“漫步世界名著花园”整本书阅读学习中，根据四部作品都围绕主人公的游历、冒险历程展开的特点，老师引导学生挑战熔戏剧、数学、英语、艺术等学科于一炉的大任务。孩子们自主选择任务，自主选择合作伙伴，自主寻获学习工具。有的用数学坐标绘制人物成长的轨迹图，有的排演精彩的英语情景剧，还有的合作接龙创作历险故事。学生们通过实践不同的任务，挑战不同的表现形式，从不同角度对人物形象作出多元、立体的评价。沉浸式的体验大大激发了学生的创造力，使学生实现了学习的自我建构。

“我们的作业在课堂上做，在生活中做！”

作业负担之“重”，还在于很多作业都会用课外时间完成，并与课堂学习形成割裂。我校强调将课后阅读作业与阅读教学进行一体化设计，将作业与课前、课中、课后的学习进行逻辑关联，形成具有真实性、实践性的大任务情境，让学习与生活深度联结，实现作业由知识本位向能力素养本位的角色转变。老师在课堂上找准学生的最近发展区，为学生搭建学习的支架，带给学生多元的作业体验，实现能力的迁移。同时，老师努力研究学习任务单、微课等，为学生的学习提供相关的资料，多角度服务学生。

我校“双减”政策背景下的“读整本书+”跨学科实践，减负担，不减童心，不减生活，不减快乐。

【点评】

“读整本书+”跨学科作业设计为教学赋能。海尾小学以整本书阅读为基点，以学生为中心，融合科学、语文、美术等学科的任务，设计富于层次、利于学生个性发展的课外阅读作业，引导学生深度参与学习，自我构建，有效地将学习压力转化为内驱力，使作业成为成长的作品，让学习点亮多彩的生活。

“双减”下的“识字加油站”

高明区沧江中学附属小学　邓玮仪

在“双减”政策背景下，学校要落实考试评价增值，教师要优化作业管理，共同探索真正能实现减负增效的新道路。识字是小学语文教学的重要任务之一，也是学生学习其他知识的基础。新课标要求小学第一学段（一、二年级）认识常用汉字1 600个左右，其中800个左右会写。“双减”政策下，该如何在“减负”的同时将“识字”这一教学目标落到实处呢？

一、优化作业，创新形式

我校一年级语文备课组在学校的带领下不断进行探索和创新，优化作业形式，力求“减负不减趣”，为孩子们的识字技能“加油”。

一年级是学生识字的关键期，为了培养学生对汉字的喜爱，语文备课组老师设计了主题为“在生活中识字”的“识字小报”实践作业，让学生收集身边的报纸、包装袋、宣传单等，将自己在上面看到的、认识的、学到的生字剪下来，贴在A4纸上，再动手画一画制作成精美的“小报纸”。同时还引导学生对生字进行分类，加深识字印象。通过有趣的“剪一剪，贴一贴，画一画”，学生不仅增加了识字量，在潜移默化中形成了积累识字的好习惯，还锻炼了动手能力和绘画能力，一举多得。

图1-3-8　学生参与打卡活动

在语文教学过程中，课本上一些字较难理解，学生识记较为困难。我校一年级语文老师在提高识字教学效率的同时充分发挥学生的自主能动性，让学生为自己认为难记的字配图，然后全班一起观看配图理解生字，从而化繁为简，化难为易。让他们从自己的角度理解事物，比我们使用大人的视角去教授要合适得多。

我校一年级语文老师在借鉴的基础上不断创新，分类识字小字典、生字偏旁开花等创新的识字作业，让学生在“做中学，玩中学，学中学”，将“减负增效”落到实处。

二、素质展示，评价改革

《深化新时代教育评价改革总体方案》中五“破”五“立”要求学校对学生的评价要转变唯分数论的评价机制，完善综合素质评价体系。乘着“双减”政策的东风，我校大胆创新评价方式，从纸质评价转变为生动有趣的素质展示活动，将知识融入游戏中，将评价隐于活动中，真正发挥评价的教育功能和导向功能，促进学生的全面发展。

我校一、二年级在学期中和学期末分别举办了“趣味游园　快乐闯关”“虎娃闹新春　传承润童心”活动，将“课堂”转移到了室外，探索了“双减”新途径，识字这一重要教学内容的能力评价也融入其中。

在第一次的游园活动中，为考查学生的识字能力，教师设置了规则为“学生抽取本学期学过的生字词（包括认读生字和认写生字）进行口头组词，至少组两个”的闯关关卡，意在用组词的形式考查学生是否真正掌握了该字。

在第二次的素质展示活动中，其中一个关卡结合当时“新春在即，街上已挂满各种灯笼灯饰”的真实生活背景，教师设置了规则为“任选两盏花灯，读出花灯背后的生字”的游戏，在充满趣味的新年场景中对学生的识字能力进行考查。

我校这种非纸笔的新型评价方式既对学生的识字能力进行了检测，为学生识字能力“加油”，又将教育新政有效落地，更为学生综合素质的整体提升探明了新方向。

【点评】

趣味识字，为识字“加油”，体现了以学生为主体的作业设计思路。沧江中学附属小学一年级语文备课组创新作业形式，将“考场”从教室内转移到教室外，将枯燥的死记硬背转变为游戏闯关，充分发挥学生的主观能动性，激发学生对汉字的喜爱，真正做到了让“双减”落地，让“趣味”延续。

语文作业进化论：更轻盈，更有趣，更科学

禅城区东华里小学　何粤嫦　翟亚萍

“双减”政策对学生作业设计的质量提出了明确要求，要真正做到轻负高效，须从培养学生综合素养的高处着眼，从激发学生学习兴趣的大处着手，从提升学生学习效能的远处着力。

所以，今天的老师真的需要以新的思维来理解作业，以新的方式来设计作业，以新的视角来对待作业，以科学的谋划，用全学科融合的方式，实现作业的“个性”飞扬。

一、不同难度的层级，你来挑

设计不同难度的作业，且不做统一要求，而是让学生根据自己的个性特质、认知水平，自由选择适合自己的一项作业去完成，让学生体验到学习带来的快乐，从而促进解决问题能力的提升，激发起超越自我的欲望。

如在学习了《小蝌蚪找妈妈》的课文后，我校语文老师让学生自主选择一项任务作为作业去完成：1. 画一画。把小蝌蚪变成青蛙的成长过程用自己喜爱的方式画出来。2. 说一说。在同伴面前，以图文并茂的方式介绍“青蛙成长记”。3. 演一演。利用信息技术“趣趣配音”，跟老师或父母一起创编演说“小蝌蚪找妈妈”的历险旅程。4. 读一读。读一读课外书中其他小动物的成长故事。

这种类型的语文作业设计，融合语文、美术、音乐、科学、综合实践等学科，让学生在做中学、画中想、演中乐、读中悟……在轻松愉悦的心境下，快乐完成作业。

二、不同特色的课文，你来学

（一）读古诗品意境

学生创新能力的培育，需要以创生性的课堂教学为立足点，以富有创新性的作业激发学生学习的热情。

如学习《古诗二首》时，让学生在课堂上用个性化的语言去描述诗的意境，将其自身的所见、所闻、所想、所感尽情地展现出来。课上，老师还可以设计一项创新作业。用“创绘古诗”的作业单，让学生以画家的角色，为古诗配一幅画。一诗一画，加深学生对文本的理解与体验，也是一次审美教育的落地。

（二）讲故事识天下

学习语文的目的，就是为了与人更好地沟通交流。让学习走向生活，让生活成

为学习的课堂，是教育的初衷。如学习二年级下册《传统节日》《中国美食》等课文时，老师摒弃过去“仅动笔不动脑”的作业范式，为孩子布置一些讲故事性质的作业。又如利用语文课前五分钟，让学生对着地图讲与中国美食或传统节日有关的故事，既增长学生的见识，又让语文“听、说、读、写、练”落到实处，综合培养了学生的核心素养。

图1-3-9 学生拓展活动

（三）用生活探真知

为了引导学生更好地阅读《蚯蚓的日记》，教师设计了“玩转蚯蚓”的作业。作业共有五项任务：一是让学生自由组队，梳理罗列蚯蚓身体各部位特征；二是每个小组商选出三个印象最深的片段，并推选一名代表在班级作分享；三是选择自己最喜欢的片段，绘制一张连环画，内容自由安排；四是课余和家长一起观察蚯蚓；五是选择自己感兴趣的角度，查阅百科全书，在班级作介绍。

这样的作业设计，满足孩子们的求知欲望，让他们在生活中发现，在自然情境下探究，不但获取了知识，而且萌发了对自然界及动物爱的情感。这样的作业尝试，充分体现了“双减”政策背景下，作业设计的高度、广度、效度，构建了一个多维、多元、多选、多味的作业超市，化枯燥为生动，变被动为主动。

学业减负工作只有起点没有终点，下一步，我校将吹响更嘹亮的号角，探索学习时空的重构，拓宽学生的学习场域，构建更为完善的作业设计与评价体系，助力学生健康成长。

【点评】

此案例从多个作业设计的例子入手，展示了形式多样、彰显个性、富有创意的语文作业，用独到的视角和精准的语言阐述了作业研究的意义及作业管理与设计的相关内容。注重实践，贴近学科专业发展的现实需求，将作业的管理和设计与“双减”巧妙结合起来，将作业设计从“知识本位”走向“学生本位”，走向“学作融合”。在学习课文的同时渗透“听、说、读、写、练”，由扶到放地引导学生从听、见、感等多个角度进行延伸与拓展，这些都让学生在语文学习的道路上更上一层楼。从课堂到课外，多角度，多梯度，让学生在生活中学语文，用语文，激发学生学习语文的兴趣。这样优化的作业设计，会进一步助推课堂的高效。

阅读单，做起来！

——优化设计整本书阅读任务单

顺德区容桂容边小学　罗铭涛

“双减”政策背景下，立足于统编版教材，优化课外阅读作业设计是推进小学语文整本书阅读教学“减负提质”的重要一环。容边小学紧跟教学改革的步伐，结合分层教学、深度学习、跨学科学习的教学理念，充分发挥课外阅读单的作用，让学生在“读整本书”中掌握语文要素，提高核心素养。

一、分层作业，做起来！

学校以教材中单元阅读策略为抓手，以精读课文学习策略、略读课文运用策略、课外阅读实践策略为思路，打造三位一体的立体阅读教学体系。为减轻学生整本书阅读的学习负担，学校以单元要素统筹、以分层教学优化整本书阅读作业，对作业进行相对合理、科学的设计。阅读单内设计有针对性的基础题、提高题、拓展题等差异性作业，作业内容体现梯级发展、分量适中的原则，从而促进学生的差异性发展。完成分层作业，可以使不同层次的学生都运用和深化所学阅读策略，提升他们的阅读能力，培养阅读思维，全面提高整本书阅读教学质量。

二、思维导图，画起来！

阅读单内，有山形图、转折图、路线图……为确保整本书阅读任务单的针对性、趣味性，学校立足单元要素、学生本位，结合不同文学体裁的特点，开发形式多样的思维导图，从而帮助学生熟练掌握阅读策略，掌握从读一本书到一类书的方法。在老师的指导下，学生兴致勃勃地进行“图文转换”，有滋有味地学习语文要素。看！学习《中国神话故事》时，学生绘制山形图，梳理故事线索，更依次摆放系列神话山形图，分析中国神话的前因后果，感悟古人追问起源、抗争灾害的精神。学习《中国民间故事》时，学生则绘制情节转折图，分辨人物行为的好坏，预测故事情节走向，体会民间故事寄托劳动人民朴素愿望的特点。一幅幅简洁明了的思维导图生动有趣，帮助学生巧妙突破“读整本书”的重难点。

三、不同学科，跨起来！

精心设计的阅读单，不仅引导学生画思维导图以之作为“读整本书”的工具，更是全体教师跨学科教学的大胆尝试。全体教师群策群力，努力突破语文与其他学科的界限，共同帮助学生读懂书中内容。以《西游记》阅读单为例：从美术学科的角度，让学生画出“美猴王”“孙行者”“斗战胜佛”的不同形象，从而感悟孙悟空取经路上身心蜕变的成长历程；从地理学科的角度，让学生画出唐僧收服三徒弟、降伏主要妖怪、取得经文等事件的十四个地点；从历史学科的角度，教师组织学生搜集整理作者生平、写作背景相关资料，从而引导学生用历史眼光看待书中人物，更深刻地体会人物形象；从科学学科的角度，教师指导学生思考如悟空怎样炼火眼金睛、三太子怎样“遮天”等有趣问题，培养学生学贵有疑、探索不止的科学精神，更帮助学生走近人物，走进奇妙无穷的西游世界。跨学科的整本书阅读作业单，融汇了不同学科的知识，扩宽了学生获取知识的途径，帮助学生更深入地“读整本书”。

四、丰富活动，办起来！

容边小学的阅读单为学生提供了丰富多样的拓展任务，感受共读书目不同形式的艺术魅力。学习《中国民间故事》时，“中国民间故事大讲坛”开讲啦！看！台上同学们戴上不同人物的头套，利用导读单内的语言支架，声情并茂地复述故事，赢得台下同学们热烈的掌声。学习《中国神话故事》时，在庄严肃穆的音乐中，“感动我们的英雄人物”颁奖仪式隆重举行，同学们利用表格，抓住书中英雄最主要的特点进行表彰，给他们恰当的封号。而学习《汤姆·索亚历险记》时，“阅读能手辩论赛”在紧张进行，正反辩手为“汤姆·索亚是好孩子还是坏孩子”展开了积极的辩论，他们认真收集文中关键词句作为论据，将自己的观点与同伴分享。阅读单内设置不同的拓展题目，供学生开展紧扣语文要素、形式多样、意趣盎然的活动，在鲜活可感的情境中学习，提高他们“读整本书”的参与意识，让他们在做中学、玩中学、乐中学。

【点评】

优化设计整本书阅读单的信念有多坚定，实践有多深入，就越能发挥阅读单为整本书阅读教学“扩容、减负、提质”的作用。容边小学以分层设计、深度学习、跨学科学习为理念，设计出有层次、有趣味、有深度、跨学科的阅读任务单，促进学生在做中学、玩中学、乐中学。

综合实践活动为“双减”打造新形式

南海区大沥镇中心小学　许洁　潘淑幼

2021年7月，中共中央办公厅、国务院办公厅印发《关于进一步减轻义务教育阶段学生作业负担和校外培训负担的意见》，明确提出切实提升学校育人水平，持续规范校外培训（包括线上培训和线下培训），有效减轻义务教育阶段学生过重作业负担和校外培训负担。

学生作业负担作为“双减”政策的核心内容之一备受关注。作业成为政策调整重要内容的原因在于以往作业内容单一化、类型机械化、结构无序化及作业时间超长化。出现这些现象，和许多教育工作者未能厘清作业核心本质有关。作业不仅是对现学知识的巩固，更是学生能力拓展的重要载体，作业的设计应为学生提供体验学习乐趣、扩展知识面、提高思维能力、拓展能力的机会。这与综合实践活动的课程性质不谋而合。综合实践活动课程是一门从学生的真实生活和发展需要出发，从生活情境中发现问题，将之转化为活动主题，通过探究、服务、制作、体验等方式，培养学生综合素质的跨学科实践性课程。让学生置身于真实的生活情境中，发现问题，提出问题，将问题变成探究性的主题作业，激发学生学习兴趣；基于同一主题，开放探究内容和途径，满足不同程度学生的需求；让学生在探究中，打破学科壁垒，综合运用各学科知识解决问题，拓宽学生知识面，培养学生高阶思维能力和创新实践能力。

为响应“双减”政策，我校以综合实践活动为立足点，基于学生身心发展规律与认知规律，融合生涯教育办学特色，开发假期生涯项目式作业。以下是我校近几年寒暑假生涯项目式作业的案例。

一、暑假生涯教育项目式作业

主题：魅力佛山，我来代言。

佛山是我们生活和学习的地方，是我们的家乡。她山清水秀，人杰地灵。她有着独特的人文景观，有着令人垂涎三尺的美食。她曾荣获“世界美食之都”“中国历史文化名城”“国家优秀旅游城市”“中国武术之城”“中国陶瓷名都”“中国家电之都”等美誉。这个暑假，让我们用自己的眼睛去寻找和发现佛山之美，用自己的方式记录下来，做佛山的小小代言人。

任务一：美妙歌声伴我前行。

1. 学唱1~2首有关佛山的歌曲或粤语歌曲、粤剧片段，并记录歌曲或粤剧名称。

我学会唱的歌曲、粤剧名称是：（1）________________________________；

（2）________________________________。

2. 根据音乐节拍学习简单的动作，展示的时候可以配上动作。有条件的可拍视频在班群分享。

任务二：美丽佛山我来推广。

1. 以“魅力佛山”为主题，搜集有关佛山文化、景点、美食、名人等内容，用英语手抄报或英语思维导图的方式，向大家介绍。要求：用A4纸，构图合理，色彩和谐。

2. 以《说说我家乡的____》为题介绍一下佛山的特产或风景名胜，并在文字下面配上图画，看谁是佛山的“金牌代言”。

3. 完成后请对作品进行拍照，保留作品和照片，开学后把作品带回学校进行交流分享。

任务三：心灵手巧描绘佛山。

1. 以“魅力佛山”为主题，用你的画笔发掘佛山的人文景观、美食等文化，把你印象最深刻的景物或让你最感动的情境表现出来。要求：用8开素描纸，构图合理，色彩和谐。

2. 完成后请对作品进行拍照，保留作品和照片，开学后把作品带回学校进行交流分享。

二、寒假生涯教育项目式作业

主题：垃圾分类我能行。

垃圾分类是社会进步和生态文明的标志，是一种新时尚。在我们的生活中，存在着各种各样的垃圾：食品包装袋、破旧衣服、用完的电池……请同学们利用假期好好了解有关垃圾分类的相关知识，然后按各科老师的要求，完成下面作业。

任务一：

连续一周每天收集并称一称你家的餐厨垃圾和其他垃圾的重量，填在下面的统计表里。

类别	时间						
	星期一	星期二	星期三	星期四	星期五	星期六	星期日
餐厨垃圾/千克							
其他垃圾/千克							

（1）从上面的统计表中，你得到什么信息？

（2）请你提出一个数学问题并解答。

（3）观察这些数据，你有什么感想？

任务二：

做一张关于垃圾分类的英文思维导图。可以选择将垃圾分为“可回收物（recyclable waste）”“餐厨垃圾（kitchen waste）”“有害垃圾（hazardous waste）”“其他垃圾（other waste）”四大类。

任务三：

制作一个以“垃圾分类　变废为宝”为主题的手工创意作品。

任务四：

写一封垃圾分类的倡议书（用原稿纸）。

课后服务纳入学校管理的一环，则意味着其也应以国家育人目标为立足点和开发点。21世纪需要培养综合性人才、创新性人才。课后服务课程的开发应满足学生多样化需求，培养学生解决问题能力，提高创新能力，让学生学以致用。因此，我校以综合实践活动课程为依托，借助学校创植园、育苗基地、创客室等在晚托时间段创办了“小小工程师”STEM社团。该社团组建了以综合实践活动老师为主，科学老师为辅，其他学科老师为补的导师梯队，对社团学生进行辅导。学生在晚托期间自由探索，选定研究主题，确定研究项目，进行探究，综合能力与创新实践能力得到大幅度的提高。社团开办以来，学生研发制作了“语音分类垃圾桶”“冬奥冰壶赛道”“节能围屋”“多功能秋衣”“自动浇花器”等成品，其中“冬奥冰壶赛道”“节能围屋”还荣获全国创造大赛金奖，受邀到北京故宫参展。

生涯教育项目式作业的推行，课后托管STEM课程的开展，实现了以一个项目将各个学科知识有效整合，将知识运用到真实生活情境中，切实减轻学生过重的学业负担，提高学生学习质量，提升学生综合素养的目标，也为学校品牌发展提供了时间和空间。

【点评】

大沥中心小学是传统综合实践活动特色名校，在“双减”的浪潮下，大沥中心小学的综合实践活动作业也发扬传统、力求创新，通过周末、寒暑假期生涯教育项目式作业形式，在培养学生的开放探究、自主创新能力方面作出了丰富的有力的探索。

让实验探究走出课堂

佛科实验学校　黄嘉俭　黄绪信

国家颁布、实施“双减”政策至今已有一年，要求各校科学设计作业内容，丰富作业类型方式，提倡开放式、实践性作业。

佛科实验小学积极响应国家政策，“双减”政策实施以来，我校除了严格把控学科作业外，大力推行开放式实验活动，组织学生进行课后的综合实践活动。开放式实验活动包括校内的开放式实验项目和家庭实验活动两个方面，作为综合实践作业来充实学生的课余生活。为此，学校经过多次修改，制定了《开放式实验室管理制度》《开放式实验项目申请、实施、评价制度》《家庭实验室建设制度》《家庭实验目录》等，确立了开放式实验项目的实施流程。

开放式实验活动十分受学生们的欢迎。教师根据学生的实际情况设计开放式实验项目，学生可以自由申报参与项目，经过审核后教师组织学生在课后实施相应的实验探究活动。开放式实验充分利用了闲置的实验室资源，同时丰富了学生的课余生活，比如，观察、记录校园内植物的生长变化；探究纸飞机的秘密，乐高机器人的创意搭建，等等。开放式实验项目旨在利用多姿多彩的实验探究活动，培养学生的科学探究精神和动手能力，提升学生科学素养。

在“双减”政策下，学校布置的家庭作业减少，学生有了更多空闲的时间，如不及时作有效指引，学生容易沉迷游戏、电视等。为此，学校积极组织家长建立家庭实验室体系，发布有趣的实验项目，作为综合实践作业，锻炼学生的动手能力、观察能力。家庭实验的材料简单易得，方便家长陪同孩子开展实验探索，观察、记录实验现象。此举受到家长们的大力支持。其实家长和孩子一直期待着这种既欢乐又有意义的亲子“作业”，而学校组织的家庭实验室活动正好提供了这样的途径。家庭实验不只是为了增进亲子关系，更重要的是让学生在实验中运用学习过的科学知识，增强学生学以致用的意识。如，“烟雾瀑布”实验让学生进一步理解密度知识，“白菜喝水”实验让学生直观理解茎的运输作用。除此之外，学校在假期还会布置假期科学作业，主要以户外观察、节日等为主题，根据不同年级布置不同难度的任务。

开放式实验活动作为课后综合实践作业，为学生创造了更多实验探究的机会，激发学生的求知欲，锻炼了学生的实践能力，将会形成新的风潮。为了进一步鼓励和支持积极参与活动的学生，开放式实验项目和家庭实验都将进行评比和筛选，学校挑选出优秀学生和家庭，在表彰大会上进行实验展示或成果汇报。

图1-3-10　在开放实验室进行观察记录活动

图1-3-11　在开放实验室进行纸飞机试验

【点评】

佛科实验小学组织学生进行开放式实验活动，不仅完善了“双减”政策下的作业体系，还能把综合实践活动落到实处，同时让家长参与到学生的实践活动中来，可谓一举多得。

“霓裳古韵”历史服装设计与展示

佛山市华英学校　陈秀华

国家出台的“双减”政策，减轻的是学生在校的书面作业负担，而不应“减”学生学习历史的热情和效果。作业少了，学生自由支配的时间就多了，如何充分调动学生的积极性？通过多样性的非书面作业活动引导学生学习历史，“霓裳古韵”历史服装设计与展示就是一个很好的活动作业。

【作业目的】

民族服装是中华文化的重要组成部分，每一个朝代的服装都有自己的特点，这是我们民族文化的精华。作为中华民族的一分子，作为历史教育的一分子，我们有责任把传统文化发扬光大。

搜集、整理民族服装资料，最后进行设计和展示，培养学生“史料实证”“家国情怀”的历史核心素养。

对古代服装的设计和展示，可以提高学生创造力和舞台表现能力，从而促进学生的综合素质的发展，弘扬中华传统文化，扩展学生历史思维与视野。此类活动可以丰富学生们的课余文化生活，小组合作的方式也增进了学生们的交流和友谊，增强了班级的凝聚力。

【参与对象】

初一、初二年级的学生，根据兴趣爱好参加。

【作业流程】

1. 通过网络、图书资料，了解中国各朝代的服装及特色。

2. 选择你喜欢的某朝代典型服装，并进一步收集相关图片，根据自己的兴趣爱好，进行创作设计，并制作设计图样。

3. 准备相关材料和工具，在老师和父母的帮助下，动手裁剪并缝制自己设计的服装。

4. 在文化节、校园开放日、元宵节等节日穿上自己设计制作的古代服装进行展示。

【作业要求】

1. 所设计的服装要有历史味，服装的朝代特色明显；鼓励有合适的创新；整体视觉效果优美；不能租借或者购买现成的服装。

2. 每个作业小组成员不超过6人，要有明确的分工，并推荐1人担任服装展示模特。

【教师指导】

1. 组织学生分组，选出组长、模特、设计师、裁缝等。

2. 指导学生通过图书、网站等了解各朝代服饰特色，选出本小组喜爱的朝代服饰样本。

3. 引导学生通过观察书本插图、网上收集资料等，扩大古代服饰的知识面。

4. 教学生缝制衣服的方法，如拼凑法、旧衣新用法、手工缝纫等。

5. 引导学生了解古代的礼仪，在服饰展示活动中体现礼仪。

【成果展示】

1. 各小组展示设计成果。学生服装设计图样如下：

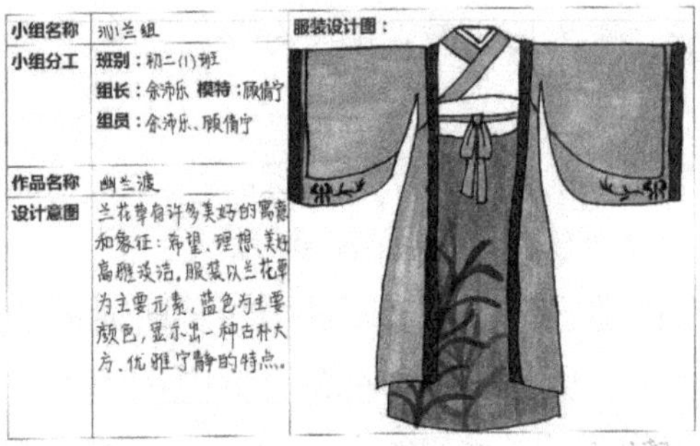

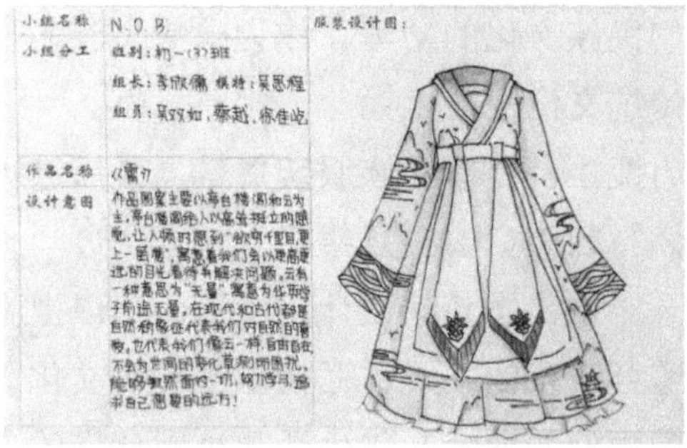

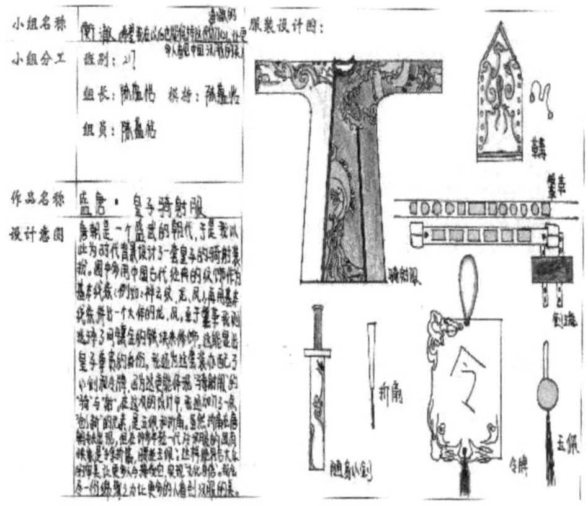

2. 各组展示衣服缝制流程。

<table>
<tr><td>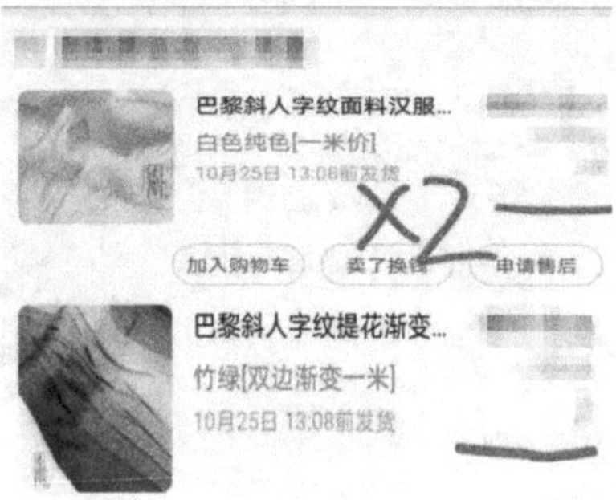

挑选布料</td><td>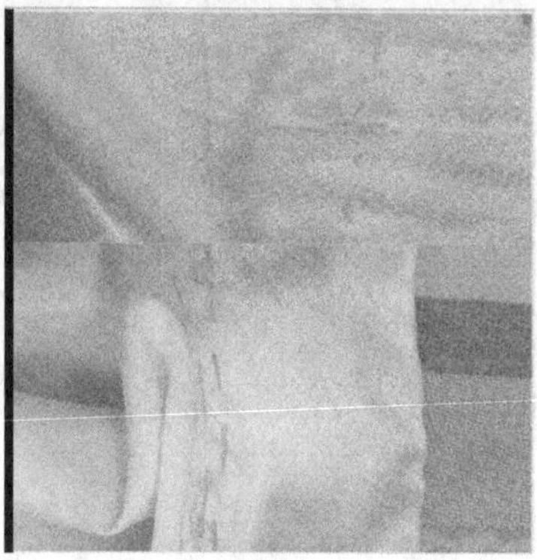
缝线</td></tr>
<tr><td>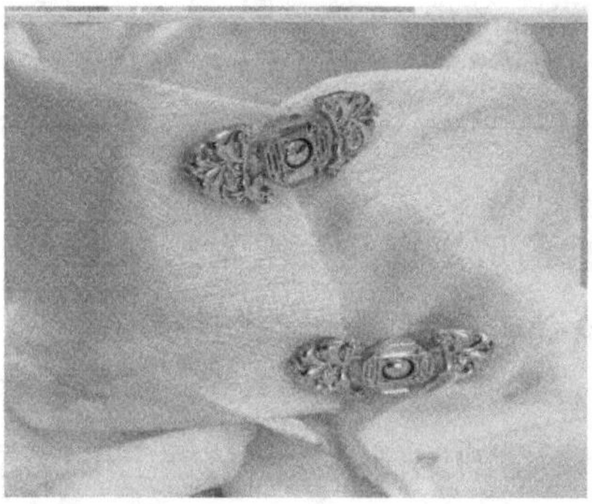
钉纽扣</td><td>
在衣服上刺绣</td></tr>
</table>

3. 各小组上台展示。

<table>
<tr><td>
秦汉服饰：由于生产力的发展，秦汉时期的服饰日益讲究，着装也渐趋华丽。衣领部分很有特色，通常左右交叉，领口很低，可露出里衣。劳动女子总是上穿短襦，下着长裙，腰带长垂。秦汉以黑色为尊贵之色，衣饰以黑色为时尚</td><td>
隋唐服饰：表现出开放的思想和开拓的精神，充分反映了鲜明的时代性。它的空前繁荣，突出体现在女装上，其主要特点是服装款式华贵富丽、开放大度；穿着方式不拘一格、形式多样；装扮配饰富丽堂皇、大胆考究</td></tr>
</table>

<table>
<tr><td></td><td></td></tr>
<tr><td>明朝服饰：女子冠服制度更加完备。有一种特殊式样的帔子，由于其形美如彩霞，故名“霞帔”。它与“凤冠”一起成为最具代表性的贵族妇女礼服，清代以后即使是一般的平民女子，在出嫁时也穿戴凤冠霞帔</td><td>清朝服饰：入关以后，衣袖短窄，素朴肃穆的满族旗装在服饰中取得了统治地位。满族女子着旗袍，清朝旗袍多为圆领，衣扣均在右侧，一般为五粒。衣袖、衣身平直，在襟边、领边和袖边都饰有宽边花纹，整体看来较为保守</td></tr>
</table>

【设计反思】

“霓裳古韵”历史服装设计与展示是开放性的历史探究性作业，在2022年的活动中，初一年级提交了34份设计图，初二年级提交了22份，每份设计图由一组（约6个）同学完成，大约有336人参加了本次活动，占一、二年级总人数的20%，在各科大显身手地开展探索性作业的情况之下，这算是个不错的比例了。从数据上可以看出，这个开放性作业比较适合正在学习中国古代史的初一学生，对于初二的学生，则更适合开展关于中国近现代史的活动。

在展示环节，有66人上台展示自己设计的古装服饰，其中涵盖了先秦、汉、唐、宋、明、清和民国多个不同时期的中国传统服饰。上台展示的服装均由学生设计，衣服的剪裁、模特的发型和化妆基本都由学生合作完成。学生在台上的展示，表情自然、大方，肢体动作舒展，古韵悠长。通过作业展示，学生们不仅收获了知识、审美和自信，而且对中国传统服饰有了更深的了解，更在校园中进一步推广了优秀的中华传统文化。

【点评】

本作业案例以中华民族的传统文化——古代服装为载体，以传承历史文化为目的，以提升学生学习历史的兴趣、培养学生团结协作与搜集资料的能力、扩展历史知识面为目标，有利于增强学生对传统文化的热爱，培养学生“家国情怀”的历史素养，是“双减”背景下值得推广的非书面作业活动。但此作业对教师的指导和组织能力有较高的要求，适合学期性安排。

大概念视角下的跨学科项目式教学单元作业设计
——以“海洋资源的综合利用与制盐”为例

南海区桂城街道映月中学 孔嘉盈 黄艳迎 潘红

一、单元作业设计路径

单元作业设计要以整体性为原则，其内容选择由明确的作业目标而决定，而单元作业目标则是在单元教学目标的基础上制定而成的。因此，单元作业设计路径（见图1-3-12）应以分析教学主题内容为起点，对项目任务进行统筹规划，继而依据单元教学目标确立单元作业目标，并在单元作业目标下整体设计单元作业内容，达到以作业巩固核心知识、发展思维与方法以及提升综合能力水平的效果。

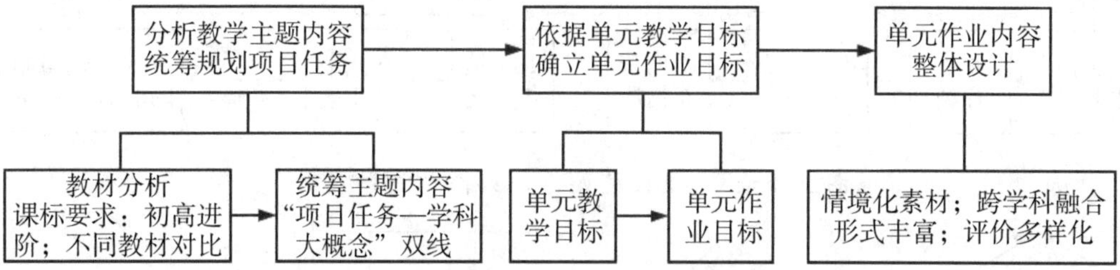

图1-3-12 单元作业设计路径

（一）分析教学主题内容，统筹规划项目任务

1. 教材分析

通过对《义务教育化学课程标准（2022年版）》进行分析，在初中化学阶段，“海洋资源的综合利用与制盐”主题内容主要涉及海水淡化与海水制盐两部分。而到了高中化学阶段，主题则涉及海水淡化、海水制盐、海水提镁、海水提溴、海带提碘以及氯碱工业等内容，要求“了解依据物质性质及其变化综合利用资源和能源的方法”。因此，本文尝试将主题内容分为两大部分——海水淡化与海水制盐，并通过设计制淡与制盐的联产工艺提升学生综合运用跨学科知识解决实际问题的能力，体会生产工艺的联合设计对解决污染、能耗以及资源浪费问题的重要意义，为高中化学阶段的学习作铺垫与衔接。海水提镁以及氯碱工业等内容则可作为作业的素材背景，拓宽学生对海洋资源综合利用的视野。

2. 以“项目任务—学科大概念”双线统筹主题内容

本主题内容采用项目式教学策略，将主题内容规划为两个项目：为家人自制健康食用盐、海水淡化与制盐联产工艺设计（见图1-3-13）。以“联产工艺设计”突出海洋资源的综合应用在解决污染问题、资源浪费、能源短缺等方面的重要意义，感受科学、技术、社会、环境（STSE）间的紧密联系；以“自制健康食用盐”作为项目实物成果，将知识迁移应用到实际生活中，激发学生的学习兴趣。同时，学生在项目任务完成的过程中综合运用了跨学科知识解决真实情境问题，进阶式地学习单元主题中的核心知识，逐步提升素养水平和建构学科大概念（见图1-3-14）。

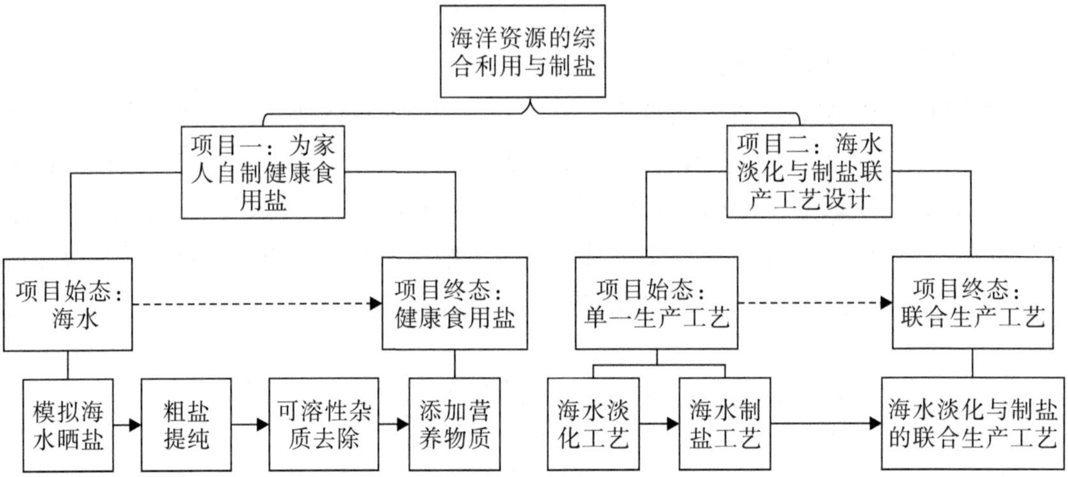

图1-3-13　项目“始态—终态”进阶设计

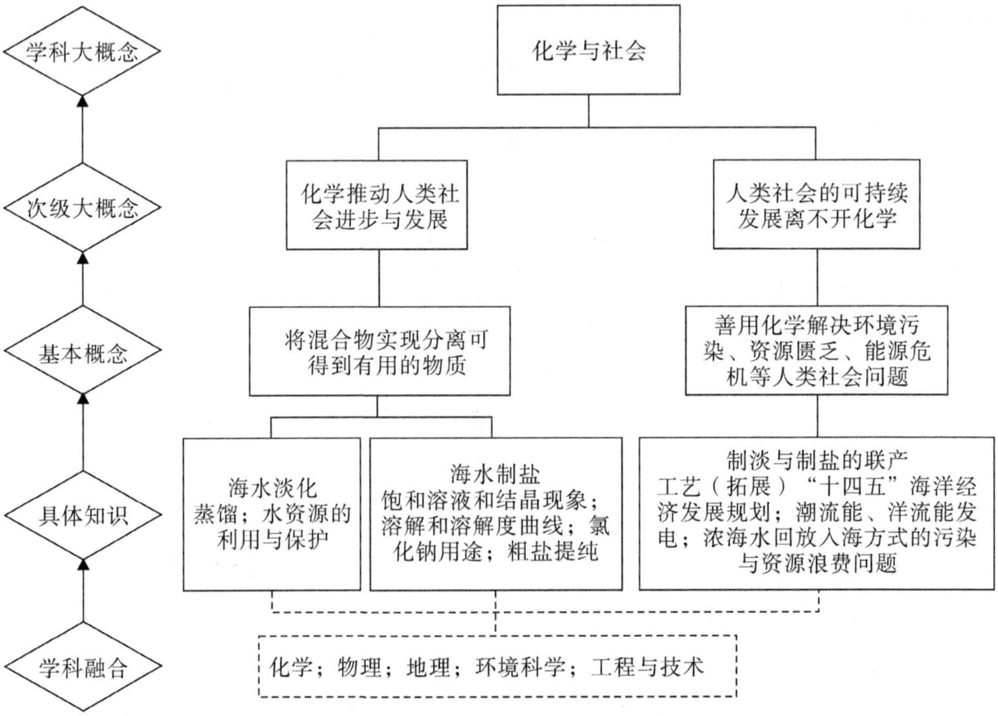

图1-3-14　学科大概念提炼与跨学科融合分析

（二）依据单元教学目标，确立单元作业目标

依据课程标准理念，以发展化学学科核心素养为主旨，立足于适应现代生活和未来发展需要，确立了单元教学目标，同时单元作业目标要紧扣单元教学目标，使作业成为课堂的有效延伸与发展。基于以上分析，笔者将单元作业目标设计如下：

1. 能运用过滤、蒸发、蒸馏等实验方法进行物质的分离提纯，并通过海水淡化与粗盐提纯的练习巩固物质分离的一般思路和方法；

2. 能运用饱和溶液与溶解度等概念对海水制盐进行定性与定量分析，辨析蒸发结晶与降温结晶的原理，并运用不同的方法实现饱和溶液与不饱和溶液的相互转化；

3. 通过查阅文献等方式获取资料并进行规范使用，培养学生良好的学术规范习惯，提升信息收集与整理能力；

4. 分工合作完成“自制健康食用盐”和“海水淡化与制盐联产设计”的主题课件并进行展示汇报，以强化学生的团队意识，提升分工协调能力与综合实践能力，并学会正确地自评与他评。

（三）单元作业内容设计及设计意图

1. 创设真实情境，提升知识迁移能力

核心素养要在真实的情境中才能体现出来，题目的情境化创设有利于学生将所学知识迁移应用到实际生活中。情境的选择包括生活化情境、实际生产流程以及化学史等。例如，在案例1中选择了“风电耦合海水淡化制氢”技术作为题目的素材背景，凸显“联产工艺设计”主题，使学生理解联合生产对解决单一生产带来的能耗、资源浪费以及污染问题的重要意义。

案例1（截取情境部分）：海水淡化与化工生产、能源开发等相结合已经成为海水综合利用的重要方向。

（1）在全球“碳中和”的发展背景下，世界各国均在大力发展氢能技术。从可持续发展的角度来看，风电耦合海水淡化制氢具有重要的战略意义（如下图1-3-15所示）。

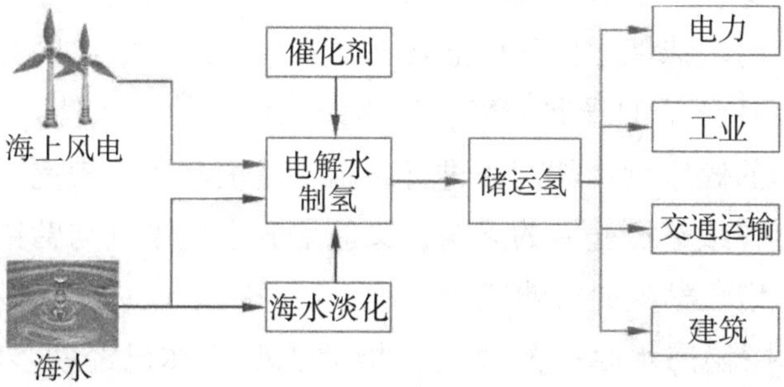

图1-3-15　风电耦合海水淡化制氢的应用场景和技术路线

（2）海水淡化后的副产品是浓盐水，在国外一般直接排放入海。由于国外海水淡化工厂多建在洋流活跃的外海，浓盐水排放后不会形成浓度梯度，对海洋生态影响较小。而我国缺水区域多在北方渤海沿岸，由于该海域海水循环较慢，若直接排放会影响海洋生态。为解决以上问题，可以将海水淡化与制盐业对接。

2. 融合跨学科知识，提升问题解决能力

实际问题的解决往往不是靠单一学科知识，需要学生综合运用跨学科知识进行分析。因此，在作业设计中应注重将化学与其他学科的知识结合，促进学生解决真实问题的能力。例如，案例2将物理学中的定滑轮、浮力影响因素等知识与化学中饱和溶液的定义、饱和溶液与不饱和溶液的转化相结合，让学生理解溶液的浓度与浮力间的关系，从而对生活中的现象有更深入的分析，如“在死海中，人为何能够漂浮起来？”，提升学生运用跨学科知识解释、解决真实生活问题的能力。

案例2：如图所示，一物体悬挂在饱和硝酸钾溶液中，在恒温条件下向烧杯内溶液中分别加入下列物质（悬挂物不参与反应）。请分析弹簧秤读数变化情况（填“变大”“不变”或“变小”）。

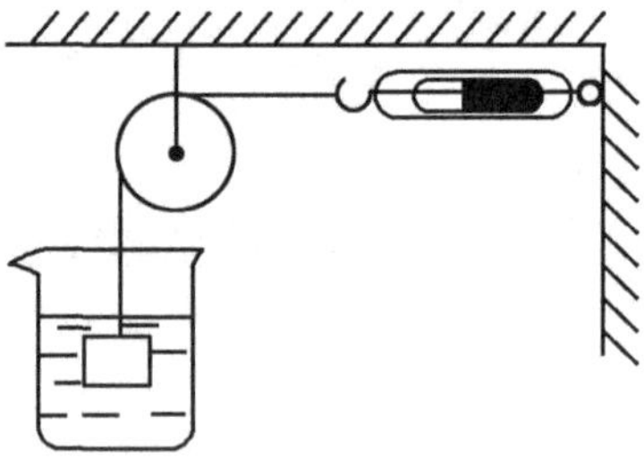

（1）若加入硝酸钾晶体，弹簧秤读数将__________；

（2）若加入蒸馏水，弹簧秤读数将__________；

（3）若加入氯化钠晶体，弹簧秤读数将__________。

3. 丰富作业形式，创新评价方式，充分发挥评价功能

在“双减”背景下，为适应新课程标准的要求，教师要改变以往枯燥单一的作业形式，增添作业的趣味性，使学生能够在学中乐，乐中学。同时对评价方式要进行创新设计，充分发挥评价的导向功能，保障作业设计的有效性。如案例3中让小组制作演示文稿对自制的健康食用盐产品进行展示，并填写考核表完成自我评价与他人评价，既能避免学生在纸笔测验中的乏累，又能培养学生策划与营销的跨学科能力以及思维、表达能力，增强学生的成就感。

案例3：通过探秘海水晒盐的原理，相信聪明的你已经初步学会如何从海水中获取粗盐并进行提纯。但粗盐中除了泥沙外，还含有一些可溶性杂质，如$CaCl_2$、$MgCl_2$、Na_2SO_4等，请你结合微课的学习思考如何分离这些杂质，并以小组为单位，通过查阅资料（可通过查阅文献等方式）了解不同风味的食用盐的制备方法，为家人自制独特风味的健康食用盐并在课堂上对产品进行模拟发布展示。

要求：

（1）撰写产品发布文案（突出产品的功效、亮点），对产品进行包装设计并制作演示文稿（PPT），发言人准备发言稿等；

（2）完成“为家人自制健康食用盐”的考核评价表。

二、单元作业设计反思

“双减”政策背景下的作业设计应聚焦单元的整体性，并与单元整体教学相匹配，做到“教—学—评”一体化设计，使作业更好地服务于课堂教学，提高作业的有效性，凸显作业的育人价值。另外，教师还需要通过作业完成情况的反馈及时进行深层剖析，反思作业内容与结构设计的合理性并进行优化改进，真正地实现“减负增效”。

【点评】

基于“双减”背景下进行单元作业设计，以单元作业目标统筹内容与结构的整体规划，从基础识记到应用实践，再到创造创新，实现循序渐进的知识与思维能力提升；从单一学科到物理—化学、地理—化学、生物—化学等多学科融合，帮助学生巩固学科核心知识，提升利用跨学科知识解决复杂问题的能力；从书面作业到产品发布，再到制作演示文稿进行演讲，多元化的评价方式增添作业的趣味性，促进学生健康成长与综合能力的发展。

单元整体教学视域下的高质量作业设计
——以“酸碱盐的复习课”为例

佛山市惠景中学　夏建敏　朱婉平　潘红

2021年7月，中共中央办公厅、国务院办公厅印发《关于进一步减轻义务教育阶段学生作业负担和校外培训负担的意见》，其中提出“全面压减作业总量和时长，减轻学生过重作业负担”。减轻学生过重作业负担的本质是提高课后作业的质量和价值，促进学生在认知能力、情感品质、实践创新、生活方式等多个维度发生实质性成长。

《义务教育化学课程标准（2022年版）》指出：义务教育化学课程的目标是培养学生的核心素养。以单元情境化大任务或以实践项目为主线设计问题、组织活动的单元整体教学成为新时代初中化学新课程改革的一大趋势。而单元整体教学视角下的作业是设计通过分析、整合、重组，对作业进行系统规划和整体部署。单元作业强调同一单元不同课时之间的关联性和递进性，揭示知识间的横向联系，优化知识结构，强化思维整合与加工，提升解决复杂问题的素养水平，可以减少反复操练的机械性重复，减轻学生不必要的作业负担。

一、单元作业设计路径

（一）分析单元教学内容，整合单元主题

1. 多版本教材分析

“酸碱盐”是初中化学的重要知识，下表是四个不同版本的教材对酸碱盐内容的编排。

表1-3-2　四个不同版本的教材对酸碱盐内容的编排

人教版	粤教版	沪教版	鲁教版
第十单元　酸和碱 课题1　常见的酸和碱 课题2　酸碱中和反应 第十一单元　盐　化肥 课题1　生活中常见的盐 课题2　化学肥料	常见的酸、碱、盐 8.1　溶液的酸碱性 8.2　常见的酸和碱 8.3　酸和碱的反应 8.4　常见的盐 8.5　化学肥料	应用广泛的酸、碱、盐 第1节　溶液的酸碱性 第2节　常见的酸碱盐 第3节　几种重要的盐	第七单元　常见的酸和碱 第一节　酸及其性质 第二节　碱及其性质 第三节　溶液的酸碱性 第四节　酸碱中和反应 第八单元　海水中的化学 第三节　海水“制碱”

可以看出，四个版本的教材在酸碱盐的内容编排上基本一致，其中，鲁教版中盐的知识安排在海水制碱的真实情景中呈现。四个版本的教材均体现从宏观到微观、从

定性到定量、从性质到用途、从个性到共性的思路，帮助学生认识一类物质的研究思路与方法，形成物质在一定条件下可以反应、转化的化学观念，进一步树立结构决定性质、性质决定用途的化学思想。

在初中化学阶段，“反应现象可视化”的实验主要是二氧化碳与水反应、氢氧化钠与盐酸反应、二氧化碳与氢氧化钠反应，这三个实验在不同版本教材中的呈现方式如下表所示：

表1-3-3 反应现象可视化实验在不同版本教材中的呈现方式

可视化实验	人教版	粤教版	沪教版	鲁教版
二氧化碳与水反应	运用控制变量法开展探究实验	以“把二氧化碳通入紫色石蕊溶液”的实验呈现知识，没有开展探究活动	以“把汽水中的气体通入紫色石蕊溶液”的实验呈现知识，没有开展探究活动	没有进行实验，直接呈现知识
盐酸与氢氧化钠反应	用无色酚酞开展实验探究	用无色酚酞开展实验探究	用酚酞和温度变化开展实验探究	用测pH的方法开展实验探究
二氧化碳与氢氧化钠反应	没有进行实验，直接呈现知识	进行把充满二氧化碳的试管分别倒插入水和氢氧化钠溶液中的对比实验	没有进行实验，直接呈现知识	以“向充满二氧化碳的矿泉水瓶中加入氢氧化钠溶液”的实验呈现知识，没有开展探究活动

可以看出，四个版本的教材都有介绍这三个化学反应，但均没有挖掘这三个反应背后隐含的共同的思维方法，即通过验证反应物消失或生成物存在来使反应现象可视化，学生也就局限于对教材实验的单一理解，没能提炼出思维模型，更不能对实验方法进行迁移应用。

2. 初高中内容进阶分析

在初中化学阶段，酸碱盐的性质是教学中的重难点，本单元将酸碱盐的性质融合在情境问题中，并综合运用定量和定性手段，提炼反应可视化的思维模型。而到了高中化学阶段，在“常见的无机物及其应用”的课程内容中，大多都是在初中酸碱盐性质的基础上进行应用和探究；此外，在酸碱中和滴定等重要的实验探究中也借助指示剂和电导率、压强、温度的变化来分析反应的进行程度。因此，本单元的学习能为高中阶段的知识性学习和科学思维作铺垫与衔接。

3. 以学科大概念整合主题内容

在学科大概念的统摄下，本单元以巩固核心知识，形成化学观念，提升素养水平为目标，以实验设计为明线，以酸碱盐的化学性质为暗线，串联起整个单元的教学内容（见图1-3-16）。在单元整体设计中，把“使反应现象可视化”确立为单元主题，把分散在不同单元的零散内容进行整合，突破知识层面，站在学科思想和科学方法的高度提炼出“使反应现象可视化”的思维模型，采用任务进阶的策略，循序渐进地对模型进行应用和深化（见图1-3-17）。

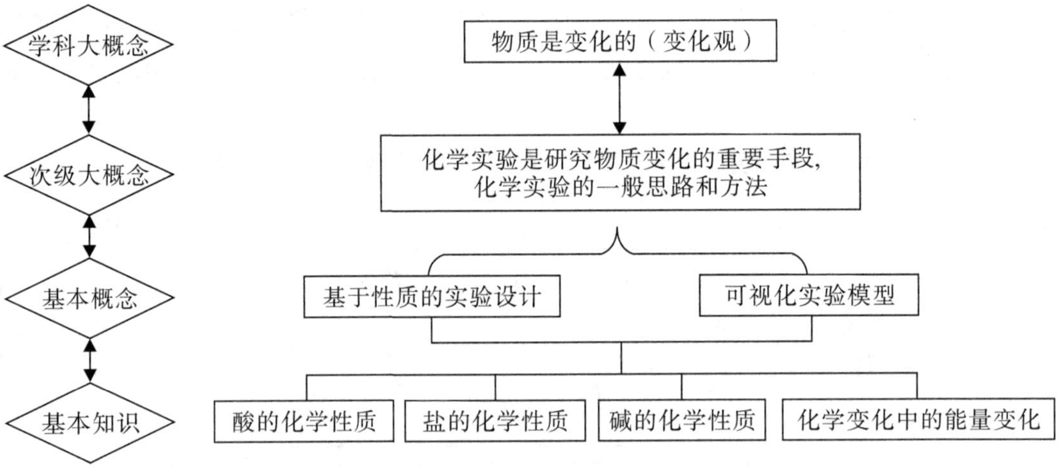

图1-3-16　单元整体教学内容结构图

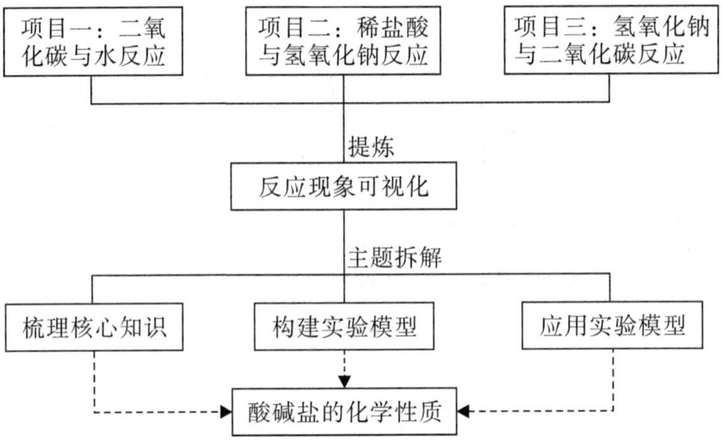

图1-3-17　单元主题分析图

（二）确立单元作业目标

依据课程标准理念，以发展学生化学学科核心素养为主旨，突出学生学习的价值，使单元教学目标在课后活动中有效延伸与发展，确定本单元作业目标设计如下：

1. 能运用学过的酸碱盐性质，进行自主梳理归纳，绘制相应的思维导图，并在“化学扑克游戏”中应用，巩固酸碱盐的核心知识。

2. 能运用“使反应现象可视化”的思维模型，从定性和定量的角度分析，多角度认知化学变化，并从宏观到微观的角度理解反应的实质。

3. 通过查阅资料，从性质、用途、来源等方面对某种酸碱盐进行阐述归纳，并以多种形式进行汇报，提升信息的收集与整理能力，逐步掌握多角度认识物质的方法，促进综合能力的发展。

4. 通过寻找家中的酸碱盐，进行开放性、实践性的探究活动，提升运用化学知识解决实际问题的能力，开阔学习视野。

（三）单元作业内容及设计意图

1. 归纳梳理类作业——绘制思维导图

【作业内容】前置作业：以酸碱盐的性质和用途为主要内容，绘制思维导图。（学生作品见图1-3-18）

【设计意图】学生已有的经验是开展教学的起点，以绘制思维导图作为前置作业，帮助学生巩固梳理酸碱盐的相关知识，为之后的课程学习提供支持。同时，思维导图作为一种思维可视化的工具，有助于教师了解学生对酸碱盐的认知水平，捕捉学生的困惑点和易错点，并以此作为教学的增长点。

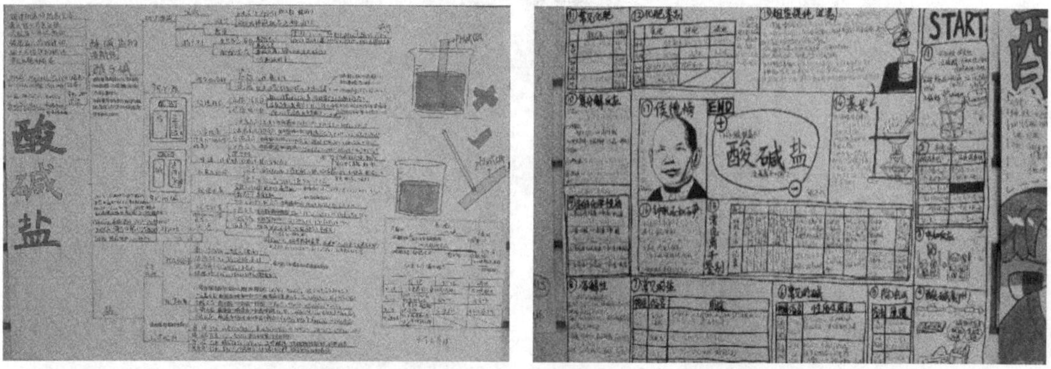

图1-3-18　学生归纳梳理类作业（思维导图）

2. 调查交流类作业——我为××代言

【作业内容】在常见的酸碱盐中自选一种物质，从物质的性质、用途、来源等方面查阅资料，为该物质代言。作业形式：手抄报、文稿、PPT或视频，再以汇报分享的形式展示成果。

【设计意图】调查交流类作业能把知识从课内延伸到课外，从更广阔的视野认识书本中的物质，发展学生对信息进行收集、处理和输出的能力，培养学生关注社会发展的意识。

3. 实践应用类作业——齐齐来玩"化学扑克"

【作业内容】①基础版：先指定3张牌，如HCl、$Ca(OH)_2$、Na_2CO_3，再自定义牌3张，要求能与指定牌中任意一张牌发生反应。②进阶版：自定义6张牌，要求物质之间能发生反应；再自定义6张牌，要求物质之间能发生转化。③创意版：用化学扑克自创新玩法，邀请你的小伙伴一起玩。

【设计意图】以游戏形式呈现核心知识，使枯燥的知识变得生动有趣，学生在"玩中学""玩中练""玩中创"。此时，游戏既是构建酸碱盐知识网络的载体，也是应用和强化核心知识的手段，是一种润物细无声的教学方式。同时，层次性的游戏玩法能适应不同水平的学生群体，适用性强。

4. 实践创新作业——寻找身边的酸碱盐

【作业内容】寻找生活中的酸碱盐，并用其开展家庭小实验（如制软壳蛋、自制汽水、除水垢等，内容不限）。作业汇报形式：视频或实验报告。（学生作品见图1-3-19、1-3-20）

【设计意图】创新作业形式，通过家庭动手实验，诊断学生的知识迁移水平，发展学生从化学视角认识和解决生活问题的能力。同时为后续的进阶作业作铺垫。

图1-3-19　自制软壳蛋

图1-3-20　自制灭火器

5. 实践创新作业——我是化学实验的魔术师

【作业内容】有的化学反应有明显现象，有的则没有明显现象，如醋酸与澄清石灰水能反应，但没有明显反应现象。请你化身小小魔术师，利用家中的物品，设计实验验证两者能反应。温馨提示：澄清石灰水的制作——将零食包装袋里的干燥剂放在纸杯里，加入约50毫升的水使之溶解，搅拌后上层清液就是澄清石灰水。（学生作品整合见图1-3-21）

【设计意图】诊断和发展学生在新情境中应用思维模型的迁移能力，发展学生把多个要点关联起来解决复杂问题的关联结构水平。培养学生对生活、对自然的好奇心和探究热情，逐步形成严谨求实的科学态度。

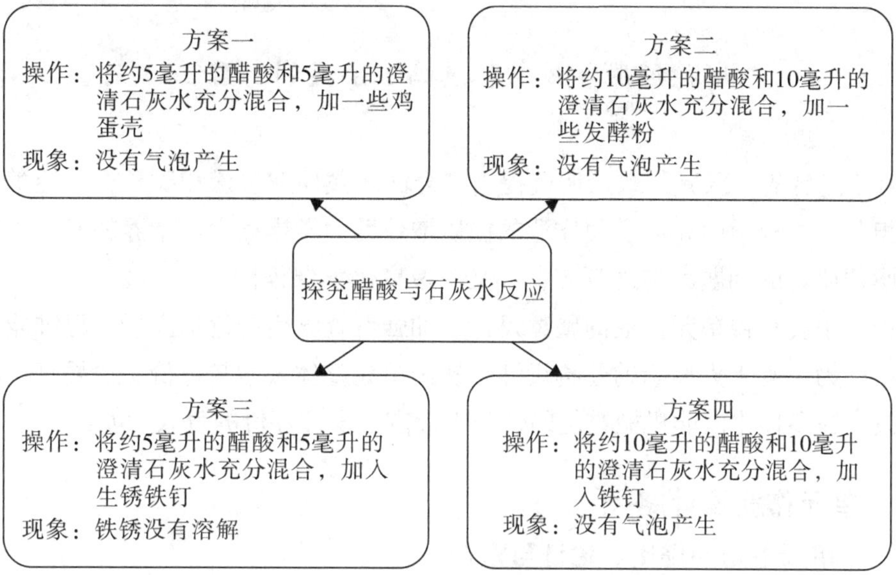

图1-3-21 实践创新作业——我是化学实验的魔术师

二、单元作业设计反思

单元作业是实现单元整体教学目标的一种途径，高质量的单元作业应具有以下特点：（1）系统性。单元作业设计要体现整体结构，分析课时作业之间的逻辑关系，通过对一个单元不同课时作业内容、要求的统筹思考，递进式地落实作业目标。（2）适切性。单元作业是教学评价的一种手段，只有切合学情的设计才能有效发挥作业的诊断和发展功能。作业设计要符合学生的认知基础和发展水平，通过分层作业、进阶作业等形式引导学生在原有的经验中“生长”出新的经验。（3）多样性。除了常规的纸笔练习外，还要结合真实情境增加科普阅读、动手实践、实验探究等综合实践作业。综合实践作业强调把所学应用于实践，而不仅停留在纸笔上，这充分体现知识的价值，与化学的学科定位一脉相承，反映出化学的学科本质。

【点评】

本单元作业设计紧扣整体教学的目标，旨在提升学生的学科核心素养。关注学生已有的知识经验，创设贴近学生生活实际的情境和有趣的活动，增加学生学习的主动性和趣味性。设计有层次性的思维作业和实践创新作业，在兼顾化学学科水平考查的需要和不同学习层次学生的需要的同时，又能提升学生的社会性发展与实践创新能力。

单元整体教学视域下的高质量作业设计
——以“钙片中钙含量的测定”为例

顺德德胜学校　杜慧鸣　余奕钊　潘红

2021年出台的“双减”政策明确提出“全面压减作业总量和时长，减轻学生过重作业负担”。在教学中如何实现作业的提质增效助力学生能力、素养的发展成为一线教学中亟须研讨的问题。与之呼应，《义务教育化学课程标准（2022年版）》指出：在评价设计中要重视单元作业的整体设计，加强考查学生的价值立场、思维能力以及问题解决能力。基于大概念的建构设计和实施单元整体教学与评价，倡导真实问题情境的创设，在多样化而非机械重复的任务中，重视发挥评价的育人功能。

一、单元作业设计路径

（一）单元主题的提出、论证与整合

1. 结合真实情境提出单元主题

单元主题设计不囿于教材原有编排，更注重多维度选取课程内容，立足学生的生活经验开展设计。“钙片中钙含量的测定”的真实情境不仅有助于学生回顾“人体中的元素”的相关知识，更能在素材、实验的辅助下帮助学生提升“元素的综合计算”“物质转化”的相关能力。为突破常规中考总复习中较为枯燥、单调的课堂及作业设计，笔者尝试充分利用真实情境，提高学生学习兴趣，诊断并提高学生综合运用已有知识分析、解决问题的能力，充分发挥化学学科的育人功能。

2. 基于多版本教材论证设计合理性

对比人教版、鲁教版和沪教版教材，将三者用“钙片中含钙量的测定”情境有机结合开展单元复习教学具有一定的合理性。

表1–3–4　相同主题内容在不同版本教材中的作业设计

教材	主题内容	呈现方式	单元的分布
人教版	元素的综合计算	正文例题、【练一练】 利用标签、说明书了解药品成分计算质量分数	第四单元 自然界的水
	物质转化	【资料卡片】、正文 碳酸钙的相关转化	第十一单元 盐 化肥
	人体中的元素	正文 元素的分类及对人体的作用	第十二单元 化学与生活

（续表）

教材	主题内容	呈现方式	单元的分布
鲁教版	元素的综合计算	正文例题（脱离真实情境）	第四单元 我们周围的空气
	物质转化	流程图（镁的转化）	第八单元 海水中的化学
	人体中的元素	【多识一点】表格介绍 【交流分享】调查补钙品成分	第十单元 化学与健康
沪教版	元素的综合计算	【活动与探究】【交流与讨论】均以计算习题形式呈现	第3章 物质构成的奥秘
	物质转化	【观察与思考】解释石灰石灼烧产物的相关实验现象	第7章 应用广泛的酸、碱、盐
	人体中的元素	正文文字介绍、【活动与探究】从食品标签中找“主要元素”	第3章 物质构成的奥秘

3. 以学科大概念整合主题内容

在学科大概念的统摄下，本单元以根据标签信息与实验探究测定钙片中含钙量为明线，以“元素的综合计算”“物质转化”“人体中的元素”三个板块的知识为暗线，由浅入深地串联起整个单元的教学内容（见图1-3-22）。此设计旨在帮助学生从定性、定量的双视角分析物质中的元素，领会化学对于人类生产生活的价值，故将学科大概念拟定为“定量分析物质的组成服务于生活”。

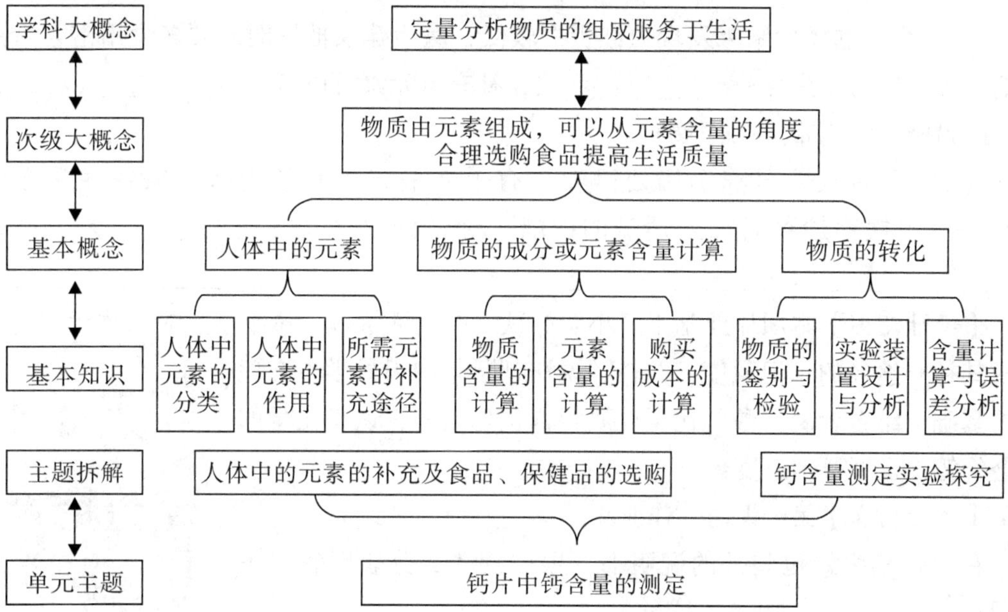

图1-3-22　单元整体教学内容结构图

（二）确立单元作业目标

基于课程标准理念，本单元作业设计立足学生的生活经验，注重培养学生探究实践的核心素养，在知识落实的前提下着重考查学生在实际情境中的解决问题能力。本单元作业目标设计如下：

表1-3-5　单元作业目标

课时	作业目标
第一课时	1.1　通过纸笔作业在“小明补铁”“牛奶说明书分析”两个生活情境中，诊断学生对人体元素的理解、元素综合计算能力。 1.2　通过纸笔作业“牛奶说明书分析”的三聚氰胺事件分析，强化学生的社会责任感。 1.3　通过“牛奶选购”实践报告，诊断学生在实际生活中对含量、价格等多因素的综合分析能力。
第二课时	2.1　通过阐明涉及反应及物质指出方案不足并改进，诊断学生利用物质的转化理解实验设计的能力。 2.2　通过实验操作排序的作业，诊断学生的实验操作技能。 2.3　通过质量分数的误差分析，诊断学生在实验中以现象与数据为依据开展定量分析的能力。

（三）单元作业内容及设计意图

1. 生活应用类作业——人体元素的定性认识与定量分析

【作业内容】第一课时　作业1

人体中含有50多种元素，它们对人体的构成、人体新陈代谢的调节具有重要作用。

（1）小明的体检结果发现血红蛋白较低，医生建议他平时既要多食用富含蛋白质的肉类，还需要注意补充________元素，补充该元素可以多食用________（A. 三文鱼　B. 猪肝　C. 海带　D. 豆腐）。

（2）小明从邻居陈奶奶处得知，有个老偏方可有效地减少缺铁性贫血的发生——用铁锅炒菜时加入适量的白醋，你认同这个说法吗？________，原因是____。

【设计意图】本项作业基于“小明补铁”的生活情境，诊断学生对人体元素的作用及其补充途径的识记程度，并在“说法判断”中引导学生在理解的基础上结合金属、酸的化学性质解释实际问题，认识化学的社会价值，发展科学态度。

产品种类：调制乳
配　　料：生牛乳、乳矿物盐、维生素D（维生素D_3）、结冷胶、六偏磷酸钠
本产品含有乳成分

营养成分表		
项目	每100mL	NRV%
能量	267kJ	3%
蛋白质	3.0g	5%
脂肪	3.7g	6%
碳水化合物	4.6g	2%
钠	67mg	3%
维生素D	2.2μg	44%
钙	125mg	16%

【作业内容】第一课时　作业2

右图是某牛奶包装外的说明书，根据营养成分表回答以下问题：

（1）请指出该牛奶中含有的4种人体常量元素：________。

（2）少年人每天所需钙的摄入量是1000~1200mg，若有约1/3源于该纯牛奶，请问你每天至少需要喝________盒？（250mL/盒）

（3）牛奶作为补充蛋白质的重要饮品，主要以其中氮元素的质量分数代表牛奶中α-酪蛋白（$C_{38}H_{57}N_9O_9$）等蛋白质的含量。我国曾发生毒奶粉食品安全事故，不法商家使用对人体有害的三聚氰胺（$C_3H_6N_6$）作为添加剂，造成各地婴幼儿肾结石频发。为什么不法商家要将“三聚氰胺”添加到牛奶中？你对此事件有何看法？

【设计意图】本项作业基于“牛奶说明书及使用分析”的生活情境，诊断学生对人体中元素的分类的识记程度，并在“摄入量”的考查中诊断学生合理筛选信息、利用数据定量地解决生活问题的能力。此外，本项作业还引入“毒奶粉事件”的讨论，不仅再次强化并诊断学生的元素综合计算能力，还在食品安全问题的讨论中，落实立德树人根本任务，提高学生的社会责任意识，树立正确的价值观。

2. 调查交流类作业——牛奶的分析与选购

【作业内容】第一课时　作业3

调研学校小卖部的牛奶或酸奶，从含钙量、价格、口味、成分等角度选购并阐述原因，完成一份小报告。

模板：“牛奶小买手”的商品选购报告

（1）信息收集

牛奶品牌与系列	规格	含钙量/100mL	价格	口味	成分

（2）综合对比，我愿意购买的牛奶是________________________________，我的理由是：____。

【设计意图】近年来教学中发现，学生似乎缺乏生活经验。本项作业尝试以“调查交流”的方式让学生走出教室，将课内知识技能延伸到实际生活中，以实际生活问题激发学习内驱力，引导学生基于已有认知在开放式的环境中获取、分析信息，参与评价和决策，让化学学习真正助力人生发展。

3. 实验探究类作业——厨房物质成分分析

【作业内容】第2课时　作业

苏打和食盐是厨房中的常见物质，现在厨房中找到一罐白色固体，可能由碳酸氢钠、氯化钠中的一种或两种物质组成。某化学兴趣小组的同学展开了系列研究。

（1）定性分析

【实验目的】确定白色固体的组成

【实验方案】

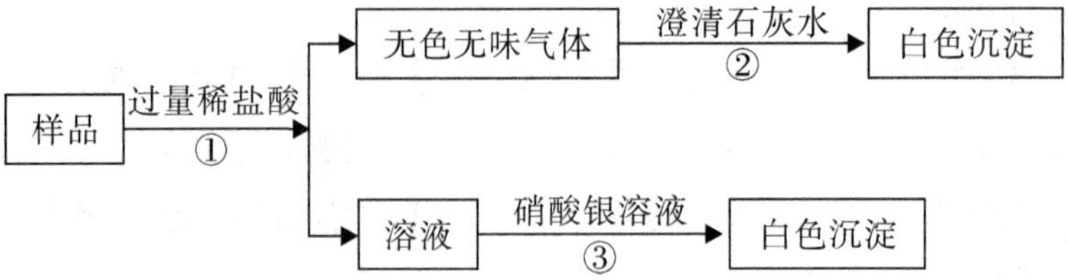

【实验结论】小明同学经过上述实验得出结论：该白色固体由碳酸氢钠、氯化钠两种物质组成。

a. 步骤②发生反应的化学方程式是________________________________；

b. 步骤③中产生的白色沉淀不溶于硝酸，该沉淀的化学式是______；

c. 兴趣小组同学认真研究讨论后认为，此方案不能得出小明同学的结论。原因是____。

讨论后得到改进方案是________________________，如仍出现上述现象，则小明同学的结论正确。

(2) 定量分析

【实验目的】测定该白色固体中碳酸氢钠的质量分数。

【实验方案】该小组利用如图1-3-23所示的实验装置（固定装置已略去，装置气密性良好）进行实验，每一步反应均完全进行。

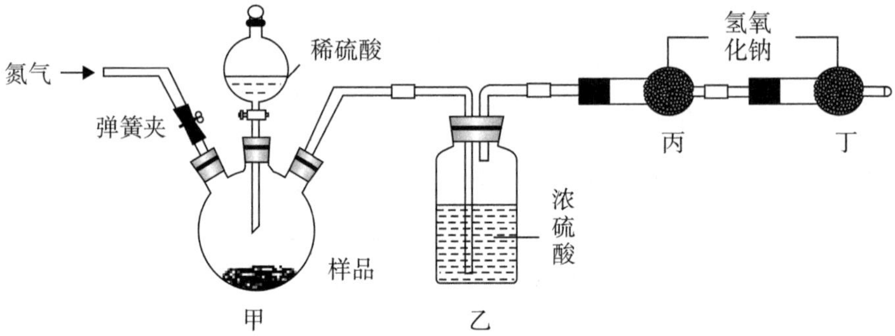

图1-3-23

先称取8g该样品放入甲中，然后按照__________顺序进行实验操作。

①打开分液漏斗的活塞，注入足量的稀硫酸，关闭活塞

②称量装置丙的质量

③第一次打开弹簧夹，通入足量的氮气，关闭弹簧夹

④称量装置丙的质量

⑤第二次打开弹簧夹，通入足量的氮气，关闭弹簧夹

a. 第一次通N_2的目的是____。

第二次通N_2的目的是____。

b. 装置乙的作用是__________________________________，若没有该装置，则会导致测定结果______________（选填“偏大”或“偏小”）。

c. 装置丁的作用是__________________________________；若没有该装置，则会导致测定结果______________（选填“偏大”或“偏小”）。

d. 在所有操作、步骤均正确的前提下，若测得丙装置的质量增加2.2克，则该白色固体中碳酸氢钠的质量分数为__________________。

【设计意图】第二课时教学内容在中考中主要以实验探究题的形式出现，是中考的难点。因此本课时以纸笔作业的形式设计了一道较为完整的题目。作业设置了“厨房中白色固体成分的研究”的贴近生活的实验情境，设定了定性与定量分析两部分任务。主要考查学生在实验情境中有效获取信息，利用实验现象或数据对样品进行分析比对、开展证据推断的能力。

二、单元作业设计反思

在“双减”背景下，如何减轻学生学业负担，充分发挥课后作业的育人价值成为教师亟须解决的问题。立足于实际情境而不囿于教材的单元整体设计，不仅有利于诊断学生对知识的应用能力，更有利于显示学生在解决综合问题中的思维能力、学科素养。相应地，单元设计要以教材、课标为抓手，梳理单元中的逻辑知识能力要点、确认教学与评价要求，以此规范教学与评价设计。而在整个设计中要联系学习与生活，从中培养学生的学科观念素养、解决实际问题的能力，更好地体现化学教学的育人价值。

【点评】

本单元整体作业设计基于学生已有知识能力，立足学生的生活经验，创设贴近学生实际生活的教学与评价情境，从知识的直接应用、调查交流、实验探究三个层次考查学生在实际情境中的问题解决能力，增强学生探究实践的核心素养。

跨学科融合性作业

——十中“智造”

佛山市第十中学　严静

在“双减”政策下，佛山十中一直在积极探索高效化、趣味化、情景化和生活化的作业设计，致力让作业成为育人的载体。

一、探索“减量增质”的跨学科作业

所谓“双减”，就是减轻繁重的课业负担，减轻培训负担。双减背后真正的意义是增强学生的综合能力。那么，我们英语学科从作业的角度减掉的是机械性的无效作业，重复性、惩罚性的作业，着重考虑让学生感兴趣又能培养学科素养，提升综合能力的作业。

因此，我们融合市、区、校三级教研团队和名师力量，联合美术、语文科组设计了一项非常有创意的跨学科融合的作业。该项作业以英语课本模块任务及话题为主题，结合初中语文综合性学习新闻采访写作及学校剪纸特色进行设计，旨在引导学生借剪纸这一载体，学习运用中英双语表达自己的观点和感受，讲好中国故事，让更多人认识剪纸、喜欢剪纸，向社会传播佛山传统文化。

二、培养“学科素养”的实践性作业

兴趣是最好的老师。增质的前提是学生愿意参与，愿意完成作业。

我们设计的是一个跨学科的实践性作业，涉及剪纸、写作、口语、视频制作等多项技能，将英语、语文、美术、信息技术等多学科融合，过程中教师分工指导，学生合作完成，作为一项整体作业，步骤如下：

步骤一：创作剪纸作品，拍摄创作过程。

英语教师根据课文话题确定作业主题，例如旅游，学生则在美术教师的指导下创作剪纸作品，然后以小组合作的方式把剪纸制作过程按步骤拍照或制作成具有指导和示范性的剪纸微课，并配以中英文解说词进行解说，方便剪纸爱好者广泛学习和传播。

这一学习过程从确立剪纸作品的形式到创作完成作品以及拍摄、制作视频，都是同学自主与合作完成，学习内容鲜活、实用、有趣，充分运用了自主、合作、探究的学习方式，在实践中学习，在学习中实践，也充分发挥了想象力和创新能力。

步骤二：挖掘艺术内涵，提升鉴赏能力。

学生在语文、英语教师的指导下，充分挖掘作品内各种元素，用流畅生动的语言描述作品内容和寓意。这一步骤也是学生对剪纸艺术欣赏能力的提升过程。

学生将剪纸作品配上中英文简介，经过简单的制作工艺后就会变成精美的艺术展览品，而且还能利用多媒体技术，通过中英双语推广剪纸技能，让更多人学会剪纸、爱上剪纸，这是一项有意义、有意思的作业。

步骤三：学做记者采访，实践新闻播报。

完成制作后，学生还化身小记者，分组撰写中英文采访提纲并采访剪纸作者。最后，学生根据采访内容撰写采访稿，在校园内进行双语新闻播报。

新闻采访写作是初中语文综合性学习的内容，新闻播报同样也是初中英语学习的一个主题任务。此项作业很好地融合了两个学科的要求，让学生在真实的情景中学以致用，并给予了学生充分展示自我的机会，培养了学生的综合能力。

三、致力“育人目标”的综合性作业

我们培养的是未来人，未来社会需要的不仅是专业性人才，更是综合能力强的人才。因此，我们把每一次作业都当作是一次英语实践的机会，每一次实践也是一次综合能力的培养过程。在练习中除了培养学生听说读写能力外，在制订计划、社交礼仪、团队协作、语言表达等方面也是一次学习和锻炼，培养学生综合能力，为学生未来人生奠基。

四、落实“多元评价”的融合性作业

2011年版课标提倡教学中要构建过程与方法、知识与能力、情感态度和价值观的三维目标。为了培养学生的学科素养和综合实践能力，我们设计了两种评价方式——形成性评价和终结性评价。三个学科的老师分工合作设计每一项作业的评分表，每一个过程都由同伴、小组、老师三方进行评价，包括剪纸技能、主题创意、颜色搭配、采访语言、新闻价值、英语表达、肢体语言、小组合作等多个维度。综合评定后，作业再通过小组评优、公众号投票等方式进行二次评分，学生作品评分全过程将记录在学生个人成长档案中。

五、不断“拓展延伸”的创新性作业

我们创新作业形式的初衷是希望同学们能通过跨学科的融合作业，学到更多书本上没有的知识，锻炼综合能力。这项“智造”作业受到了学生们的喜爱。参与这项作业的曾柏森同学说：“这项作业让我对剪纸有了更深的认识，现在我喜欢上了剪纸。”他还说自己在做作业中克服了对英语读写的畏难情绪，现在能更大胆地用英语来表达和交流。汤艺童同学则表示，通过做作业，她学会了观察、思考、想象和创新，还体会到了团队协作的快乐。

与“一次性”作业不同的是，我们这项“智造”作业时间跨度为一学年，其间还会通过多种方式拓展作业内容。比如，我们计划让学生将配有中英双语标题和简介的作品制成剪纸艺术品，在春节期间设摊义卖；也将策划举办“Paper Cutting and Me ”（我与剪纸的故事）中英文演讲比赛。此外，学校还计划组织学生到国际学校进行剪纸文化交流，或连线国外的学校进行云交流，提高学生双语交流能力。

【点评】

特色：跨学科的融合式作业设计，有益于学生个性的充分释放和能力的全面发展。佛山市第十中学将英语、语文、美术、信息技术等多学科融合，设计层次结构清晰、能满足不同学生需求的作业，让生本化理念在作业设计与应用中得到进一步落实。从作业完成和评价过程不难看出，此项作业不仅培养了学生的学科素养，也关注了学生的综合实践能力，是一个承载多元信息、促进文化交流分享、提升语言水平、促进核心素养形成、让学生展示自我的优秀平台。

“深度学习技术”好，减负提质绩效高

南海区石门实验学校　任晓红　王松梅　杨蕙妃

当前，义务教育阶段“双减”与单元整体教学工作如火如荼，如何既不增加初中学生数学学习的负担，还能让学生通过完成最少的作业达到最好的效果？石门实验学校巧妙利用课题研究成果，找到一条高效之路。

一、推广深度学习技术　优化寒假作业分层

石门实验学校数学科组，在区“十三五”重点推荐的规划课题《初中数学“深度学习”技术的实践与研究》成果的基础上，充分让学生在作业中用“题不二错”“思维导图”“解题报告”等课题成果，不断整理错题，总结思路，形成报告，大大减少了作业量，提升了作业的效果，明显提升学习效率和学生的学科素养。

“题不二错”指让学生通过收集自己的典型错题，进行分析总结，归纳错因，形成对相应模块知识的深刻理解，从而夯实各个小单元的知识。“思维导图”指的是用简单、高效、形象的图形，记录思维的发生发展过程。它包含两大类，一类是知识的形成过程，一类是解题思路的形成过程。“解题报告”指学生针对典型题目进行提炼，整理出相关的思想、方法、技巧，并用这些成果解决更多问题的小文章。解题报告采用小论文的形式，间或套用思维导图的工具，偶尔引用“题不二错”，也是“深度学习技术”的整合工具。

比如寒假作业，第一天为：

A层：测试卷一

B层：解题报告

选题1：勾股定理中方程思想的常见模型

选题2：勾股定理在折叠问题中的应用

选题3：勾股定理与最短距离（如：勤劳蚂蚁走捷径，展开连线分类型）

基础差的同学，做A层基础练习题即可，已经掌握基础内容的同学，则任选B层一个主题，撰写解题报告，剩余两个选题则各做一张解题的思维导图或“题不二错”的整理。这样既让学生有自主选择的权利，又可以根据实际，不断提升自己，发展数学核心素养。

二、激发学生学习热情　提高整体作业质量

学生在完成深度学习作品后，展示自己的作品，互相质疑，然后再继续完善，

把灌输式作业变成创新式作业，极大激发了学生的创作热情。据不完全统计，寒假之后，学生完成的“深度学习”作品达两万余幅，形形色色，形象、直观、有深度，取得了很好的作业效果，也极大地减轻了学生的作业负担。

面对同一道题，学生的解法多种多样，体现了“横看成岭侧成峰，远近高低各不同”的深刻含义。最后，由出题的同学总结解决这类问题的方法：常采取“转化”的思想，即将两条线段转化为同一线段，或者是把一条线段转化为两条线段，甚至分别算出两条线段长度的和与另一条线段的长度作对比。

制作“深度学习”作品，还需要相关的管理制度配合。为了更好地让这些学习作品产生良好的效益，科组开展了网上展评讨论、宣传栏优秀作品展示以及评奖活动，极大地激发了学生的热情。

三、学习技术显威　培优促特建功

学生利用初中数学“深度学习技术”后，对知识的理解明显加深，形成了较为完整的概念体系。在教师的指导与帮助下，学生逐渐养成定期归纳和整理的好习惯，能够自主构建相关联的知识点之间的完整体系，不仅获得了数学知识，更培养了对数学的兴趣，还掌握了数学的思想方法，培养了学习能力与问题解决能力，增强了学习数学的信心。

初中数学“深度学习技术”有深度、有思想、有交流，极大地激发了学生学习数学的热情，为尖子生的脱颖而出创造了良好的氛围。这样的创新作业是有效的，应用数学“深度学习技术”的八年级学生的数学成绩明显提升，每学期期末平均分以4分的速度逐渐递增，并且在“2021年南海区初中数学高阶思维素养抽样监测”中获一等奖的人数在南海区名列前茅，学校也积累了学生精美作品五千多幅，见证着学生数学素养的巨大的提升。

【点评】

把“深度学习”技术化，通过操作性强的“题不二错、思维导图、解题报告”等技术，变重复机械的作业为创新十足的创作与思考，变被动式作业为产出式创新，极大地激发了学生学习数学的热情，在区域内具有很大的影响，产生了很好的辐射和带动作用，也使学生的学科素养得到极大提升。可见，这是一种值得推广的作业形式。

“双减”落实处，增效正当时

顺德区沙滘初级中学　李逸城

作业是检验教师课堂教学效果与学生学习效果的重要形式，是教师与学生之间进行课堂内容、知识拓展等方面交流的有效工具，是提高教学质量与学习效果的重要手段。在“双减”的大背景下，身为教师，应该如何合理且高效地设计和布置作业呢？

“双减”政策的全面落实，以及近年来新课程的改革都促进了作业的改革，作业的改革有利于培养学生的学习能力和学习习惯，提高学生的素质。因此，数学作业的改革是摆在我校数学教师面前的一项极为迫切的任务。

在全面推进“双减”政策的背景下，多数老师比较重视课堂教学的改革与创新，培养学生核心素养，却对如何利用数学作业来培养学生综合实践能力的关注不够。目前，中学数学书面作业较为单一，以巩固性计算解题类作业为主。这样单调枯燥的作业形式让学生找不到兴趣，做作业的积极性也就受到影响，并且，盲目的“题海战术”导致学生思维活动空间减小，不利于学生思维能力的发展。

为了提高学生学习兴趣，促进作业改革，在作业布置中，我们科组加强了对综合实践性作业的布置。上学期，九年级的同学就完成了一项有趣的综合实践作业——测量建筑物的高度（以测量××广场公寓大楼为例）。在学生学习应用不同方法测量旗杆高度的知识后，老师布置学生利用所学知识进行实践操作，利用测角仪、卷尺等工具测量不能到达的建筑物的高度。老师先把本班同学分为6个小组，通过不同的方式来测量，计算得出本小组建筑物高度的数据。具体分工如下表：

表1-3-6　综合实践作业分工

组名	第1组	第2组	第3组	第4组	第5组	第6组
具体分工	5葛茁洋（测）	32张天悦（定）	2杨灿（测）	7管佩瑶（测）	35李健严（测）	4谢琨鹏（测）
	26朱玉丰（定）	10罗宛媛（算）	30钟瑶彤（算）	24周铭轩（定）	12崔晓娟（记）	6何丽敏（算）
	15叶杰烽（记）	29谭文诗（测）	8黄宝盈（记）	16陈海怡（记）	36章颢轩（算）	25李俊（测）
	17霍苑楠（算）	27席姗（算）	1陈颖欣（算）	14陈永扬（测）	37王嘉雯（定）	13区杰彦（算）
	22劳嘉轩（算）	21陈锐（测）	3黄赛武（测）	28周嘉宝（算）	20李子晴（算）	9侯书陶（记）

（续表）

组名	第1组	第2组	第3组	第4组	第5组	第6组
具体分工	23刘鑫洋（测）	11梁嘉慧（记）	18劳健恩（定）	33陈锦意（算）	19岑沛谚（测）	34陈政豪（定）
			31刘承智（测）			
每组任务	测2个角，一次，计算	离楼距离近，测2个角，2次，取角度平均值，计算	离楼距离近，测2个角，2次，分别计算2次，结果平均值	离楼距离远，测2个角，2次，取角度平均值，计算	以开场白引入，测一个角	离楼距离远，测2个角，2次，分别计算2次，结果平均值
要求	1. 皮尺要提前拉好，固定好，选定距离； 2. 测角仪要垂直于地面； 3. 测量角度时要对准楼顶同一个固定点，一人固定垂直，两人测，一人读数计算，一人登记，一人监督计算					

在课堂上，老师将各组的测量过程和计算结果进行展示，分析。

展示一：第5小组的测量过程视频。（只测一个仰角，无法计算出建筑物高度）

教师抛出问题：同学们，算不出结果是什么原因？我们带着问题来看看其他组的测量过程。

展示二：第3小组的测量过程视频。（测量两个仰角，各两次，取两次结果平均值，为最终结果）

展示三：第2小组的测量过程视频。（测量两个仰角，各两次，取两次角度平均值，计算最终结果）

教师及时肯定，同时追问：

（1）请一位组员谈谈本组的测量方法。

（2）要测量大楼高度需要哪几个数据？

（3）为什么要测量2个不同位置的仰角？其目的是什么？

展示四：反思小结第5小组测量失败的原因。

教师追问：

（1）为什么只测一个仰角无法计算大楼的高度？

（2）之前测量旗杆高度只需要测一个仰角即可，两种测量方法不同的根本原因是什么？

展示五：第4小组的测量过程视频。（测量结果为122.78米，误差太大）

教师追问：对比准确数据80.5米，请反思测量过程中导致误差太大的原因。

在展示过程中，学生通过对比、交流，总结本小组所用方法的优劣。在老师的循循诱导中，学生总结如何操作测量工具才能做到更精准地测量建筑物高度，如何计算才能将结果的误差降到最低。（见附录：学生实践报告）

总结完毕后，教师对本节课进行拓展提升，让学生在相似的情境中设计出测量大山高度的方案，并给出计算大山高度的公式，实现由具体到抽象，由特殊到一般，逐步建立数学模型的过程。

在数学学科，我校过去布置的综合实践性作业比较少。为了能够提高学生学习兴趣，促进作业改革，在作业布置中我们结合数学中可实践的内容，加强对综合实践性作业的设计，坚持目标导向、问题导向和活动导向，通过设计开放性、综合性的题目，让学生在观察、操作、思考、推理、合作、交流中，综合运用所学知识，解决生活中的实际问题。

附　录

第5小组实践报告

<table>
<tr><td>课　　题</td><td>测量威斯广场公寓大楼的高度</td></tr>
<tr><td>参加人员</td><td>岑沛谚、李子晴、王嘉雯、章颢轩、崔晓娟、李健严</td></tr>
<tr><td>实验器材</td><td>皮尺、测角仪</td></tr>
<tr><td>实验步骤</td><td>①测量测角仪高度（1.2 m）
②测量 α 的度数</td></tr>
<tr><td>测量示意图</td><td>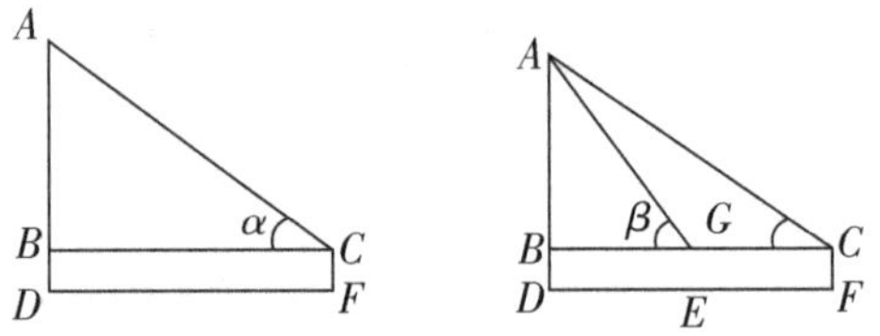
</td></tr>
<tr><td>测量数据</td><td>
<table>
<tr><td rowspan="2">次数</td><td colspan="4">数据</td></tr>
<tr><td>α</td><td></td><td></td><td></td></tr>
<tr><td>第一次</td><td>36°</td><td></td><td></td><td></td></tr>
<tr><td>第二次</td><td>34°</td><td></td><td></td><td></td></tr>
</table>
</td></tr>
<tr><td>计　　算</td><td>高度计算过程（精确到 0.1m）
∵ 从测角仪到大楼的距离中有一条河
∴ 无法测出 BC 的长
∴ 不能根据三角函数求出 AB 的高</td></tr>
<tr><td>反　　思</td><td></td></tr>
</table>

第3小组实践报告

<table>
<tr><td>课　　题</td><td colspan="2">测量威斯广场公寓大楼的高度</td></tr>
<tr><td>参加人员</td><td colspan="2">劳健恩、黄赛武、陈颖欣、黄宝盈、钟瑶彤、杨灿、刘承智</td></tr>
<tr><td>实验器材</td><td colspan="2">皮尺、测角仪</td></tr>
<tr><td>实验步骤</td><td colspan="2">1. 测量测角仪 AD 的高度为 1.2 m
2. 测出在 A 处大楼的仰角 α
3. 向大楼方向前进 20 m，$AG=DE=20$ m
4. 测出在 G 处大楼的仰角 β
5. 整理数据，计算 BC 长度</td></tr>
<tr><td>测量示意图</td><td colspan="2">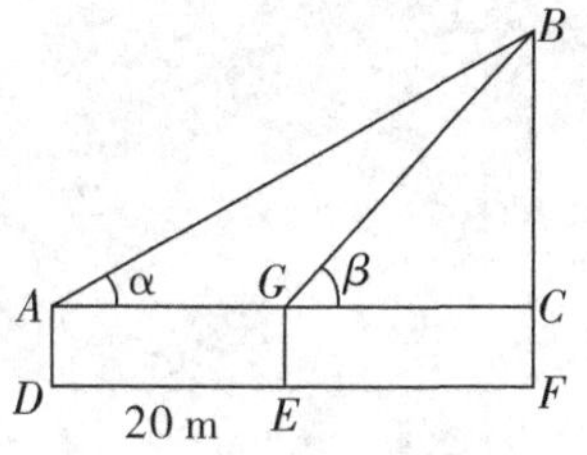
</td></tr>
<tr><td>测量数据</td><td colspan="2">
<table>
<tr><td rowspan="2">次数</td><td colspan="4">数据</td></tr>
<tr><td>α</td><td>β</td><td>AD</td><td>DE</td></tr>
<tr><td>第一次</td><td>38°</td><td>43°</td><td>1.2 m</td><td>20 m</td></tr>
<tr><td>第二次</td><td>36°</td><td>42°</td><td>1.2 m</td><td>20 m</td></tr>
</table>
</td></tr>
<tr><td>计　　算</td><td>高度计算过程（精确到 0.01 m）
第一次，在 Rt△BCG 中，
$\beta=43°$
$\tan\beta=\frac{BC}{GC}=0.93$
$BC=0.93GC$
$GC=\frac{BC}{0.93}$
设 $BC=x$ m
$GC=\frac{x}{0.93}$
$AC=AG+GC=20+\frac{x}{0.93}$

在 Rt△ACB 中
$\tan\alpha=\frac{BC}{AC}=0.78$
$\frac{x}{20+\frac{x}{0.93}}=0.78$
$x=96.72$m
$BF=96.72+1.2=97.92$ m</td><td>第二次在 Rt△BGC 中，
$\beta=42°$
$\tan\beta=\frac{BC}{CG}=0.90$
设 $BC=x$ m
$\frac{x}{CG}=0.90$
$CG=\frac{x}{0.90}$
在 Rt△ABC 中，$\alpha=36°$
$\tan\alpha=\frac{BC}{AC}=0.73$
$\frac{x}{20+\frac{x}{0.90}}=0.73$
$x=77.29$
$BF=77.29+1.2=78.49$ m</td></tr>
<tr><td>反　　思</td><td colspan="2">1. 测角仪没与地面垂直　2. 测量同学的视线离测角仪太远，误差大</td></tr>
</table>

表1-3-24 小组测量建筑物高度图片

【点评】

从单一枯燥的纸笔形式到沉浸式的实践操作形式，学校在落实作业改革的过程中，把理论与实践相结合，合理设计解决问题的方案，有效地呈现实践成果，帮助学生在动手操作和动脑思考的过程中积淀数学基本活动经验。在此过程中，学校推动新课程标准在实践层面的落实，提高学生对知识的实践和体验水平，也关注了学生的关键能力与核心素养，促进学生深度学习。

“双减”背景下初中生物学作业优化设计的实践与思考
——以“练习使用显微镜”的作业为例

顺德区伦教翁祐中学　赖进铭
顺德区教育发展中心　刘正旺

生物学学科核心素养是生物学科育人价值的集中体现，是学生通过学科学习而逐步形成的正确价值观念、必备品格和关键能力。在“双减”背景下，学校教学以培养学生学科核心素养为导向，有效优化课堂教学和课后作业，实现减负增效。

为深入贯彻中共中央办公厅、国务院办公厅《关于进一步减轻义务教育阶段学生作业负担和校外培训负担的意见》，我校大大减少了学科作业总量和时长，让学生摆脱了繁重的作业负担，同时也着重提升作业的质量，激发学生学习的内在动力。以我校生物学教学为例，针对学生的兴趣特长和学习能力，将作业分为基础通关类、拓展提升类、自主探究类、创新实践类等4种类型。教师引导学生将更多的时间用于实践探索，鼓励学生勤于思考、乐于探究、敢于质疑、勇于创新，在减负的同时提升学生的学科核心素养。

以人教版《生物学》七年级上册第二单元第一章第一节“练习使用显微镜”为例，尝试探索“双减”背景下生物学作业优化设计。“练习使用显微镜”的作业旨在帮助学生掌握显微镜的操作方法，理解显微镜的结构和功能，为后续的学习打下坚实的基础。

一、基础通关类作业（必做）

学生在小学已经学习如何使用显微镜，但仍存在许多错误的操作，如使用单手转动准焦螺旋、切换物镜时直接掰镜头、镜头下降时眼睛不看物镜等。课堂上经常出现教师再三强调，学生屡教不改的情况。针对以上问题，可以在课余时间开放生物实验室，学生两人一组，使用显微镜操作评分表（详见表1-3-7）相互评分，从而掌握规范的显微镜操作流程。

表1-3-7　显微镜操作评分表

评价指标	具体要求	赋分	评分标准		
			符合	基本符合	不符合
取镜安放	正确取镜、安放	10	10	6	0
对光	正确使用转换器，选择低倍物镜	20	10	6	0
	选择较大光圈、转动反光镜		10	6	0
观察永久装片	将玻片标本放到载物台上固定	70	10	6	0
	正确使用粗（细）准焦螺旋进行对焦		20	12	0
	镜头下降时，眼睛要注视物镜		20	12	0
	找到清晰的物像并将其移到视野中央		20	12	0

二、拓展提升类作业（选做）

显微镜的教学内容安排在七年级，学生没有物理知识作为支撑，对显微镜的成像原理和性质难以理解，也使教学陷入两难：如果详细介绍显微镜的成像原理和性质，会大大增加教学内容的难度，导致学生难以理解；如果直接展示显微镜的成像结果，学生无法理解显微镜为什么会形成倒立放大的虚像，从而对该部分知识只能停留在识记的层面。为解决以上问题，笔者建议可以采用以下教学流程（详见表1-3-8）及拓展探究活动，在动手实践中构建显微镜模型，初步理解显微镜的结构和功能。

表1-3-8　构建显微镜模型的教学流程及拓展探究活动

环节	教学内容
环节1：初步认识凸透镜	通过前面科学史的学习，学生已掌握显微镜至少由两片凸透镜组成。教师引导学生直接用放大镜观察物体，模拟显微镜的目镜；用蜡烛透过凸透镜成像实验模拟物镜的成像（教师要将物距控制在1~2倍焦距之间）。观察后，学生容易推测出目镜观察到的是正立放大的物像，物镜观察到的是倒立放大的物像。
环节2：组装简易显微镜	学生使用两片凸透镜组装简易显微镜，并通过简易显微镜观察物像，尝试分析组装成功/失败的原因。
环节3：分析成像结果	学生观看数码显微镜下的字母“e”“b”的结果，分析形成倒立放大物像的原因。在环节1实验的基础上，学生能够解释这一成像结果。
环节4：拓展探究活动	望远镜也能够将远处的物象放大，但是观察到的是正立放大的物象，引导学生探究望远镜与显微镜在结构上存在的异同。

通过以上环节，学生能够初步掌握显微镜的结构和功能，也为学习凸透镜成像奠定了基础。

三、自主探究类作业（选做）

显微镜是人类史上最伟大的发明之一，为科学技术的发展作出了巨大贡献。显微镜的发明和发展经历了漫长的过程，凝聚着一代代科学工作者的智慧和汗水。学生通过网络、图书馆等资源查找相关的科学史，总结显微镜的发明和发展历程（详见表1-3-9），学习科学工作者的科学方法，提炼科学史中蕴含的科学思维和科学精神，从而形成善于思考、敢于创新的科学品质。

表1-3-9　显微镜的发明和发展历程

时间	科学事件
13世纪	罗杰尔·培根认识到凸透镜能够放大物像。
16世纪末	汉斯·詹森父子发现将两块凸透镜组合，在保持特定的距离时，能够将远处的物体放大。他们经过大量的尝试和改良，制造出最早的一台显微镜。
17世纪	列文虎克用了几十年的时间磨制镜片和设计显微镜。他设计出能够放大40倍到300倍左右的显微镜，并通过自制的显微镜观察到了酵母菌等微生物，成为微生物学的开拓者。
1665年	罗伯特·胡克在列文虎克显微镜制作方法的基础上，优化了光线问题，制作出可以放大140倍的新型显微镜，并通过显微镜发现软木塞上有许多小室，并将这些小室命名为“细胞”。
1725年	柯贝别尔氏为显微镜增加了反光镜和载物台，提升了显微镜的性能。
1932年	鲁斯卡发明电子显微镜，获得诺贝尔奖。
1982年	宾尼格和罗尔等发明扫描隧道显微镜，共同获得诺贝尔奖。

显微镜的科学史蕴含着丰富的教育素材，例如：汉斯·詹森父子制造出显微镜的灵感是来自13岁的查·詹森一次玩耍的体验，他们敏锐地将这个发现变成了显微镜的发明；列文虎克是一位市政府看门人，但他虚心好学、潜心钻研，用毕生的精力研制显微镜，最终成为著名的显微镜学家；电子显微镜的设想最早是由布施提出的，而鲁斯卡通过自己的努力将这一设想变成了现实……这些鲜活的故事能够帮助学生认识到善于思考、敢于创新、勇于实践的重要性，有利于学生科学精神的形成。

四、创新实践类作业（选做）

学生科学思维的形成离不开丰富的学习体验。教师在课堂上充分挖掘教学素材，设计有效的实验探究，能够提升学生的思维品质，激发其创新能力。

笔者以显微镜视野中污点位置的判断为例进行说明。在教学中，教师往往将判断污点位置的方法直接告诉学生，这并不影响学生对该知识的理解和掌握。但教师若能适当地制造认知冲突，引发学生思考、讨论和探究，将会起到意想不到的效果。

笔者在课堂上会引导学生思考课本练习的问题：“如果显微镜视野中出现了一个污点，你用什么办法判断这个污点是在目镜还是在玻片上。”经查阅课本和教辅资料，有些学生采用教辅资料中的答案作答："视野中的污点可能出现在目镜、物镜或玻片上。移动玻片，如果污点跟着动，则污点在玻片上；转动目镜，如果污点跟着动，则污点在目镜上；如果移动玻片或转动目镜，污点都不动，则污点在物镜上。"此时，课本和教辅资料的描述出现了分歧，如引导得当，这将成为培养学生批判性思维最好的教学素材。笔者进一步引导学生思考以下问题：（1）教材中为何只让判断污点是在目镜还是玻片上，却没有提到物镜？（2）如何探究物镜上的污点能否在显微镜视野中看到？经讨论，学生认为可用显微镜观察黏附在物镜上的碎屑，从而解决以上的问题。经实验发现在显微镜的视野中无法看到物镜上的污点，证明教辅材料中的描述是错误的，进而促使学生学会用批判的思维分析和解决问题。

为更好提升学生思维品质，教师可引导学生在课后进一步探究物镜上污点无法被看到的原因，其中评价最高的设计如下：（1）用凸透镜模拟物镜，在凸透镜上粘1个黑色小圆点；（2）在凸透镜的一端放置光屏，另一端放置手电筒；（3）让手电筒的光通过凸透镜落在光屏上；（4）移动光屏，查看是否出现黑色小圆点的物象。通过实验，学生无法在光屏上找到黑色小圆点所形成的物象，再结合课后搜集的资料，能够掌握"物距为0时，凸透镜无法形成实像"的事实。

教学中，教师要敢于改革、勇于创新，引导学生掌握重要知识和必备技能的同时，也能提升学生的学科核心素养，为学生的终身发展助力。

【点评】

在"双减"背景下，翁祐中学生物学科组创新作业设计，从学生的能力和兴趣出发，形成了基础通关类、拓展提升类、自主探究类、创新实践类等作业类型，以问题驱动和任务驱动，引导学生开展丰富多彩的学科活动，充分激发学生的学习兴趣，为学生核心素养的形成奠定了坚实的基础。

减负增效凸显音乐作业学科特点

顺德区勒流育贤实验学校　钟伍英

减轻学生不合理的作业负担是“双减”核心工作之一。教育部将“作业管理”作为“五项管理”的重要内容，还印发了《关于加强义务教育学校作业管理的通知》，立足于切实发挥好作业的育人功能和减轻学生过重的作业负担并提出了十条具体措施。作业既是课堂的延伸，又是知识巩固的主要途径。减负增效，提高作业的设计质量，提高作业的有效性是实现课堂优质高效的主要途径之一。

就音乐作业而言，我们不难发现千人一曲、千人一面，作业形式、目标单一，学生被动接受多，脱离生活与情感体验。

结合“双减”政策与我校教学实际，以追求减负增效音乐育人为立足点，基于学生身心发展规律与认知规律，融合“育人行德、知书达贤”办学特色，系统设计符合年龄特点和学习规律、体现素质教育导向的基础性作业，开发凸显音乐学科特色的作业。近年我校音乐科组做了以下课堂内外作业的案例研讨。

一、耳熟能详，遵循听觉体验，润物无声型作业

“遵循听觉艺术的感知规律，突出音乐学科特点”，这是音乐教育重要的指导思想，也是我们在教学中应该遵循的一个重要规律。音乐教学的各个领域，无论唱歌、演奏、创作活动，都是围绕“听”（听觉体验）这个中心来进行的。但是在我们现在的教学实践中，无论是音乐知识的讲解，还是音乐技能的传授和练习，往往容易将注意力侧重于语言、乐谱、动作等“非音乐听觉体验”方面。学生有时候甚至没充足的时间聆听就要被动接受课堂各项音乐活动知识、技能等学习。灌输式教学，既无效又给学生造成了一定的负担。

“耳熟能详”一词指的是听得多了，能够详细解说。假如对曲目能做到“耳熟能详”，欣赏教学就能高效。欣赏曲目在教材中比较丰富。为此我们就设计了“耳熟能详”——欣赏曲目“我先听”的作业：

主题：课前5分钟，美妙音乐伴我入课堂

每个学段音乐教材欣赏曲目比较多，有些曲目比较长，如能平时多听，即可做到“耳熟能详”。根据各学龄特点和认知规律我们进行分类整理、研究实效、实时调研等。

课前聆听1~2首中外名曲，既能做好课前的准备，又能培养孩子聆听音乐的好习惯，还能让孩子把课本曲目熟知于心，无形中让孩子积累了中外各民族、各种乐器的

名曲。

在进行的过程中，我们会适时变化形式、变换要求、变通模式，使形式和内容更体现育人和有效性。如：

1. 变化形式：如加入故事性聆听、画面聆听、解说聆听、曲目风格对比聆听等等。

2. 变换要求：低年级以音乐老师组织为主；中高年段以学生自主组织为主，每节课按学号安排不同的学生来组织和播放，鼓励人人参与。教师鼓励学生课前对自己负责播放的曲子先行了解，并能进行聆听后答辩、绘画、组织自由说体会活动等。

3. 变通模式：当一种模式用久了，便会让人厌倦而产生抵触情绪，为了使课前聆听让学生能够保持兴趣和有所期待，就要适时变通模式。

育贤实验学校课前音乐赏听汇集（教师指导版）

年级	曲名	风格	时长	地方及作曲家	曲目简介

育贤实验学校课前音乐赏听汇集（学生版）

年级	曲名	风格	时长	组织（学生姓名）	欣赏形式

主题：闲暇时光，美妙音乐伴我乐成长

生活中还有丰富多彩的歌曲可以歌唱、聆听，愉悦身心。为了培养学生对音乐的持久兴趣，涵养美感，和谐身心，陶冶情操，健全人格。科组还收集了大量的各种类别的曲子，分别有古诗词吟唱、中外合唱、大自然音乐、经典校园歌曲、民族民风等，提供给学生自由选择、自由赏听。

二、亲身实践，遵循情感体验，情境营造型作业

音乐学习可以丰富学生的情感体验，使其情感世界受到潜移默化的感染和熏陶，建立起对人类、自然、一切美好事物的关爱之情，进而形成对生活的积极乐观态度和对美好未来的向往与追求。

为了激发学生的情感共鸣，体验音乐的美感，在完成歌曲、乐曲表现上，我们运用生动活泼的形式展现课程内容，让学生在音乐活动中轻松获得审美的愉悦。

主题：走出教室　大自然中放声歌唱

音乐教材会根据时令、节日等安排教学内容。譬如，春季开学阶段，多个年级的音乐第一课是以“春天”为主题。如二年级《顽皮的杜鹃》，三年级《春天举行音乐会》，五年级《小鸟　小鸟》《春雨蒙蒙地下》等。巩固歌曲阶段，带领学生走出

教室，到校园里寻找春天、感受春天、歌唱春天。“春雨蒙蒙地下啊，这是生命在歌唱，这是种子在发芽……”如何理解歌词中的“这是生命在歌唱，这是种子在发芽”？恰逢春雨，孩子们倚着栏杆歌唱，放眼望去，近处的鸡蛋花树，秃秃的枝干冒出一些嫩芽，远处的杧果树花朵密集，吸吮着蒙蒙飘落的细雨。身临其境，学生无比放松、愉悦地歌唱。比起在教室里老师解说、学生描述，凭着对春的想象和记忆来歌唱效果更佳！

以此，依据教材，我们分类挖掘系列的情境营造型作业。如：节日里的歌声，教师节、端午节、国庆节等。力求遵循情感体验，通过营造情境完成对歌曲的表现、表达，从而使学生热爱歌曲、热爱生活，更真切地体验到歌唱源于生活。

三、协同合作，遵循素质发展的学科融合型作业

学科融合既是学科发展的趋势，也是产生创新性成果的重要途径。音乐融入其他学科，促进学科间相互渗透、交叉的活动，使音乐更具形象化和愉悦性，对学生素质全面发展起着很大的作用。

主题：协同合作　戏剧化中尽情演绎

我校以戏剧（童话剧）项目被评为广东省第五批艺术教育特色学校，同时，也是广东省基础教育学科教研基地（佛山小学音乐）基地学校。其中，研究的一个模块就是戏剧与音乐。我们借助学校的这一优势，设计了一项作业：一至三年级在音乐教师指导下完成，四至六年级学生自主完成。

作业名称：自编自导自演我能行

要求：1. 根据歌曲创编，小组分工合作完成；

2. 形式不限；（可说、唱、演、讲、舞，也可表演木偶戏、皮影戏等）

3. 可以借助一定的道具和背景；

4. 服装简易不夸张浪费，支持废物利用。

作业时间：每学期1次

作业展示形式：以“班级小剧场”形式展示

表1-3-10　育贤实验学校2021—2022第一学期音乐与戏剧各年级作业安排

年级	歌曲	布置时间	展示时间	备注
一年级	三个和尚	第四周	第八周	
二年级	小红帽	第五周	第十周	
三年级	小乌鸦爱妈妈	第九周	第十二周	
四年级	乌鸦和狐狸	第十二周	第十七周	
五年级	歌唱二小放牛郎	第十周	第十四周	
六年级	do re mi	第四周	第八周	

此项作业，以歌唱为主，通过合作、演绎，培养学生音乐综合素质。

主题：个性展现　乡土情中传承发展

了解民族民间艺术文化，培养学生民族情怀和自豪感。我校被评为佛山市优秀文化艺术传承学校，也是《基于“非遗”文化视角的区域乡土音乐教材开发实践研究》项目的基地学校。学生接触传统文化有了更多的平台和机会。在音乐教学中，我们还设置了关于传统文化的了解和传承的趣味作业。

1. 锣鼓声声舞南狮

（1）周末尝试南狮鼓五种基础鼓点

寻找家中可替代鼓、棒的道具，尝试南狮鼓、擂鼓、起狮鼓、行狮鼓、抛狮鼓、七星鼓的五种基础鼓点。1至3年级一种种地尝试，四至六年级五种鼓点连起来尝试。

（2）周末尝试舞南狮五个步骤

把学习到的舞南狮的基本步法和步骤分享给家人，和家人一起舞起来吧。表现出狮子作为兽中之王的神态，感受舞狮文化和精神。

道具：可用纸壳箱、脸盆等替代狮头。

练习：拜狮、起狮、行狮、抛狮、七星的五个基本步骤。

要求：一至三年级一个个步骤尝试，可个人也可亲子舞起来。四至六年级五个步骤连起来练习。

2. 锣鼓声声唱龙舟

寻找家中可替代鼓和小锣的物品，把在学校学习的唱龙舟的基本方法练习一下吧！以“我是醒目仔”为主题进行龙舟唱词小创作。

只要我们在作业设计上多下功夫，根据学生的年龄特点、认知规律、个体差异，增加作业的趣味性、可操作性和实效性，体现分层次和互助合作，学生就会在作业中体验成功、品味快乐，探奇览胜。

【点评】

育贤实验学校是佛山市优秀文化艺术传承学校，广东省艺术教育特色学校，在减负增效提高作业的有效性上不断地探索，从学生的生活实际出发，根据学科特点、学生特点、学校特点，通过设计凸显学科特点的有效作业，培养学生的聆听、体验、创作能力，发展动手能力、观察能力、想象能力、创新能力和合作意识。既发扬传统又力求创新，迈出了可喜的步伐。

读写小 Journal，撬开阅读大视界

顺德区拔萃实验学校　潘桂心　陈日坚　余经锡

教育部2011年制定的义务教育课程标准中，英语学科要求学生在九年级结束时应达到五级的阅读技能目标，包括能读懂相应水平的常见题材的读物，能根据不同的阅读目的运用简单的阅读策略获取信息，以及课外阅读累计量达到15万词以上。另外，近几年广东中考阅读的语篇内容趋于信息化、时代化，话题贴近学生生活，语言地道精炼，单靠课堂教学和一些补充阅读练习已经无法满足课程标准的要求。因此，初中阶段英语阅读教学对引入合适的课外阅读材料提出了要求。

一、初中英语作业设计的现状

目前学校用于培养和提升学生英语阅读能力的作业一般局限于练习册，包括课本同步练习及考试中的阅读题等。仅靠阅读练习作业来培养和提升学生的阅读能力可能会存在以下问题：

第一，作业形式单一，缺乏多样性。单一枯燥的作业形式，不仅会导致学生降低英语学习的兴趣，也无法培养学生英语学习的自主性。

第二，作业任务量大，缺乏持续发展性。一些人认为，阅读能力的提升主要是靠“刷题”来练就的，但“题海战术”容易导致学生为了在规定时间内完成作业任务而忙于应付，降低学习的积极性。

第三，作业难度统一，缺乏个性化考虑。缺乏个性化的作业既无法激发学生进行思维发散，又无法鼓励学生表达自己的想法，导致英语输出的机会非常有限。

二、拔萃英语学科特色作业的内容和形式

英语报刊语言现代、地道、实用，刊登的文章具有很强的时事性、趣味性、知识性及广泛性，且与日常生活息息相关，可在内容上弥补教科书知识面不够广泛、语言知识与日常生活联系不够紧密等方面的问题。因此，无论是在内容还是在语言表达形式方面，英语报刊都是丰富且鲜活的学习材料。英语报刊是教科书以外的课程资源之首选，可更好地激发学生学习英语的兴趣，增加其阅读输入，从而提高学生的英语阅读与理解能力，促进其英语语言水平的发展。*Reading Journal*（《拔萃英语阅读日志》）正是基于此设计的特色作业。

（一）建立读报档案，积累语言素材

首先，教师让学生选取最感兴趣的文章进行精读。学生在阅读的过程中用红笔

圈画难词、难句；用荧光笔标出好词好句，这是为了让学生阅读后积累，并在往后的写作练习中学以致用。其次，在词汇与表达积累部分，除了传统方法中的摘抄好词并标记其中文意思之外，加入了词性和词典例句栏目，以加强学生对单词词性的认识，同时希望学生通过例句，熟悉单词在句子中的用法。最后，通过“*Your Sentence*”栏目，让学生用目标词汇或词组造一个新句子，达到知识迁移的效果。

以上为输入环节，能循序渐进地引导学生进行有效的知识积累。

（二）以读促写，提升学生写作能力

读后感部分要求学生先用1~2句话概括该文章的主旨大意，再写出个人的感想。与一般的阅读日志不同的地方是，两个部分都给出了必要的提示词或问题，如：主旨大意部分给出了开头语“The article mainly tells us that…”；在读后感部分，给出了4个引导学生思考的问题。一方面为学生的思考给出了方向的指引，另一方面消除学生对阅读感想类作文的恐惧感和无从入手的忧虑情绪，让学生体验到写读后感的乐趣。

（三）分层作业的要求

一份好的作业，既要具备作业的一般作用和功能，又要注重学生的个体差异，要成为拓展学生认知、提升学生学科素养和综合素养的利器。通过2~3次作业完成情况的检查，教师会根据学生显现出来的水平的差异，对个别基础薄弱、对作业感到困难的同学进行个性化的辅导，指导他们通过写简单句来完成作业，逐步提升他们的写作能力。

（四）Reading Vlog的制作与分享

英文报刊阅读除了可以联动读写能力的提升以外，还通过Reading Vlog的拍摄，让学生进一步加深对文章的理解，锻炼口头表达能力。

如此下来，英语阅读日志作业就与其他语言技能的培养形成了一个闭环，使得“阅读—写作—口语”的训练达到相辅相成的效果。

（五）教师点评，互动交流

在阅读日志的点评部分，教师不把评价的重点放在修改语法和拼写错误上，而需要从内容层面与学生进行交流和探讨，避免大而空的评价，把阅读日志作为教师与学生在阅读后交流的有效平台。

三、学生作品展示

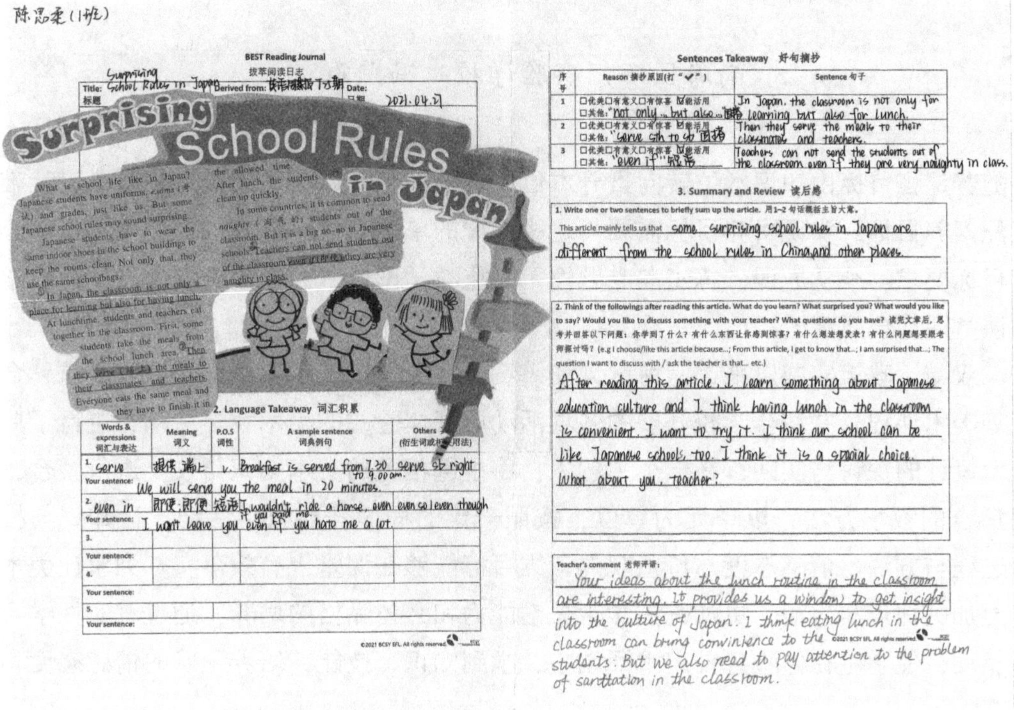

图1-3-25　学生作品

【点评】

这份英语阅读日志基于2011版义务教育英语课程标准对课外阅读总量的要求，同时融合摘抄、写作、视频制作等多项技能，是一份优秀的融合式作业。相信它能在学生的英语学习中发挥重要作用，助力学生达成阶段的阅读技能目标和阅读总量的要求，实现阅读深度和广度的拓展，并为学生的语言积累和综合语言运用能力的提升提供可操作性的路径。

单元美术设计推进深度学习

南海区石门实验学校　冯燕群

随着课程目标由知识本位转向素养本位，传统的基于课时、知识点的教学设计难以匹配素养目标。实现素养目标需要与之相匹配的单元整体设计。依据美术学科核心素养目标要求，须从一课一练走向专题性单元化教学设计，力求促进学生发生深度学习的课堂活动全面落地。

“双减”政策实施以来，南海区大沥镇石门实验学校美术科组结合课改要求，合理规划美术课程，并结合学校开展的各项活动展开体验式的美术教学活动，进行了单元美术设计的探讨与实践：在一个主题下，将主题相关的美术知识与技能进行整合，运用适合的教学方法，以单元为单位，按照一定的程序开展教学活动，让知识与技能、过程与方法、情感态度与价值观的三维目标能够在课堂上有效落实。力求让美术课堂更加关注现实生活，更加关注学生关键能力和必备品格的培养，通过真实性学习任务驱动，使学生在体验各种美术活动中，学到知识、技能，培养正确的情感态度和价值观。

美术科组整合了单元美术设计，推进深度学习。单元设计的流程主要包括：明晰组织单元、确定单元主题和课时、确定单元学习目标、设计评价任务、分课时设计学习进阶过程、布置作业与监测。

1. 每节课都是相对独立、完整的课。

每节课都有自己的三维目标，教学活动都能围绕它有序开展；每节课都是相对完整的。

2. 每节课都有自己的侧重点。

在一个单元设计中，每节课是围绕同一课程目标，但每一课时都有自己的侧重点。比如《美术》（岭南美术出版社）八年级下册的《富有特色的藏书票》，第一课时要求学生初步认识单色版画，知道藏书票特有形式，设计版画样稿；第二课时要求学生能够掌握制版的过程，学会制作完整的藏书票。

3. 每节课都是单元计划的一部分。

由于每一课都是单元计划的一部分，就更需要考虑局部与整体间的关系，每一课的实施都是为单元目标的实现而服务的，所以在教学设计中要对照单元目标，以便更好地确定本课在单元计划中的位置与作用。

以下是《美术》（岭南美术出版社）八年级上册的《服装设计》的单元教学案例。

表1-3-11 《多姿多彩的服装设计》单元设计

单元目标	课时	主要目标	学习过程	布置作业与监测
1. 知识与技能：了解服装的制作过程，学会简单地设计服装，以小组合作的方式，利用废旧材料制作一件衣服，策划一台服装秀，将服装设计的内涵表现出来 2. 过程与方法： （1）设计篇：了解服装设计；欣赏各种服装；学习服装平面设计；展示设计作品 （2）制作篇：了解服装制作；学习服装立体制作；展示作品 （3）表演篇：确定服装秀流程方案，各小组准备三分钟的展示 3. 情感态度与价值观：知道衣服给生活带来了色彩，体会不同衣服款式、面料和装饰之美，提高学生对着装美的鉴赏能力和审美情趣；学习服装设计时的思维、表达以及耐心细致的制作态度，体验服装设计和小组合作带来的乐趣，激发创新意识	第一课时：设计篇	学会设计平面服装	通过服装设计展示，让学生了解服装的发展历史、流行趋势和流行色彩；了解服装的基本性质、服装的主要分类及特点；学习服装平面设计的设计元素	设计平面服装设计稿。学生展示自己的作品，教师进行点评
	第二课时：制作篇	了解并学习衣服的制作，用废旧材料制作立体服装	回顾上节课学生设计的衣服；让学生了解立体裁剪制作过程，指引学生思考还可以用什么废旧材料来制作衣服	根据上节课的平面服装设计稿，学生小组合作制作立体服装；教师指导、展示并点评
	第三课时：服装秀	由学生策划一台服装秀	确定服装秀流程方案，各小组准备三分钟的服装秀展示	根据所设计的服装风格，分小组写服装秀表演策划书，内容包括：服装设计理念、表演形式、模特、音乐、舞台编排等

图1-3-26 平面服装设计稿

图1-3-27　学生制作服装

图1-3-28　服装秀现场

图1-3-29　服装展示

“双减”工作是促进学生全面发展、健康发展的需要。“双减”背景下，美育教育的重要意义再一次得到凸显和强调，单元美术设计让五大美术核心素养在美术课堂上得到深化，让学生不仅习得美术技能，更提升了思维能力。

【点评】

美术作为学校教育的一门重要学科，石门实验学校美术课程的单元设计由“表浅学习”走向“深度学习”，由单一的美术知识技能传递、训练走向深度的艺术感知、理解和创造，全面提升了学生的五大核心素养。

学生作业管理革新的“四闭环”

顺德区京师励耘实验学校　张雅琴　李栢和

2021年秋季初始，“双减”政策带来了一场前所未有的教育变革。学校作为政策落实的主阵地，首当其冲开展了系列举措以积极应对。于此背景下，广东省佛山市顺德区京师励耘实验学校将学科素质要求与学校育人理念相融合，主动探求有效路径，寻求合理与合力措施，形成学生作业管理革新的“四闭环”，力争让学生的作业达到“减量”“提质”“增效”的管理优化目标。

一、作业“硬性”优化——严控时间关

教育部发布的《关于加强义务教育学校作业管理的通知》对不同年级是否允许布置书面作业与其相对应的时间进行了明确规定和要求。为此，学校积极号召各备课组进行深入探讨。科组成员在基本统一基础作业内容及形式的前提下，预估作业时间，如要求初中生在语数英上需25至30分钟内完成。班主任全面统筹控制本班每日书面作业的总时长，组建班级内部作业管理小队，将每日作业内容与完成时间收录在作业管理手册上，在各年级范围内进行公示与监督，学校进行随机抽查。

二、作业“弹性”优化——严抓质量关

为更好地做到作业管理中的“权力下移”，学校全面推行学科“基础+自主”作业分层模式。具体而言，在作业分布范围上，要求达到全员参与和提升，即100%学生完成学科基本任务，同时尊重个体学习差异，让学生拥有主动且灵活的作业选择权，分设50%巩固题、30%提升题和20%挑战题；在作业分布的类型上，要求达到内容丰富与形式多元。学校主动引导教师主动关联课标、教材和学情，分模块、分人员和分难度系数设计出贯穿“纸笔类—探究类—实践类—综合类”四种层次类型的作业，学生可选择感兴趣并符合自身需求的作业。

三、作业“个性”优化——畅享体验关

作业是学生在学习生活中的“个性”宣扬，将作业变成一种舞台，是学校落实“双减”政策的又一有效途径。学校非常注重开展作业展评环节，把学生“边玩边学、边思边创”的作业过程外显出来。通过将学生的作业，诸如优秀书写作业、手抄报、绘本、手工制品或者录制的视频在学校平台或者公众号展出，使得学生学习个性能够得到适度张扬，学习体验得到提升。此外，学科之间还不定期开展“师生角色互

换”活动，学生轮流给同学讲解作业，在发挥朋辈榜样带动作用的同时，让学生产生探究难题的动力，获得更多的学习满足感。

四、作业“德性”优化——把握素质关

透视“双减”内涵，重塑作业中的育人功能尤为关键，因为这也是涉及培养什么人、怎样培养人的问题。以立德树人为己任，学校要求各科组聚焦学生品格培育，要求在作业布置中渗透价值观学习，使智育与德育功效能够实现共融。因此，学校要求广泛发挥全员育人和全科育人作用，让德育不再专属于某一学科或某一类老师的职能，要消除德育的学科界线，全面提升学生综合素养。比如，在英语学科动物话题学习中，科组教师会要求学生在完成绘本拓展阅读与探究类作业的同时，感知不同生物物种的多样性，了解生物物种的生活习性等，使学生学会与自然和谐共处。

【评价】

从细节入手，以小见大，调整步伐，实现作业优化管理的新作为。“双减”是一场双向改革，包含学校教育教学内涵发展和学生身心成长个性发展。京师励耘通过大胆革新，健全作业优化管理多个闭环，促进作业布置、实施和监管这关键三步实现规范化、科学化，在实践中不断校准与改进学生作业的时间、数量、难度和效果，为促进学生综合素质全面提高不懈努力。

走向高效学习，实现减负增效

——以“生命可以永恒吗”教学为例

禅城区张槎中学　陈雁仪　江子晴

解决学生作业负担的有效途径是提高课堂效率，激发学生的学习兴趣，减少不必要的教学环节，使学生在课堂中内化知识，课后作业减量不减质，真正实现高效学习。在“双减”政策的背景下，教师更需明确新课改所提出的教学理念并将其积极融入课堂中，借助有效的教学措施，积极创新课堂教学，引导学生进行高效学习。本文以《道德与法治》七年级上册第四单元第八课第一框“生命可以永恒吗”教学为例，分析如何在课堂教学过程中实现减负增效。

一、充分研读教材，寻找高效课堂切入口

在通读、细读教材的基础上，明确教学重点和难点。习近平总书记在纪念五四运动100周年大会上的讲话中提及，衷心希望新时代中国青年积极拥抱新时代、奋进新时代，让青春在为祖国、为人民、为民族、为人类的奉献中焕发出绚丽的光彩！以“生命可以永恒吗”为生命话题的起始，带领学生去认识生命，知道生命的尽和续，端正“生命至上”的态度，从而更好地绽放生命之花。

二、精选素材，创设高效趣味课堂活动

为培养学生的思辨思维，教师通过科普小课堂，展示不同生物的寿命，引导学生思考，进而开始关于生命问题的探讨，引出课堂活动主题：探秘生命的抽奖规则。

在感悟生命的部分中，教师用电量图比喻人类寿命，并根据不同的人生阶段，设置相应的问题，使学生在小组探究中得出对生命特点的理解。随后，教师用生活中的例子进行讲解和拓展，加深学生对生命特点的理解。

在规划人生的部分中，教师提出“为什么还活着”的问题，引导学生讨论活着的意义。通过小组合作填写规划人生的表格以及了解“篮球女孩”的经历后，学生能直观地明白要从容面对生命中的不可预知。

在这三个教学环节中，教师注重突出重点，条理清晰，紧凑合理，以小组合作完成任务卡才能获得抽奖资格的形式，调动学生参与课堂的积极性、主动性。学生积极参与课堂三个环节的学习，逐步建构知识体系。

三、落实思政课育人总基调

习近平总书记在《思政课是落实立德树人根本任务的关键课程》一文指出，“会讲故事、讲好故事十分重要，思政课就要讲好中华民族的故事、中国共产党的故事、中华人民共和国的故事、中国特色社会主义的故事、改革开放的故事，特别是要讲好新时代的故事”，“要寓价值观引导于知识传授之中”。在传承生命的部分中，教师以电影《长津湖》为素材，分享电影中的家国情怀片段:“如果我们不打，我们的下一代就得打！希望下一代生活在没有硝烟的世界里。”进而组织学生进行思考感悟，使学生明白人类生命在身体、社会关系以及精神信念上的接续。

在情感共享的部分中，教师设置抽奖环节并在公布获奖数字后，解释每串数字代表的抗美援朝战争中不同事件的含义，最后邀请获奖小组参与“新生代，新时代的声音”活动，分享感悟。教师以抗美援朝精神为主题，进行爱国主义教育，引导学生树立正确的世界观、人生观、价值观，明白当今生活的来之不易，要更加热爱生命，珍惜生命。

四、实践作业，落实减负增效

教师布置了课后拓展作业，让学生回家查看族谱或者采访亲人，了解祖辈的事迹和精神，将感受写成作文。通过实践类的课后拓展作业，学生能够学以致用，进行拓展提升。

随着新课程改革不断推进以及“双减”政策的落地，教师须及时更新教学理念，走近学生，选取与学生生活经验相关的素材，进而帮助学生实现高效学习，使学生能真正通过思政课堂树立正确的世界观、人生观、价值观。

【点评】

活跃、趣味和高效相结合的生本课堂，源于先进的教育理念以及个性化的课堂教学风格。教师能在规定时间内高质量完成教学任务，让学生在核心素养、知识、能力、情感等多个方面都达到课程标准所规定的目标，以优秀的教学设计诠释了“双减”要求。

小作业大变革，助力“双减”落地

南海区丹灶镇初级中学　陈燕贞

“双减”减的是学生的学习负担，加的是学生的综合素质。“双减”政策下如何让学生轻松又主动地学习，作业设计是关键；而完成高质量的作业可提升学生的学习成就感。因此，减负提质，要从把好作业关开始。

南海区丹灶镇初级中学基于“立本成人”的教育理念，结合本校“四步六要素”的课堂模式，通过温故知新、新课学习、课堂检测、布置作业四个教学步骤来清晰学生学习思路。通过自主学习、小组合作学习、班级展示、点评、课堂训练、课堂小结六个要素来提高课堂教学效率和效果。探索“有为善为”的作业设计，学校从课堂提效、作业创新出发，注重作业分层落地，强化作业对学生巩固知识、形成能力、培养习惯的重要作用，促进学校完善教学管理，强化作业育人导向，开展科学评价，提高教育教学质量。

“双减”指有效减轻义务教育阶段学生过重作业负担和校外培训负担。“双减”不是减学习，而是要高效、有质量的教学；“双减”不是减学校和教师的责任，更不是减学生的成长。要转化学生学习的态度，除了在观念上转变，更重要的是使学生获得学习上的成就感，从而真正意义上地培养学生的学习兴趣。教师要树立提质减负意识，创新作业设计，优化作业管理，健全系统监测，设计有层次、开放性、多样性、多元性的作业；要根据教学内容和学生实际，精心选择作业，增强作业的针对性、多样性和有效性；要积极开发个性化作业、适合学生年龄特点的实践性作业和过程性作业，通过创新作业形式，减轻学生过重的课业负担，增强学生的学习兴趣，体现因材施教。

在实际教学中，如丹灶镇初级中学的美术作业类别多样，有动手实践类作业、思考探究类作业、综合应用类作业等。如《美术》八年级上册第六单元《装扮生活·吉祥幸福》要求学生在课堂上完成一幅剪纸作品，两周的时间里学生根据自己设计的图案难易程度，从对折剪纸、剪纸团花、刻纸、套色剪纸和立体剪纸等手法里选择自己喜欢的技法完成剪纸作品，过程中学生掌握了剪纸的不同种类、形式和技法。最后展示出来的剪纸作品种类多样，颜色丰富，形式各异。学生通过课堂解决了本节课的重难点，也提升了动手能力。在教材的基础上，教师设计了结合课堂教学设计的导学案、课堂作业及课后延伸作业。其次，根据不同学习水平的学生来分层布置作业内容，实现了分梯度的作业布置，让学生真正获得对象能力的发展。学习的目的是运用，有效的、优质的作业不仅要体现活用知识，而且可以增强学生学习美术的信心，形成“以生为本”“学以致用”“高质量”的美术作业观，有效培养学生的核心素养。

此外，正确规范的作业批改，才能使教师通过作业准确分析学情，分析学生错的原因，进而采取班级讲评、个别点评等进行有针对性的反思总结，帮助学生及时查漏补缺，促进学生后续学习，同时改进自身教学过程。学校要定期开展作业展示评比，根据不同科目的作业，安排教师评价、学生自评、家长评价等多种方式进行评价，通过评价提高作业设计的针对性和实效性，提高学生完成作业的积极性。

【点评】

小作业大变革，积极推进“双减”落地生根。丹灶镇初级中学深思“一校一策”，在日常教学中不断摸索与总结，以生为本，遵循教育规律，着眼于学生身心健康成长，提高学生学习兴趣为目标，积极探究作业设计和评价的路径和方法，确保每一个学生的核心素养得到更好发展。

第二章
课后服务提质

KEHOU FUWU TIZHI

第一节 区域案例

创新课后服务模式　助力学生多元发展

南海区桂城街道教育发展中心　吕灿辉

南海区桂城街道认真贯彻落实国家“双减”政策，切实减轻学生的作业负担和课后培训的负担，打造温情、高质量的课后服务。推进过程中始终坚持“精细管理、精简作业、精准服务、精品社团、精彩纷呈”五项原则，以“双减”不减责任与担当的高度自觉，构建了“基础+特色”的多元课后服务模式，让学生乐享课后的幸福时光，相关做法经验在《广东省“双减”工作专报》中报道。

一、“一校+一案”，落实课后服务全覆盖

从2021年秋季开学开始，桂城街道义务教育阶段学校全面开展“5+2”模式的课后服务，街道内超95%的学生申请参加学校内提供的午饭、午休及下午课后服务，最大程度地满足家长和学生的需求。为保障课后服务工作安全有序、高质量进行，每所学校都结合自身实际制定课后服务的方案及制度，服务内容涵盖学生中午平躺睡及下午时段的基础托管、素质拓展、家校共育等课后服务内容，“一校一案”重在优化课后服务质量，强化课后服务工作的监督，保障课后服务安全。

二、“基础+特色”，实现服务课程精细化

课后服务的课程安排是家长与学生最为关注的内容，为满足不同学生的需求，各学校采用“基础托管+特色课程”的课后服务课程模式。82%的学生参加每天下午4:00—5:00的基础托管服务，教师在该时段内可引导学生质疑，帮助学生释疑，及时了解学生遇到的共性和个性问题，精准填补“知识漏洞”；60%的学生选择每天下午5:00—6:00的第二时段的以素质拓展为主的特色课程服务，学校提供“菜单式”课后课程服务，减轻了家长的焦虑和负担，为家长成为高质量的“陪伴者”助力。

（一）立足学校品牌课程

结合学校教育理念和特色创建，每所学校形成若干个具有学校特色且面向全校的品牌特色课程，如信息学、足球、合唱等，由学校专任教师提供相应课程，开展课后服务。通过创新的教学模式，营造开放、自由、轻松的课堂氛围，提供丰富多彩、趣味横生、学生喜爱的第二课堂活动，给学生带去新知识、新本领、新乐趣，让学生开

阔眼界，增长知识，乐于探索，学有所长，提升个人综合素质。

（二）引入第三方特色课程

为规范学校引入第三方社会机构开展课后服务，进一步丰富校内课后服务的课程建设，桂城街道公开征集校内课后服务第三方社会机构，确定了《桂城街道校内课后服务第三方社会机构第一批“白名单”目录》，并印发《桂城街道教育办公室关于义务教育阶段学校引入第三方开展校内课后服务的若干指导意见》。在街道购买的第三方辅导管理服务团队的指引下，学校从“白名单”中有针对性地选定第三方社会机构进校提供特色课程服务，特色课程在设计上与本校课程形成有效互补。学校课后服务的课程更加丰富多彩，学生可选的兴趣与爱好更为广泛，学生在享受“菜单式”课后服务课程的同时，潜能得到挖掘与发展。

（三）拓展家长助学课程

《中华人民共和国家庭教育促进法》要求重建教育生态，在“双减”政策实施的当下更明确了学校和家庭各自的责任，家长“持证上岗”“依法带娃”等热词成为现实。桂城街道在建设佛山市规范化家长学校“领航工程”示范点的行动中，旗帜鲜明地指出家校社一体联动的创建要求与实施导向。桂城学校组建“家长助学团”“家长生涯导师团”，通过实践“研学拓展课程”，让家长发挥其所长，带领孩子们“从传统课堂中走出去”，进而丰富课后服务的外延。如：开设植物观察、护牙、未来汽车讲座等丰富课程，着力充实课后服务的内涵，帮助孩子拓宽知识面，全面了解父母的职业，萌发职业生涯的梦想种子。

三、“融合+创新”，推动课后服务信息化

桂城课后服务注重采用信息化的途径实现增效提质，通过智能平台的无感智能收集与大数据分析，为学生精准推送课后实践项目的方式，拓展课后实践的外延，实现对学生课后服务的最大增效。如：课后在线上进行“主题式阅读”和“阅读百花园”等活动，培养亲子关系，提升学生的阅读素养；通过课后“网络劳动微课”“云端劳动竞赛”“云端亲子劳动”等活动，开展系统化、序列化的劳动实践活动，培养学生的劳动意识与实践能力；通过课后“AI运动手环”“AI悦动圈”引导学生开展体育活动，自动采集数据让体育作业智能化、数字化、可视化，提升学生身体素质与运动素养。

总之，经过实践与探索，桂城学校的课后服务以其丰富多彩、注重实效的优势成为家长和学生乐享参与的平台，切实为家长解决了后顾之忧，为学生的全面发展开拓出一片天空。未来，我们将继续扎实推进课后服务，精心策划、减负提质，为办人民满意的教育做出贡献！

【点评】

“一校一案”做优课后服务，精细化打造“基础+特色”课程，在融合与创新中落实立德树人根本任务，桂成街道教育发展中心的探索和实践着眼于学校高质量发展，有效减轻学生过重作业负担和校外培训负担，以家校社融合为“双减”政策的突破口，聚焦社区、家庭、学校合力，借多方之力参与、助推课后服务，合力打造家校社教育生态圈，构建家长、社区资源鲜活生动的“教科书”，让课后服务架起家校共育新桥梁，从而回归教育本质。

第二节　样本示范

童心拓展课程赋能“五心三有”课后服务

顺德区龙江城区中心小学　谢景霞　张艳云

“双减”是教育本源和初心的回归。顺德区龙江城区中心小学在落实“双减”政策过程中，秉承“化育童心，至诚至真”童心教育办学理念，坚持“无处不课程、无事不课程、无时不课程”的大课程观，围绕童心教育育人目标，构建素质拓展课程体系，培育儿童的赤子心、想象心、敬畏心、善良心、好奇心，着力打造有高度、有温度、有质量的课后服务，形成“三段式”“五心三有”课后服务课程模式，切实解决家长接送难、辅导难、看护难等诸多问题。

一、价值导向：立德树人，拓展素养

2017年，教育部印发的《关于做好中小学生课后服务工作的指导意见》（以下称“《指导意见》”）指出，“要解决群众难题；要充分发挥中小学校课后服务主渠道作用；要科学合理确定课后服务内容形式”，尤其提出“坚决防止将课后服务变相成为集体教学或‘补课’，给学生造成额外的课业负担”。因此，学校课后服务在全面推广伊始，就被赋予了主体性、服务性、教育性的特征，即不但要“有温度”，确保服务时间，切实解决家长的急难愁盼问题，还要“有质量”，重视“服务内容形式”，有利于促进学生全面发展。2021年7月，“双减”政策出台，对比《指导意见》，政策制定部门层级有较大提高，彰显党和国家对课后服务的高度关切，对学校课后服务更高的期望；同时，还提出了“满足学生多样化需求”“增强吸引力”“有效实施育人活动”等更具系统性、针对性、可操作性的要求，以达到学校教育质量提高和社会教育负担减轻的“双赢”目标。

在党和国家政策的指引下，龙江城区中心小学立足政治高度，履行主体责任，突出育人导向，将办学理念融入课后服务工作，使学校课后服务成为落实立德树人根本任务、拓展学生核心素养的第二阵地，成为童心教育的有机组成部分。在一体化设计课后服务的内容和形式的过程中，重点保护和发展儿童的天性“五心”：赤子心、敬畏心、善良心、好奇心和想象心。其中，以保护和发展儿童天性的“五心”为导向，为满足学生共同性、多样化需求，落实学校办学理念、提升儿童素养找到了很好的着力点。

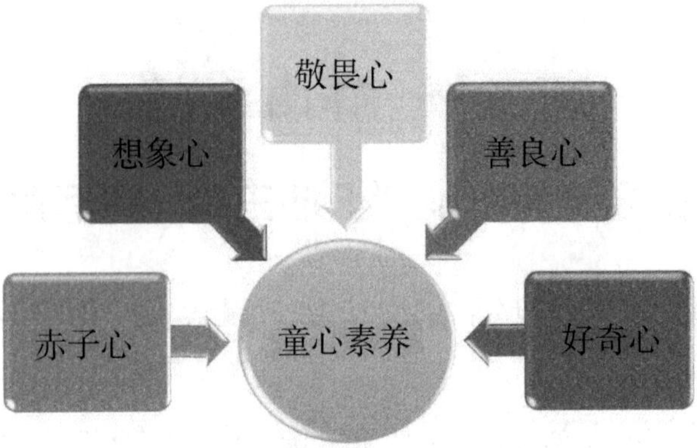

图2-2-1　儿童的“五心”

二、课程意识：落实双减，五育融通

构建高质量的课后服务课程体系，创新服务模式，是创造性落实国家课后服务政策的内在要求，也是提升课后服务品质的必选路径。在实施和探索课后服务有效路径中，龙江城区中心小学始终以“课程化、一体化”为主线，将课后服务课程与常规课程一起纳入“童心教育课程体系”进行整体建构，根据学校的办学理念、育人目标，充分调研学生需求，积极开发、吸纳丰富多彩的课程内容，坚持五育并举、五育融通，构建支撑“三段式”“五心三有”课后服务模式的课程体系。

（一）贯彻办学理念，确定课程育人目标

具有前瞻性、引领性的课程理念，科学、清晰的课程目标是构建并实施高质量课后服务课程体系的前提。根据学校办学理念和“童真·同思、童慧·同长”课程理念，确定课后服务课程的总体目标：通过个性化服务内容定制，充分满足个体需求，提升学生核心素养，增强学生自信心、自主性、创造性和社会融入，培育具有赤子心、想象心、敬畏心、善良心和好奇心的至诚至真现代小公民。在课程总目标基础上，进一步细化课程模块目标和各年段具体目标（见表1）。

表2-2-1　课后服务课程分目标

课程模块		课程模块目标	各年段具体目标
课业辅导（班本实施）	作业辅导	学生具备自主学习和时间管理能力，在校内基本完成书面作业	【中年级】养成自主学习意识和能力，学习时间管理方法，在校内完成所有书面作业 【高年级】提升学生学习能力和时间管理能力，在校内基本完成书面作业
	课业拓展	掌握学科拓展知识，提升学科素养，发散思维，提高学习能力	【低年级】体验学习乐趣，激发学习动力 【中年级】在学习中感受成功的快乐，获得自我效能感 【高年级】培养学科素养，提高思维能力等学习能力

（续表）

课程模块		课程模块目标	各年段具体目标
素质拓展（校本实施）	实践与探索	价值塑造、责任担当、问题解决、实践体验	【低年级】初步开拓知识视野，激发兴趣；确立初步的家国意识；加入少先队组织，成为一名少先队员 【中年级】开拓知识视野，激发情感，树立志向；感知责任担当，培养家国情怀；做一名合格的少先队员 【高年级】知识视野较开阔，知行合一，志向明确；有责任，有担当，厚植家国情怀；做一名优秀的少先队员
	艺术与审美	培养个性、想象力、审美情趣	【低年级】初步感受表演和创作的快乐；激发兴趣；培养特长 【中年级】乐于表演和艺术创作；培养艺术思维和审美意识，发展特长 【高年级】主动参加表演，掌握艺术创作的技能；发散艺术思维，提高审美能力；有1项精通的艺术技能
	运动与健康	培养健康的生命观，锻炼强健体魄	【低年级】积极参加体育活动，坚持锻炼身体；初步感知身体健康的重要性；不做伤害生命的行为 【中年级】主动参加体育活动，养成自觉锻炼身体的良好习惯；学习强健体魄的方法；能够珍惜生命 【高年级】主动参加体育活动，坚持锻炼身体；自觉磨炼意志毅力；能够热爱生命
	语言与交际	提高人文素养，培育学生向善向美向真的优秀品质	【低年级】初步感受阅读和语言艺术表演的快乐；激发兴趣；初步养成阅读和表达的习惯 【中年级】乐于表达，开展大面积的阅读，积淀人文底蕴 【高年级】善于表达，拓宽阅读视野，丰厚人文底蕴
	数理与科技	发展创新创造能力，培养科技创新精神和工匠传承精神	【低年级】认知科技创新；初步感受科技创新的魅力，激发兴趣；初步做到基础的创新制造和技术学习 【中年级】树立创新创造意识，培养创新思维；体验团队合作精神和工匠精神；掌握基础的创新制造和技术 【高年级】主动发展创新创作能力，提高创新思维和统合思维；善于合作；能够独立完成创新制造
童心陪伴（特殊延时）	娱乐游戏	放松心情，释放压力，调整心态	学习调整自我学习状态，释放学习压力，整理情绪
	生活指导	生活答疑，指导成长	解答生活中出现的困难或问题，做自主、自信、自立的学生

（二）探索五育融通，优化课程体系结构

1. 坚持课程结构合理化。将课后服务课程划分成“三段三模块”：第一时段主要为课业拓展模块，第二时段主要为素质拓展模块，第三时段为童心陪伴模块。

（如表2-2-2）同时，不同领域、不同类型的课程和课程内容基于一定的逻辑关系相互关联，既有面向全体学生的基础性课程，也有面向不同学生群体的学科拓展性课程和面向学生个体的素质拓展课程。

表2-2-2　课程安排表

时段	课程模块		具体安排和要求
第一时段（16:30–17:30）	课业拓展	课业辅导	以组织完成课后作业和作业辅导为主，着力培养学生自主学习和时间管理能力，指导小学生在校内基本完成书面作业。该时段主要为课业解疑时间。每日由本校教师进班指导学生在校完成作业，解答在学习过程中遇到的问题，帮助学生养成良好的学习习惯，实现当天巩固消化所学内容的目标，落实教育部提出的“小学阶段作业不出校门”的要求
第二时段（17:30–18:30）		学科拓展	根据学生需求和师资结构，在年级层面以班本实施的形式开展学科拓展。根据年级课业辅导课程安排分时段开设诗词飞花令、绘本阅读、阅读交流等，数学学科开设玩转魔方、巧算二十四点等，英语学科开设经典电影对白等班级兴趣课程。在潜移默化中拓宽学生视野，补充并延伸课内教育
	素质拓展	实践与探索	学校充分整合社区、家长以及自身资源，开设击剑、中国舞、街舞、管乐、小主持人、童心声乐、跆拳道、气排球、单排滑轮球、羽毛球、足球、篮球、创意美术、线描彩绘、剪纸、素描彩铅、软笔硬笔书法、3D设计、编程、机器人拼搭、无人驾驶小车等二十多门课程，涵盖语言与交际、运动与健康、艺术与审美、数理与科技、实践与探索五大素质拓展课程群，满足学生多元化的个性需求
		艺术与审美	
		运动与健康	
		语言与交际	
		数理与科技	
第三时段（18:30—19:00）	童心陪伴	娱乐游戏	针对部分家长因工作原因、突发事件、特殊需求等不能准时到校接送孩子的情况，根据孩子数量安排娱乐游戏，老师全程陪伴、参与，直至孩子被家人安全接走，让学生享受与同伴游戏的快乐
		生活指导	关注学生的心理状况和学习状况，疏导心理，指导生活和学习，让学生感受老师关爱的同时，学会生活，学会自我调整，培养积极乐观的心态

2. 坚持课程设置特色化。不断丰富课程设置，在普惠制课业拓展课程之外，致力于推动大阅读、大科学、大书法、大艺术、大健康等素质拓展课程。同时，重视课程内容的差异化，同类型课程分类、分层、分级设置课程内容，为不同类型、不同志趣、不同潜质的学生成长提供符合个性化需求的、多元的、可选择性的载体。如结合击剑运动基地学校建设，重点打造童心击剑课程。并针对不同年段的学生特点和需求

设置击剑启蒙班、击剑提高班和击剑竞技班，实现可持续学习和成长的击剑个性成长通道。

3. 坚持课程育人融通化。学校在多元化、个性化课后服务课程的设置与开发中，虽按课程名称将各类课程分为不同领域，但并没有与德智体美劳“五育”一一对应，而是着眼于实现课程的综合育人功能，联通学校、家长与社会资源，通过整合正式课程与非正式课程，打破“五育”的边界，探索“五育”融通，努力实现“五心”育人的课程总目标。如击剑课程，属于运动与健康领域，既融合了德智体美劳“五育”教育内容，也融合了赤子心、敬畏心、善良心、好奇心、想象心等儿童天性“五心”教育目标。

（三）落实减负增效，创新课程形式样态

传统课程观认为，“课程即学科”，但面向未来的教育和现实实践告诉我们，课程是无边界的，“课程即成长”逐渐成为共识。常规课程已以语、数、英、音、体、美等学科形式存在，如果学校提供的课后服务课程还是这些学科课程或只是学科课程的延伸拓展，那实现减负增效目标只能成为一句空话。因此，学校积极创新课后服务课程的形态，构建探究型、社团式、项目式、主题教育等课程群，实现知识与生活、知识与社会实践的结合，让学生实践生活、丰富生活、创造生活。

三、实施路径：课程超市，学生自助

我们知道，儿童天生就受自主选择愿望的强烈驱使，加之在未来的发展中将会面临各种选择，这决定了每个人都必须学会选择。选择的过程从某种意义上说就是学生成长的过程。本着“顺应童心”，学校从儿童出发，开设满足儿童个性化发展和多元化需求的云端课程超市，供学生自由选择，让学生在课程超市的自主选择中实现成长的“自助”。

（一）自主网选，素养导向

学期初，首先在学校公众号上向全体家长和学生推送新学期课后服务课程菜单，便于学生和家长选择。接着按照至少涉及两个课程模块的原则，每个学生根据兴趣爱好选择2~3门课程，学生和家长在学校课后服务选课系统中共同完成选课报名。其中，为保障课后服务育人目标的实现，在选课期间，各班班主任结合学生个体实际，对学生网选进行指导，并向家长宣传学校课后服务育人目标。在尊重学生和家长意愿的基础上，指导其遵循“拓展核心素养”的原则进行选课，以促进个体的多模块学习和全面发展，避免出现单一课程模块的集中化、重复化选择现象。前后进行两轮志愿填报，漏选的学生通过年级内部协调，完成线下选课，保证学生都能选到心仪好课，最终形成一人一课表（课程菜单详见表3、表4）。

表2-2-3　班本实施安排表

课程模块	年级段	课程	开设时间	上课教师
课业辅导	低年级	作业辅导+趣味口算	周二、周四	年级老师
		作业辅导+绘本阅读	周一、周五	年级老师
		作业辅导+快乐单词	周三	年级老师
	中年级	作业辅导+巧算二十四点	周二、周四	年级老师
		作业辅导+诗词飞花令	周一、周五	年级老师
		作业辅导+快乐口语	周三	年级老师
	高年级	作业辅导+玩转魔方	周二、周四	年级老师
		作业辅导+阅读交流	周一、周五	年级老师
		作业辅导+经典电影对白	周三	年级老师

表2-2-4　校本实施安排表

课程模块	课程	上课地点	开设时间	上课教师
语言与交际	戏剧	戏剧室	周一、周三、周五 16:30-17:30	李晓明
	小主持人	戏剧室	周一、周三 17:30-18:30	校外专业教师
	趣味阅读	图书阅览室	周二 17:30-18:30	胡淑玲
数理与科技	3D设计	创客室	周二、周三、周四 17:30-18:30	卢婉倩
	趣味编程	电脑室	周一、周三、周五 17:30-18:30	宁靖
	机器人拼搭	创客室	周二、周五 17:30-18:30	李利花
	开源硬件	创客室	周一、周三、周四 17:30-18:30	黄振道
艺术与审美	创意美术	美术室	周二 17:30-18:30	曾雪琴
	剪纸	美术室	周三 17:30-18:30	曾雪琴
	线描彩绘	童绘室	周四 17:30-18:30	谭汝花

（续表）

课程模块	课程	上课地点	开设时间	上课教师
艺术与审美	素描彩铅	童绘室	周三 17:30–18:30	谭汝花
	硬笔书法	书法2室	周一 17:30–18:30	谭嫦英
	毛笔书法	书法1室	周一 17:30–18:30	校外专业教师
	童心声乐	录播室	周四 17:30–18:30	叶平
	管乐	至明馆	周四 17:30–18:30	校外专业教师
	中国舞	舞蹈室	周二、周四 17:30–18:30	校外专业教师
	街舞	舞蹈室	周二、周四 17:30–18:30	校外专业教师
运动与健康	击剑启蒙班	至美馆	周一、周三、周五 17:30–18:30	校外专业教师
	击剑提高班	至美馆	周一、周三 16:30–18:30	校外专业教师
	击剑竞技班	至美馆	周二、周四 16:30–18:30	路倡
	跆拳道	至明馆舞台	周一 17:30–18:30	校外专业教师
	羽毛球	至明馆	周一、周三 17:30–18:30	校外专业教师
	足球	运动场	周一、周二、周五 17:30–18:30	校外专业教师
	篮球	大篮球场	周二、周四 17:30–18:30	校外专业教师
	气排球	至明馆	周四 17:30–18:30	林浩全
	单排滑轮球	小篮球场	周四 17:30–18:30	校外专业教师

（续表）

课程模块	课程		上课地点	开设时间	上课教师
实践与探索	项目式学习		电脑3室	周五 16:30-17:30	梁文粤
	尚德专题	校园节语课程 传统浸润课程 仪式洗礼课程 …	校内	灵活安排	学校统筹
	劳动实践	美化校园行动 美化家园行动 …	校内外	灵活安排	学校统筹
	研学实践	社区小小解说员 童心消防宣传员 童心交通安全宣传员 …	校内外	灵活安排	学校统筹

（二）因地制宜，并列实施

受学校功能场室限制，第一时段和第二时段的课程模块内容实施采取并列式的形式，如五年级2班蔡*灏同学是周一、周三、周五第一时段参加素质拓展，第二时段参加课业拓展；周二、周四第一时段参加课业拓展，第二时段参加素质拓展。而第三时段则根据个别家长和学生的特殊情况和需求开展，帮助家长解决因特殊原因需延时接孩子的问题，让爱不延迟。

表2-2-5　一年级7班 简*希 课后服务课程表

项目	星期一	星期二	星期三	星期四	星期五
第一时段 （16:30-17:30）	课业辅导+学科拓展	课业辅导+学科拓展	课业辅导+学科拓展	课业辅导+学科拓展	课业辅导+学科拓展
第二时段 （17:30-18:30）	跆拳道	创意美术	跆拳道	童心声乐	课业辅导+学科拓展
放学时间	18:30	18:30	18:30	18:30	18:30
接送出口	1号门	1号门	1号门	1号门	1号门
放学老师 联系电话	张滔言 180********	曾雪琴 1898865****	张滔言 180********	叶平 1591524****	温圳霞 187********
班主任联系电话：温圳霞　187********					

（三）环境建设，提升服务

从场地、文化、队伍三方面加强课后服务课程实施环境的建设，其中着重加大改善物质环境的经费投入，优化学校教育场域，并开发校外场域。

表2-2-6　课后服务课程空间建设表

课程空间	课程空间场域
语言与阅读空间	童心廊、图书阅览室、楼层书吧、班级图书角
数理与科技空间	童慧苑、童创苑、创客室、3D打印室、机器人室、趣味编程室
艺术与审美空间	美术室、童绘室、书法室、音乐室、戏剧室、舞蹈室、童瀚苑
体育与健康空间	室内场域：至美馆、至明馆；户外场域：足球场、篮球场、童博苑
实践与探究空间	童创苑、科学探究室、童心主题廊、童雅苑

表2-2-7　校外课程空间建设

资源性质	资源	合作形式
企业资源	某大型建材家居集团、家具公司	共建创新体验中心 共建职业体验中心
场馆资源	龙江镇消防体验馆、龙江镇禁毒体验馆、顺德区交通安全教育基地、甘竹滩红色教育基地	共建探究学习中心
基地资源	沙富社区、甘竹滩历史展示馆、贞女桥公园、天湖森林公园	共建研学实践中心

（四）童心评价，全面长效

课后服务课程评价是提升课后服务课程质量的重要手段。学校着眼于课后服务的育人本质，注重评价的全面性和发展性，从方案、实施和成效三方面着手构建评价体系。

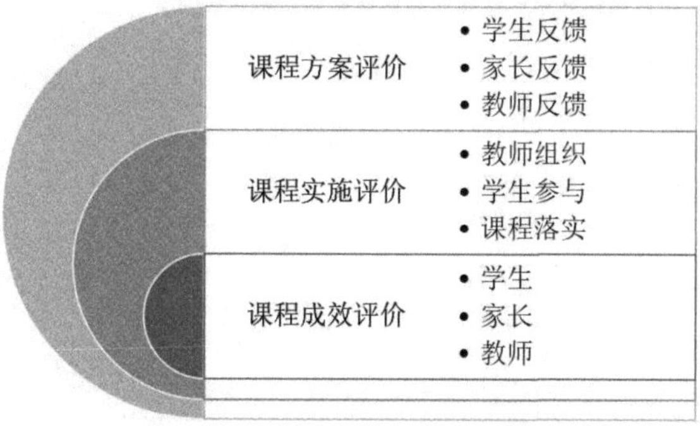

图2-2-2　课后服务课程评价体系

“双减”工作关系到学生的全面健康成长，关系到义务教育的优质均衡发展，关系到人民群众对高质量的教育公平的期盼。龙江城区中心小学将进一步提高站位、强化责任，以更高标准、更严要求推动“双减”工作落地见效，积极回应人民群众对高质量义务教育的美好向往，守护教育的“绿水青山”。

【点评】

这是课后服务课程的童心个性定制。顺德区龙江城区中心小学将“童心教育”办学思想融入课后服务工作中，使学校课后服务成为落实立德树人根本任务、拓展学生核心素养的第二阵地，成为童心教育的有机组成部分。以儿童天性“五童心”为素养拓展着力点，构建了具有童心特色的“三段式”“五心三有”童心拓展课程体系，既能发挥教师的兴趣特长，活用教师资源，又能充分拓展学生素养，促进学生德智体美劳全面发展，真正推动了课后服务落地见效。

用阅读自助餐"疗"低年级课后托管之"饥"

三水区西南街道北江小学　邓惠凤

走入北江小学的教室，每个班的后面都有一个三层六格的大书柜。书柜里，通过家长购买、学校图书馆批量借阅、学生好书共享等形式募集而来的优秀读物琳琅满目。课间，学生或三五成群兴致盎然地讨论、阅读，或只身独立地静静品读，成为学校里一道别样的风景。"双减"政策推行后，一二年级不布置书面作业，那低年级的学生在每天课后托管时将要无所事事？如何"疗"课后托管之"饥"，演绎成长的精彩呢？北江小学瞄准班级书柜，开始以"阅读自助餐"的形式开展探索。

"阅读自助餐"的"配餐"需要各班根据班级学情进行"个性化定制"。学期初，教师会根据学习任务和年段发展目标，基于班级的研究方向，准备适合学生阅读的"候选餐单"，学生从中选择20本书籍作为班级阅读的书目，家长配合丰盈书柜，为后续的阅读开展做好准备。

低年级学生的课外读物以绘本为主，绘本是让孩子有能力阅读长篇作品的奠基石，书柜里的绘本总是最受低年级孩子欢迎的。教师研读绘本后，带着学生开启先"助"后"自"的模式。这一阶段，以指定的书籍阅读为主，教师借助同一本书开展阅读，在阅读过程中渗透阅读的方法。教师和学生一起翻阅绘本，认识书本的组成元素；通过故事式的讲述，帮助学生构建感官图像，通过想象把静态的图画和文字重组成"电影"；在关键处，引导学生观察和思考；在伏笔处，引导学生预测……学生听得越仔细，投入故事情节越深，构建的形象就越鲜活，脑海中的"电影"就越生动，自主阅读的欲望就越强烈。

当学生听的书、看的书越来越多，感官构建的能力越强，随之对书本的理解就越来越深刻，拥有了一定的阅读能力后，就进入了先"自"后"助"的进阶阅读阶段。初尝自主阅读，学生肯定会有各种各样的问题，但也会有儿童独具的敏锐的觉察力，他们会发现隐藏在书本中的许多线索。这时候教师就要主动成为协助者，鼓励学生带着问题，采用自己喜欢的方式阅读；鼓励学生大胆探寻，分享阅读的收获。

"喜欢阅读，感受阅读的兴趣是低年级开展阅读的主要目标。"一年级语文备课组长李丽华表示，为了激发学生阅读的兴趣，在引导学生对图书所表达的内容进行意义再生成活动时，低年级教师设计了丰富的阅读活动，如：仿照故事说一说，想象画面画一画，有趣之处演一演，争议之处辩一辩……教师通过多样活动，带着学生从感受、理解的浅表性阅读走向思辨、内蕴的深层阅读，为学生思维的发展打下坚实的基础。

低年级的学生最喜自己的努力被看见，因此教师还同步展示学生的阅读成果，如：利用个人公众号，分享学生的阅读过程；在书柜旁边开辟阅读专栏，展示学生的阅读成果；评选七彩阅读星，用榜样激励其他同学……多管齐下，营造了良好的阅读氛围。

“阅读自助餐”的铺开，使学生在持之以恒的学习中，把从课堂上习得的阅读经验和课外阅读融会贯通，不断完善个人的知识结构，滋养个人的精神世界，提升个人的语文素养。

“学校的做法很好。”二年级祝颖仪同学的家长表示，“我们都知道阅读很重要，但是缺少方法。利用课后托管的时间阅读，既保证了阅读的时间，也保证了阅读的质量，而且自助餐式的阅读也给了孩子更多的选择空间，实现了阅读自主。”

【点评】

阅读能力是一个人终身学习的基础。北江小学低年级利用课后托管的时间开展阅读，在教师的引领下自主选书，以引发学生的阅读期待，在阅读过程中从“助”到“自”、从“自”到“助”体现了学生的主体作用。学生徜徉书海，虽不能达到立竿见影的效果，却持续滋润每一个生命，实现阅读能力的发展，以及个人气质的改变，这与实施“双减”政策的初衷不谋而合。

第三节 学校案例

从“课后服务”到“课后教育”

禅城区张槎中心小学　黄艺

自“双减”政策实施以来，禅城区张槎中心小学结合学校“适合教育”的办学理念，把“课后服务”作为落实立德树人根本任务和“双减”政策的阵地，通过开拓空间、构建课程、精细管理等一系列创新实举，推动课后服务提质增效，提升课后教育品质，全方位培养学生的兴趣和能力，促进学生德智体美劳全面发展。

一、打破固有课室围墙，建设课后服务“新空间”

孩子们天生喜欢自由，户外学习更有利于培养孩子的好奇心，使孩子的思维更为活跃。我们因地制宜，打造“从课堂到课后，从课室到户外”的课后实践空间，让学生走到室外，与自然、与社会美好相遇，从中获得不一样的学习经历。教师带领学生在学校精心打造的生态家园、环保循环池、小小气象廊、科学植物园、种植实践基地、龙狮天地中开展校内研学，将课内课外课程相融合，让学生在真实的场景中理解知识，认识世界。学习还可以发生在校外，教师把学生带到校外的科技馆、粤剧博物馆、剧场、非遗传承基地等开展课后研学活动，把更多的社会资源纳入课后服务系统中，使课后服务不再只发生在课室，而是与自然、社区紧密联系。这种方式打破固有课室围墙，自然而然地成为课堂教学的有益补充，而不是“从一个室子走向另一个室子”的课后服务。

二、规划课后课程体系，丰富课程育人内涵

（一）基础托管不基础

在“狮书画乐”办学特色的浸润下，学校充分挖掘教师潜力。在基础性课后托管中，教师既为学困生答疑辅导，也为随班就读学生开展个别辅导，同时为学有余力的学生提供电影欣赏、国学诵读、体育锻炼等基础托管服务，通过项目研究、整体设计，推进作业改革和学业质量提升，增强课后服务的吸引力和有效性。

（二）素质托管重素养

结合学校开拓的校内外实践空间，我们规划适合学生的课后课程体系，创建了“体育天地”“艺术花园”“科创乐园”“综合劳动”等几类课程，包括非遗、小剧

团、人工智能、漫画等30多门学生自选参与的走班课程，形成实践性强、趣味性浓、体验性强的课程体系，让课后服务走向规范化、序列化、科学化、目标化。

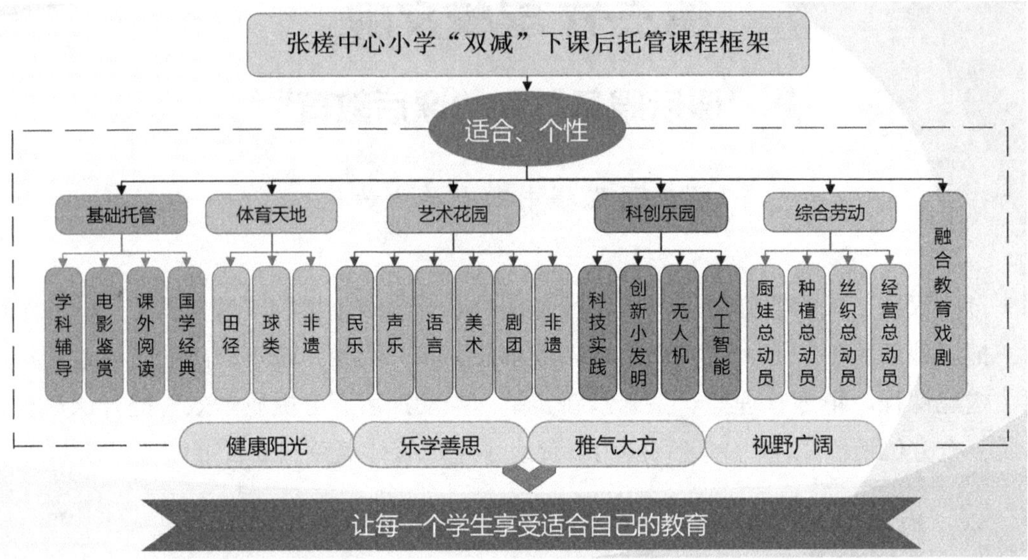

图2-3-1　课后托管课程框架

三、依托信息化管理，助力课后服务提质

我校采取信息化2.0手段，自建“课后综合服务管理系统”，从“通知颁布—课程上架—在线选课报名—考勤上课—课堂巡管—家校分享”，信息点对点推送，快捷高效。结合平台的分享、互动、点评功能以及课后练习任务，系统实时向家长和学生公开课程项目、课程进度、考勤情况；同时，系统支持学校、老师和家长对课程进行多方评价，由此链接校内外，实现课后服务家校通，并同步建立学生可视化成长档案。一系列管理服务，让家长对课后服务质量与效果关注度显著提高，互动性增强，大大提高了家长的满意度与参与感，营造了家校共育的良好环境，而有效持久的多方评价也促进了课后课程质量的不断提升。

四、创新课余生活规划自主评价，提高学生时间管理能力

课后时间归根到底是学生自己的时间。“为谁规划？如何规划？效果怎样？”如何解决这一系列问题？我们引导学生深度思考，启发学生成为时间的主人、学习的主人。让学生的思想从“家长让我学”转变为“我想学，我要学”，才是“课后服务”提升为“课后教育”的真谛。我校结合学校“龙狮”特色，创编了《“龙狮娃”课余生活规划手册》，学生在手册上自行记录课余时间的安排、收获；同时，教师帮助学生进行“自我规划、自我选择、自我评价、自我检验”，引导学生充分利用课后的时间开展阅读、参加综合实践活动、发展个性特长，逐渐培养学生的时间管理意识和能

力，减轻“拖延症”，克服“懒惰症”，不断提升自律自理能力。

“适合的才是最好的。”我校创新课后服务管理思维，延展适合学生发展的学习空间，科学构建适合的课后课程，开展适合的课后评价，促进学生自觉自主参与；课后课程既面向全体学生，又注重学生的个性发展，让每一个孩子在课后课程中不断解锁新技能的同时，释放自我，了解自我，提升自我，管理自我，完善自我。

【点评】

张槎中心小学结合学校办学特色开展课后服务，充分利用学校的教育资源潜力，从空间、课程、管理、评价等方面，构建完整的课后服务生态，挖掘学生的潜能，促进学生的多元发展，体现了以生为本的教育思想。学校利用信息2.0技术，搭建家校沟通“高速路”，课程实施的同时注重效果反馈，真正做到服务于孩子，服务于家长，办人民真正满意的教育。

课程“超市”显品质　增效提质助成长

佛山市实验学校　曹立辉　谢阳波

为有效落实“双减”工作，佛山市实验学校从有效减轻学生的学业负担、减轻校外培训负担入手，保证让学生在校内学好学足，以立德树人为根本，五育并举，在作业管理优化、课后服务提质、课堂教学增效、考试评价增值、教师队伍减负等方面均做了大量工作，给学生充裕的课余时间，为每一个孩子服务。我校对校本课程进行大胆改革和精心重构，面向全体学生，以课程“超市”形式呈现，为“双减”落地增效，具体这一做法简述如下:

一、课程设置齐而精

在落实国家和省有关课程实施要求基础上，我校尊重学生的情感和发展需求，构建系统化、多样化的校本课程体系，让学生有更多的选择，享有更优质而有特色的教育资源。该课程体系包括“修身笃志”“传统文化”“科技创新”“育美健体”“劳动实践”“国际视野”六大课程组，每个课程组内又根据一至六年级学生的年龄特点、兴趣特长开发出系列课程供选择。

“修身笃志”课程组拓展了“名人足迹”“中国印象”“红色印记”等系列课程。

“传统文化”课程组以语文学科为核心辐射，开发了“诗海泛舟”“小小博物家”“粤说粤美”“茶道”“朗诵与演讲”等系列课程。

“科技创新”课程组则以数学、科学、信息等学科为主体，开发了“小科学家”“创客”“3D打印”“头脑风暴”“无线电测向”“航模、车模”“摄影班”等课程。

“育美健体”课程组以音乐、体育、美术为主打学科，开发了“合唱队”“小小舞蹈家”“健美操”“足球”“篮球”“网球”“羽毛球”“乒乓球”“毽球”“定向越野队”“小小书法家”“创意绘画”“陶陶乐”“剪纸班”“葫芦丝”“扬琴”“古筝”等系列课程。

“劳动实践”课程组以劳动教育、综合实践为基础，开设了“手工编织”“超轻黏土”“玩转乐高”“多米诺骨牌”“手工头饰”“艺术衍纸”“创意插花”“刺绣”“变废为宝”“中国象棋”等课程。

“国际视野”课程组则由英语学科老师牵头，开发了“趣配音”“英语戏剧”“异域风情”“模拟联合国”等课程。

全校六个年级共开设了126节校本课，校内教师是课程的建设者、实施者，是学生学习效果的跟踪者，这样建立的系统化、多样化的课程服务大大促进了学生个性和潜能的发展，让学生在校的生活更加丰富多彩。强大的师资和精细化的管理也保证了学生在校所学所得强于耗时耗力的校外培训，达到了“学生回归品质校园，学好学足”的预期效果。

二、课程实施活而实

学校通过多种途径推送课程介绍，让家长和学生对课程、社团了然于心。全体学生可以根据自己的需求，选择自己喜欢的、适合自己的课程。兴趣是最好的老师，自选课程的做法更好地尊重了学生的爱好，激发了学生的兴趣，也发展了特长爱好。每学期从第二周开始，每周星期三、星期四下午分别有两节课进行特长班活动；每周星期五下午，全校84个教学班3 300多名学生，在同一时间实现走班上课，这样一来，每星期均有3个下午是学生充满期待，感到兴奋、开心的学习时间。

三、课程效果广而优

在保证将课程设置和实施做精做细的同时，我们沿着“课程—展示—竞赛”的路径，为学生设计了一系列校园节日，有一年级的艺术节、二年级的读书节、三年级的科技节、四年级的体育节、五年级的英语节、六年级的成长节等，为全体学生搭建各种展示平台，让学生在有声有色的活动中学以致用，展示自我。学校还鼓励学生大胆参加校外各级比赛，在各级各类竞赛中角逐、锻炼、提升，成绩斐然。

课程“超市”，品质服务，让每个孩子徜徉其中，德能并举，立体生长。

【点评】

学校以人为本开发校本课程体系，每周用近三个下午的在校学习时间落实校本课程实施，师资强大稳定。学生自主选课，时间充足，全校走班，全员参与，落实了“双减”工作，给学校教育增添了温度、厚度、力度。

创家校社协同教育，造立体型课后服务

南海区里水镇金溪小学　何丽娥　胡锦青

根据国务院办公厅印发的《关于进一步减轻义务教育阶段学生作业负担和校外培训负担的意见》以及省、市、区各级党委政府、教育行政部门关于进一步做好义务教育阶段学校课后服务的有关文件和精神，结合学校实际，金溪小学严格执行上级文件要求，压实学校主体责任，强化学校教育主阵地的作用，细化做好课后服务工作，夯实“五项”管理（《2021年义务教育阶段学校“五项管理”》）和“双减”工作，在“减负”中“提质”，着力打造多元普惠、立体化的课后服务体系。

一、校内“5+2”模式

为践行我校“金色教育，阳光少年”的育人核心内涵，围绕立德树人的总目标，培育健康、乐观、积极、阳光的学生，学校依据文件精神，计划实行校内课后服务“5+2”模式——基础托管与素质托管相结合。通过广泛宣传、意愿调查问卷、家委会协商等渠道，我校开展了以巩固学习为主的基础托管以及发展学生兴趣的素质托管。素质托管项目要以发展个性、培养创新精神、提高实践能力为目标，据此，我校开设了篮球、足球、小主持人、书法、舞蹈、中国象棋、机器人、创客智造等课程，大大满足了不同年龄段、不同兴趣爱好的学生的需求，并通过过程性管理，不断调整以及修缮课后服务管理制度，力求达到“轻负担”“重发展”的目的。

二、校外“1+1+1”家校社三体协同

为了进一步贯彻落实“减负增效”的文件精神，提升学生的综合素养以及实践能力，我校构建“家—校—社”三体协同的教育生态网，把课后服务从校内扩延到校外，从学习日延伸到假日，提升课后服务水平，减轻家长对课外培训的负担，减少学生在家“半无人管理”的状态。

2022年的春节假期，我校进驻村居、社区开展了“虎虎生威　年味渐浓”之新年与劳动教育相融合研学系列活动，受到家长、学生、社会的欢迎和肯定。

活动前期，我校走访村居、社区进行调查问卷，了解家长、学生对于课后活动的需求情况。接着，学校成立统筹小组，由麦宜新校长担任组长、何丽娥副校长担任副组长，统领布局，项目组下分设教研组、安全组以及宣传组，明确分工与职责。统筹小组召开了组织会议，进行了反复的研讨、策划、效果预设等，最终确立了以全面提升学生核心素养的六个主题：“绘出快乐，传递祝福”“狮舞祥云，贺

新年”“‘剪’出新气象”“‘瓶瓶’安安、快快乐乐过新年”“虎年年货我最行”“年味探寻之炸油角”。

确定活动主题后，各小组安排时间、成员有序分工，见下表：

表2-3-1　活动方案

项目	时间	内容	负责人
1	2021年12月29日—31日	召开组织会议，部署活动安排，准备物资	何丽娥
2	2022年1月1日—9日	制订实施细则预案，与社区对接活动方案	蔡嘉欣
3	2022年1月10日—11日	考察活动地点，动员学生报名，收集家长义工名单	李运勇、蔡嘉欣
4	2022年1月12日—13日	组内二次会议，明确活动方案	何丽娥
5	2022年1月14日—16日	建立活动家长群，活动人员按防疫要求签订承诺书	教研组、各社区负责人
6	2022年1月17日—21日	深入社区开展系列活动	教研组、各社区负责人
7	2022年1月22日	整理活动资料	蔡嘉欣

表2-3-2　活动的具体安排

序号	日期	时间	主题	地点	教研组	安全组	宣传组
1	2022年1月17日上午	9:00—11:00	翰墨迎春，书写新意	白岗社区	张梅婷	宾柳云	白岗社区 新闻稿：一、二年级（1月18日下午交唐靖） 宣传视频：黄睿
2	2022年1月17日下午	14:30—16:30	绘出快乐，传递祝福（高段）（低段）	中恒海晖社区	胡锦青	何丽娥	
3		14:30—16:30	狮舞祥云，贺新年	白岗社区	欧穗婷	何丽娥	
4		15:30—17:30	“剪”出新气象	文教社区	唐靖	吴燕瑜	
5	2022年1月18日上午	9:00—11:00	“瓶瓶”安安、快快乐乐过新年	白岗社区	甘小丽	蔡嘉欣	
6	2022年1月18日下午	14:30—16:30	“瓶瓶”安安、快快乐乐过新年	中恒海晖社区	甘小丽	蔡嘉欣	
7		14:30—16:30	“剪”出新气象	白岗社区	唐靖	刘伟权	

（续表）

序号	日期	时间	主题	地点	教研组	安全组	宣传组
8	2022年1月19日上午	9:00—11:00	“瓶瓶”安安、快快乐乐过新年	文教社区	甘小丽	蔡嘉欣	文教社区 新闻稿：三、四年级（1月21日下午交唐靖） 宣传视频：林夏菲
9	2022年1月19日下午	14:30—16:30	“剪”出新气象	中恒海晖社区	唐靖	饶秀萍	
10	2022年1月20日上午	9:00—11:00	虎年年货我最行	中恒海晖社区	吴燕文	饶秀萍	
11	2022年1月20日下午	14:30—16:30	狮舞祥云，贺新年	中恒海晖社区	欧穗婷	何楚镱	中恒海晖社区 新闻稿：五、六年级（1月22日下午交唐靖） 宣传视频：陈燕珊
12	2022年1月21日上午	9:00—11:30	狮舞祥云，贺新年	文教社区	欧穗婷	李运勇	
13		9:00—11:30	翰墨迎春，书写新意	中恒海晖社区	张梅婷	李运勇	
14	2022年1月21日下午	13:30—17:30	年味探寻之炸油角	中恒海晖社区	蔡嘉	何楚镱	

“5+2”模式的“双减”举措，“1+1+1”家校社三体协同的立体型课后服务，是我校对“双减”政策践行“减负增效”的两项新尝试。这是以家庭教育为基础、学校教育为主体、社会教育为依托的一体化教育，也是“双减”课后服务的全链条带动，从而实现“双减”整体效益最大化，实现五育并举的大教育观，全面提升学生的核心素养和综合素质，受到了家长、社区、媒体、关工委的支持与肯定。

“双减”课后服务，我们一直在路上……

【点评】

“双减”背景下，“5+2”模式的校内课后服务各校比比皆是，多大同小异。但金溪小学的课后服务创新举措，从“5+2”到“1+1+1”实现了“家–校–社”三体协同，赋能增效提质，拓宽了育人格局；开发了更多课后课程资源，构建出地方特色的课后服务课程，打造立体型教育大格局，更好地激发学生的学习兴趣，切切实实地提升学生的实践能力，确实值得推广学习。

“双减”提质　课后服务升级

南海区西樵镇第三小学　李秀梅

为深入贯彻落实中共中央办公厅、国务院办公厅印发的《关于进一步减轻义务教育阶段学生作业负担和校外培训负担的意见》《广东省教育厅关于进一步做好义务教育校内课后服务工作的通知》《佛山市教育局关于进一步做好义务教育校内课后服务工作的通知》，我校实行校内课后服务“5+2”模式，即每周5天开展课后服务，确保下午课后服务托管时间不少于2个课时，服务时间为16:30—18:00，分两节课：第一节16:30—17:20，第二节17:20—18:00；有特别需求的小部分学生可以延时小班托管至19:00，有效解决了学生放学无人管、家长接娃难等问题。我校着力深化课后服务供给侧改革，努力推动课后延时服务升级提档、挖潜增效，满足学生和家长多样化、个性化需求。

有课后服务需要的学生可以根据自身实际弹性选择离校时间。根据我校的实际情况，具体安排如下：

表2-3-3　离校安排

时段	类别	内容	离校时间及方式
16:30–18:00	课后服务	学生自主做作业或参加素质拓展活动	16:30　选择不参加校内课后服务的学生离校
			17:00　乘搭第一趟校车的学生离校
			17:20　乘搭第二趟校车的学生和选择第一批归程队的学生离校
			17:40　乘搭第三趟校车的学生离校
			18:00　选择第二批归程队的学生离校
18:00–19:00	延时托管	作业辅导	19:00　延时小班托管的学生离校

下午校内课后服务以基本托管为主，与素质拓展服务相结合，主要开展以下形式的服务内容：

（1）16:30—17:20为基本托管服务：以组织完成课后作业和作业辅导为主，着力培养学生自主学习和时间管理能力，指导学生基本在校内完成书面作业。

（2）17:20—18:00为素质拓展服务：完成课后作业后的剩余学时，开展学生自主选择的校本特色课程。引进第三方培训机构、退休教师、社会志愿者和专业人士到校为学生提供专业指导，开展素质拓展课程服务，包括书法、创客、信息技术、足球、篮球、乒乓球、绘画、舞蹈、田径、狮艺、“三棋”（围棋、象棋和国际象棋）、礼仪、小主持人、语文阅读、智慧数学、英语口语等素质拓展活动，以丰富学生校内课外生活，满足学生个性化学习需求，提升学生的综合素养，达到减负提质的教育目的。

学校开展的课后延时服务流程为：调查摸底→家长申请→合理安排→无缝衔接。

（1）调查摸底。通过线上家长会、微信群等渠道向家长宣传上级有关放学后延时服务工作通知的精神。各班主任通过问卷小程序的形式对有课后延时服务需要的学生的情况进行调查摸底，教导处做好统计。

（2）家长申请。家长和学生有意愿参加课后延时看管服务的，由家长书面向学校申请，学校向有需求的家长和学生发放《校内课后延时服务申请书》。

（3）合理安排。根据家长申请情况，开设相应数量的课后托管服务班，并合理安排每日参与组织的教师人数，保证课后延时服务的质量和效果。

（4）无缝衔接。根据参加校内课后延时服务学生选择的两个离校时间点，学校安排带班老师与值日老师组织学生有序集中到校园内的“候接区”，等候家长到校接送，确保学生安全离开校园。

课后素质拓展活动课程安排如下表：

表2-3-4　课后素质拓展活动课程安排

上课时间	上课地点	素质拓展活动	负责老师
星期一 17:20–18:00	足球场	足球	覃光坤
	乒乓球室	乒乓球	刘家森
	篮球场	篮球	莫锦基
	美术室	智慧数学	谢卓敏
	电脑室	信息技术	郭肖婷
	舞蹈室	舞蹈	劳红梅
	演播室	语文阅读	梁小华
星期二 17:20–18:00	美术室	美术	梁海丽
	阅览室	英语口语	关晓华
	书法室	书法	徐文明
	运动场	田径	莫锦基
	会议室	三棋	黎亚夫
	演播室	礼仪	张瑞玲
星期三 17:20–18:00	足球场	足球	覃光坤
	乒乓球室	乒乓球	刘家森
	篮球场	篮球	莫锦基
	美术室	智慧数学	谢卓敏
	电脑室	信息技术	郭肖婷

（续表）

上课时间	上课地点	素质拓展活动	负责老师
星期三 17:20-18:00	舞蹈室	舞蹈	劳红梅
	演播室	语文阅读	梁小华
星期四 17:20-18:00	创客室	人工智能	刘亮忠
	舞蹈室	舞蹈	劳红梅
	电脑室	信息技术	郭肖婷
	美术室	智慧数学	谢卓敏
星期五 17:20-18:00	创客室	人工智能	刘亮忠
	舞台	狮艺	赖有全
	运动场	田径	莫锦基
	书法室	书法	徐文明
	会议室	三棋	黎亚夫
	演播室	小主持人	李淑欢

为保障课后服务的质量，学校从负责行政管理的领导到各班主任以及任课教师，都保持高度重视、认真负责的态度，切实将课后延时服务作为一项常规工作，组织好，服务好，真正让课后延时服务成为学校的提质工程。

学校同时建立健全课后延时看管服务工作相关制度，包括学生管理制度、家校衔接制度、安全管理制度，以及学生意外伤害等突发事件的应急处理机制等，确保课后延时服务工作有章可循、有规可依。学校加强精细化管理，严格规范服务行为，不得将课后延时服务工作作为课堂教学的延伸，不得进行集体补课或讲新课。任课教师要做好看管记录，详细记录每天看管情况，出现紧急情况时及时救助并通知学生监护人，全力保障学生安全。

总之，我校的课后托管不仅能满足家长合理需求，提供高质量的服务，还培养了学生的综合素养，在“双减”政策下提升我校的教育质量。

【点评】

结合本校实际，学校扎实落实课后托管服务，合理安排课程，素质拓展活动内容丰富，涵盖文化、艺术、体育和科学创新等，能有效发掘学生的潜能，提升学生的综合素质。

“拓展化”和“专业化”的课后服务最“幸福”

南海区罗村实验小学　唐本良　张丽婷

为落实立德树人的根本任务，办有温度的幸福教育，“双减”政策发布之后，在教育部“全面覆盖、保证时间、提高质量、强化保障”重要精神引领下，我校积极开展“N+1”课后服务实践，“N”为拓展化课后服务，“1”为专业化课后服务，切实解决了家长的后顾之忧，为学生提供科学、自主、贴心的课后服务。

高质量的课后服务是五育并举的演练场，也是激发潜能、个性成长的活舞台。罗村实验小学“N+1”课后服务课程内容与学校特色、校本课程相结合，初步设计了课后服务框架，形成了“两段框架·三项策略·五项原则”的课后服务体系，让学生在课程中收获童年幸福，真正实现“罗实学子，学得优秀，学得快乐”的目标。

第一框架：“N”为拓展化课后服务。基于学生的个性化、差异化发展，我校设置了特色拓展课程“大玩吧”，即语言艺术、数学思维、英语口语、艺术审美、科学技术、体育健康、创客综合等7个领域40多种拓展类课程。其中有诗词欣赏、数学游戏、棋艺、疯狂英语、陶艺、篮球、合唱、科技小发明、有机农业等课程。拓展类课程每天下午放学后准时开展，一、二年级为60分钟，三至六年为40分钟，学生根据自己的爱好选择自己喜欢的课程，在学习中找到“闪亮”的自己，在宽阔的知识海洋中探索自我，成就自我。“N”拓展类课程体系促进学生德智体美劳全面发展，让五育并举在课外服务中更好地体现和落实。

第二框架：“1”为专业化课后服务。根据学校办学特色，结合学生的能力特长，我校设置了专业化的课程体系，即体育、美术、音乐、信息技术、科学等5个领域20多支专训队，比如：田径、足球、篮球、毽球、武术、健美操、啦啦操、陶艺、书法、绘画、合唱、小提琴、声乐等专训队。与拓展类课程不同之处是：专业课程是根据我校办学特色培养能力突出的学生，课程连续开展一学期甚至一年以上，而拓展课的课程延续时长可根据学生的能力而定。“文化作业减下来，素质教育增上去”，在“双减”的背景下，专业课程的开设有效推动了学校素质教育的发展。我校充分保障课后专训时间，每天1小时以上，以“混龄混班制”的形式开展教学，并定期开展校园专项竞赛，挖掘更多能力突出的学生。目前我校的体育、美术、音乐、信息、科学等专训队在各级各类学校竞赛中颇有成效，通过专业课程，使学生学有所长，促进了学生个性特长的可持续发展，为学生的个性发展提供了适合的教育。“1”专业化课程体系，推动了学校特色教育的发展，培养了学生的个性化发展，为我校课后服务课程增添了一道亮丽的风景。

“N+1”课后服务体系，体现了“主辅协同、大小结合、长短兼修”的三项策略。一是“主辅协同”，以“‘N’拓展化课后服务”为主，以“‘1’专业化课后服务”为辅，主辅协同，促进五育并举。二是“大小结合”，有60分钟的大课程和40分钟的小课程，大小课程结合让学习更加灵动。三是“长短兼修”，有些课程需要一学期、一年，甚至更长的时间，有序、有梯度地推进，属于“长课程”；有些课程是阶段性需要，在短时间内完成，属于“短课程”。长短课程结合能够更有效地满足孩子们的成长需求。

“N+1”课后服务体系遵循五化原则。一是人性化：在确保学生身心健康的前提下，合理调配教师资源，为教师减负，为学生增效。二是错时化：着重体现在“N”和“1”不同时长的错时安排。三是多元化：根据不同时长、不同内容，安排多元化的课程，供孩子们自主选择。四是弹性化：在作业总量范畴以内，根据每天作业量的微差异，对课程实施弹性化调整。五是个性化：根据不同孩子的不同需求，提供个性化课程，实施个性化辅导。

【点评】

“拓展化”和“专业化”的课后服务是基于学校“幸福教育”的理念，促进学生德智体美劳全面发展而打造的课程体系，着力从“幸福”“童趣”“多元”“整合”“创生”课程理念出发，通过课程落实、推进，让孩子拥有多姿多彩的童年生活，为孩子的幸福人生奠基；让学生的学科课程从单一走向多元，拓宽学习的方式和渠道，帮助学生成为适应现代社会需求的全方面发展的人才。

海岛孩子“乐趣”多

南海区九江镇海寿小学　吴超艺

九江镇海寿小学坐落在西江中心的一个小岛上，是佛山市最小的一所乡村小学，目前在校学生217人。在“双减”政策落地之前，由于学校特殊的地理位置和大部分父母离岛工作等原因，学生参加兴趣学习的机会很少，导致学生自身的爱好和特长得不到充分的发掘和展现。由于学校人数少、位置偏远，购买校外课后服务对于我校来说比较困难。为了满足学生的兴趣需求，学校大胆改革和创新，组织和鼓励全体教师根据个人特长开展各项课后服务内容，让学生学到更多的课外拓展知识，体验课外活动带来的乐趣，让海岛的孩子也能沐浴在阳光的怀抱中快乐成长。

以下简单介绍学校组织开展的一些课后服务特色项目，虽然没有华丽的外表，却充满了朴实和快乐。

一、陶艺促创新

陶艺是学校的一大特色，也是学生最喜欢的活动。美术课李老师组织了陶艺兴趣班，面向中高年级有一定美术基础的学生。每次活动，学生都乐此不疲，发挥自己的创意，用陶泥捏出一件件独特有趣、别出生面的作品。

二、灯谜宜启智

黄老师对灯谜有着堪称痴迷的热爱，于是，他大力开展猜灯谜活动课程，给各年级的学生讲授灯谜知识，使他们从原来对灯谜的一知半解，到现在掌握多种灯谜的设计和解灯谜的方法，这个过程既培养了学生的兴趣，也开发了学生的智慧。

三、种植励心智

太空种子基地也是我校的一个特色项目。科学课潘老师是学校种植课程的引领者。太空豆角的种植和研究一直是学校科学种植研究的重大项目，学生非常积极地参与这个活动。他们下地种植，不遗余力地亲自管理、浇水施肥、采摘并做好数据记录。通过与普通豆角的对比，他们得出了有效的数据和结论。最后，这批太空豆角也变成了老师和学生饭桌上的美味佳肴。

四、音乐陶性情

陈老师是音乐专业教师，在器乐方面有自己的特长，她主动申请成立竖笛兴趣班。竖笛价格便宜且容易掌握，能够锻炼学生的指法和音乐节奏感，学生都特别感兴趣。

五、乒乓强体魄

欧老师是一名数学老师，也是一名乒乓球的爱好者，他主动承担开设乒乓球课程的重担，所带队员有全校六个年级的学生。在训练场上，学生不怕辛苦，刻苦认真，训练了短短一个多月后即参加了镇乒乓球比赛，获得团体第五名的优秀成绩。学生在收获成绩与自信的同时，也锻炼了自身体魄。

目前，学校开展的兴趣小组共有十个，教师和学生都是全员参与。项目不再逐一介绍。下表是2022年春季学期课后延时服务的兴趣小组安排表：

表2-3-5　2022年春季学期课后延时服务的兴趣小组安排

兴趣小组	参加年级	人数（总计217人）	地点
陶艺	三至六年级	26	陶艺室
科学种植	三至六年级	26	科学室、种植基地
摄影	四至六年级	21	校园内
篮球	三至六年级	20	篮球场
乒乓球	一至六年级	15	少年宫
竖笛	一、二年级	21	少年宫
3D打印	四至六年级	18	电脑室
绘画	一、二年级	25	一年级教室
灯谜	三至六年级	20	四年级教室
书法	一、二年级	25	二年级教室

百年大计，教育为本。教育改革是为了让教育环境更好，让教育环境更公平，让每个普通家庭的孩子都能通过知识改变命运。“双减”政策的实行，不但丰富了校园生活，还解决了农村家长的家庭教育短板，减轻家庭的教育负担，让学生的学习更好地回归到校园，回归到孩子天赋、智力、个人努力的结果。

【点评】

“长风破浪会有时，直挂云帆济沧海。”作为一所地理位置特殊的学校，海寿小学在开展课后延时服务中能因地制宜，根据学校的实际情况，动员全体教职员工参与到“双减”工作中，组织开展了各项接地气、符合地域实际的兴趣小组，在减轻家庭负担的同时，也拓展了孩子们的兴趣爱好，让每一个孩子都静待花开，成为“更好的自己”。

基础 + 特色，助力“双减”政策落到实处

南海区九江镇儒林第二小学　王伟杰　李惦华　王海平

在“双减”政策背景下，更好地满足学生课后服务需求，解决家长接送困难以及家庭作业难以完成的难题，促进学生健康、快乐成长，我校积极落实落细“双减”工作，以“5+2”课后服务为载体，着力提高学生综合素质，切实做到提质增效，将“基础课程”与“特色课程”融入课后服务中，为学生提供形式多样的服务，以满足学生及家长对课后服务的需求，切实做到不利用课后服务时间开展集体教学，上新课、补课和考试训练，不加重学生课业负担。

一、强化教师职责担当

一方面强化教师的责任意识和担当意识，提高全体教师对做好学生校内课后服务工作的责任感和使命感；另一方面转变教师作业布置机械、重复、量多的传统观念，要求教师精心准备学习内容，优化分层作业设计，通过课后延时服务指导学生在校内基本完成书面作业，及时批改作业并做好反馈，加强面批讲解。

二、课程设置多样化

我校设置了面向全体学生的“1+X”品质课后服务模式。“1”是指基础课程服务，主要由学科知识课程构成。学生在班完成作业，老师现场看管，大大缓解了“家长辅导难、学生不认真写作业”的困局。看班老师还能为学生进行作业辅导，对学生知识方面的疑问进行解答，提倡对个别学习有困难的学生给予辅导、帮助，大大提升了作业的诊断、巩固、深化功能，有力地促进了学生学习能力的提升。同时，我校还安排值日领导进行巡查，对各班的学习氛围、学生的认真程度、老师的指导等方面进行多维度的评分，以更好地促进、深化基础课程服务的效果。

“X”是指素质提升服务。根据办学特色和学生特点，我校开展素质培养，为学有余力的学生拓展学习空间，组织学生参加个性化兴趣课程。特色课程方面包含“劳动实践”“大课间活动”以及“特色社团”这些课程有利于发展学生兴趣爱好，促进学生个性成长，提升学生综合素质。在“劳动实践”中，同学们在老师的带领下，前往劳动实践基地，了解并亲手种植农作物，在实践活动过程中培养学生热爱劳动的品质。“大课间活动”中，教师充分考虑学校体育场地设施、设备条件，以跳绳、踢毽、篮球为顺序轮流开展，提高学生身体素质，培养学生参与体育运动的兴趣、爱好和习惯。“特色社团”课程的开展，能满足学生全面发展的个性化需求，全面提升学

生的综合素质，促进学生德智体美劳全面发展。我校根据前期的调查，结合学生的兴趣、家长的需求，充分发掘学校内教师资源和学校外第三方机构力量，开展了书法、器乐、足球、篮球、乒乓球、武术、狮艺、压花、舞蹈、科学实验等十多项社团活动课程。我校精心打造学校特色社团课程，致力于培养适应未来生活的创造者，给学生课后服务时间提供了更多个性发展的空间，为学生提供优质的个性化服务，让孩子们享受多样的综合素质拓展活动，让孩子们在愉悦中丰富了学习体验，实现了家、校、社团协同育人的目标。

以我校三年级（3）班为例，每天课后托管时间，班主任将全班学生分成几个小组，分批次带各小组来到劳动实践基地，教学生如何耕地，播撒他们从家里带来的种子，并让学生动手浇水、拔草、施肥。在学生的辛勤劳动下，种子开始发芽、出苗、开花结果，学生也收获了自己劳动的果实。在劳动过程中，学生提高了实践能力，增长了见识，体验了劳动的乐趣。在劳动过程中，他们逐渐明白，只有通过自己勤劳的双手，才会收获到属于自己的成功果实。

【点评】

从“基础课程”到“特色课程”，南海区九江镇儒林第二小学着力于丰富课后服务内容，提升学生的综合实践能力，满足学生全面发展的个性化需求，全面提升学生的综合素质。

文武兼备的“1 + N”课程模式

——星槎小学开展课后服务案例

顺德区星槎小学　欧阳冰珊　梁瑞迎

为了丰富托管服务的内容，增加托管服务的吸引力，星槎小学聚焦学生核心素养发展，践行学校“让阳光儒雅陪伴每一位孩子快乐成长”的课程理念，将两个小时的课后服务时间实行分段安排，通过多元化的活动陪伴孩子立体化成长。

一、前期筹备组织，精心研究

首先，成立学校课后服务工作领导小组，通过召开家长委员会、微信群宣讲等形式做好政策解读工作。其次，制定切合实际的课后服务工作方案并根据学生需求情况，做好人员分工、课程安排等工作。最后，学校根据参加课后服务的学生人数，合理编排班级，安排责任心强、业务素质高的教职工参与课后托管。

二、构建文武兼备的“1＋N”课程模式

星槎小学的办学理念是让每一位孩子长成品才双馨的有为少年。学校以“阳光儒雅、文武双馨”为导向，开设“1＋N”相融合的特色课程。“1”指全体学生参加校内基础型托管；“N”指以“文+武”为特色的多门拓展课程，包括美术、书法、中国舞、乐高积木、电脑编程、花式跳绳、跆拳道、足球、篮球、乒乓球、钢琴、星语星光社团、快乐读书吧、阳光大课间、吉他等16项特色课程，通过多元的艺术、体育活动，陪伴孩子们立体化成长，让孩子们拥有快乐的时光！

（一）基础型托管做到“三保”

每天16:30—17:15为基础型托管时间，各班开展基础托管服务，包括自主作业、答疑解惑、分层辅导。

（1）保底：学校把基本托管时间作为学困生的“加餐”时间，科任教师会有针对性地对小部分学困生进行辅导。经过科任老师的悉心辅导，所有学困生都能很好地完成语、数、英三科的基础性作业。

（2）保质：让大部分学生尽可能地在学校完成作业。在布置作业方面，学校要求教师坚持紧扣教材的原则，布置基础性作业的同时设计创新性作业。

（3）保实：组织一、二年级学生开展阅读活动，包括读书分享会、“快乐读书吧”擂台赛等阅读活动，培养学生们专心阅读的良好阅读习惯，享受读书的快乐。

（二）“N”类课程实践做到“优化、分层、多元”

（1）优化：成立“N”类课程教研小组，主要以学校综合科教师为主导，校外机

构为辅。把课程选择权交给孩子，尊重孩子的真实想法。

（2）分层：结合学生个体、年龄差异，灵活运用各种课程设置的方法安排课程，其中篮球、编程、美术这三门课程按照年级和学生基础状况进行有效分班。

（3）多元：教学模式新颖，教学主题内容多元化，不同的课程都有各自的课程理念、教学模式和教学内容。

三、以评促改、实现闭环管理

（一）学生家长对课程定价问题满意度调查

目前机构进校的服务价格仅为校外价格的四分之一，由调查结果反馈的情况可知，家长对目前的课程价格还是比较满意的。

（二）“N”类课程能否满足孩子学习需要调查

校内托管服务课程基本能满足孩子的学习需求。孩子的学习情况、兴趣点有差异，需要我们把课程服务做得更细，提供更有针对性的课程，这是我们接下来必须解决的问题。

（三）“N”类课程课堂纪律调查

托管纪律得到大部分家长的认可，我们会进一步加强监督检查，打造良好的学习氛围。

（四）同校外机构沟通问题

据调查，沟通方面数据不够理想，后期我校会与校外机构共同完善“家长—机构”的沟通机制，更好地为家长解答，解决课后托管中家长遇到的各类问题。

（五）学生学习效果问题

学生的学习成效，需要家长、学校共同努力，课后托管服务作为学校学习的有效补充，整体效果还是可观的，但仍有比较大的提升空间。

纵观整个调查体系，可以看出95%家长对我校托管服务的工作情况表示非常满意。问卷中出现的个别问题，是鞭策，也是未来工作的方向，我校将尽力配合校外机构、家长，共同为孩子提供优质的课后托管服务。

【点评】

星槎小学以办学理念为导向，为学生开设文武兼备的“1＋N”课程，“1”为基础型托管，辅导学生作业，有实效！霍华德·加德纳曾在《智能的结构》一书中首次提出多元智能理论，倡导从人发展的多元角度审视智力，星槎小学的课后托管“N”课程内容“优化、分层、多元”，符合多元智能理论要求，切合学情实际，又丰富有趣，实实在在地把课后托管服务做“精”，真正让教师用心、学生舒心、家长放心！

高质量课后服务助推“双减”政策落地落实

顺德区龙江苏溪小学　梁兆玲　夏荣群

为了贯彻落实中共中央办公厅、国务院办公厅印发的《关于进一步减轻义务教育阶段学生作业负担和校外培训负担的意见》，提高教学质量，提升课后服务水平，让学生享受更加全面优质的教育服务，我校将劳动教育、体育运动与原“1+X”课后服务模式相结合，在按需延迟服务满足家长多样需求的同时，增强学生体质，促进学生全面发展。

一、拓展课程，润泽生命

我校将校本课程延伸到课后服务活动中，为学生提供了更加丰富多彩的个性化课程。学校落实“1+X”课后服务模式，“1”为基础作业的辅导，要求在学生自己的班级中进行，老师有针对性地辅导，对不同层次的学生采用不同的方法，做到不落下一个学生。“X”为拓展课程，实行走班制，学生根据自己的兴趣爱好到相应的班级上课，着力提升学生的综合素养。

二、劳动教育课程

“我们班种的薄荷长得很茂盛，可以采摘了！”“我们班种的艾草长得也不错，也可以采摘了！”在我校的“百草园”中，各种中草药长得茂盛，学生面带笑容地奔走相告。在“双减”政策颁布后，为提高教学质量，提升课后服务水平，我校开辟了中草药劳动教育实践基地，组织学生以小组为单位合作设计、共同打造“百草园”，老师带领学生亲自种植常见的中草药植物，学生在种植中草药植物的过程中，上网查阅资料，了解各种中草药植物的生长环境、种植条件和药用价值，以及食用中草药植物的常见烹饪方法，观察中草药植物的生长过程，通过摸一摸、闻一闻、尝一尝，了解常见中草药植物的叶、花、果的形状和气味，了解常见中草药的基本制作过程，从而掌握基本的保健知识，促进良好的生活习惯的养成，也能在实践中传承国粹、感悟中医药文化，体会劳动的乐趣和童年的快乐。

中草药劳动教育实践基地的特色课后服务融合了语文、生物、科学、信息技术、劳动实践等学科，也融入了素质教育的元素。学生掌握知识的途径不再是单纯的说教，不局限于课堂。学生在开发中草药劳动教育实践基地、种植中草药植物、晾晒中草药、制作中草药香囊中，体验了生命活力，在学习中劳动，在实践中学习，知行合一，形成了综合性、多元化的“大视野”。

三、STEM课程

“你看我做的房子多漂亮。”“你看我的小车开得多快。”学生眉飞色舞地说着自己制作的科创作品。我校的STEM课程，成了最受学生欢迎的特色课后服务课程。学生围着老师认真地学习着，围绕一个或多个经过结构化的主题展开学习，通过学习主题与活动任务的设计，动手动脑、合作分享，充分经历知识探索、能力培养的全过程。如围绕“未来家园”这一主题，学生通过科学构思，采用海报绘制、积木搭建、语言表达的方式描述未来家园的样子，收获颇丰。把这项创意满满的课程加到课后服务中，也是学校落实“双减”政策的一项实举。STEM课程充分发挥了学生的想象力、创造力和学习力，让学生能力得到全方位的提升。

四、特色社团课程

“双减”政策颁布之后，我们推出了课后延时服务，学校根据我校学生的实际情况开展了特色社团课程，包括“传统文化+诗歌”“综合+创客”“英语+社交”“德育+修养”“运动+健康”“安全+生命”“阅读+写作”“摄影+书法”等多种兴趣课程，供学生自由选择。

特色社团课程作为学校教学的第二课堂，是对第一课堂学习的延伸、补充和发展，也是实施素质教育的一个重要载体。如今，课堂上，学生认真听讲、踊跃发言；下课后，学生快快乐乐地画画、下棋、剪纸、讲故事……第一课堂和第二课堂的有机结合，让学生更有活力了。

五、阳光运动　强身健体

强健的体魄对于学生至关重要，养成强身健体的好习惯，能让学生受益一生。学校特别把课后服务和体育社团紧密结合，增加了“阳光体育”时间，成立了足球、排球、乒乓球、田径、跳绳、啦啦操、醒狮、武术等社团。在运动中，练速度、增体能、强筋骨，帮助学生增强体质，促进学生身心健康。

我校落实“双减”政策，提供课后服务，不让学生把疑难作业带回家。家长纷纷表示，孩子作业少了，但状态更好，也进步了。我校的老师说：“这种进步不是说成绩多了几分，而是整体素质的进步。”

某学生的家长尝到了“双减”政策的甜头。她说：“孩子在家有更多闲暇看课外书了，半学期以来读了《中华五千年》《中国神话故事》《古典诗歌》，最近正在读《红星照耀中国》。放学后，孩子还会看看《地理·中国》、科普纪录片、‘故事大讲堂’等节目，知识面得到拓展。孩子喜欢科创和田径，报了这两个社团，不仅学习成绩没受影响，而且因为加强体育锻炼，体质也比以前好了。”

在碧绿的草坪上，一群学生正在恣意飞奔，快速运球、传球。“进啦！进啦！”

击掌声和欢笑声，在空中回荡着。

苏溪小学按照“双减”政策要求，为学生们打造了丰富多彩的特色课后服务，为学生们开辟了校园生活的新天地，提高了学生综合素质，培养了德、智、体、美、劳五育并举的青少年。

【点评】

从分数本位到素养本位，体现育人价值。苏溪小学设计了“1+X”课后服务，学生在“X”拓展课程中培养了综合素养；在劳动教育课程中传承国粹、感悟中医药文化，体会劳动的乐趣和童年的快乐；在STEM课程中充分发挥想象力、创造力和学习力；在特色社团课程中自主选择，形成“一人一案”的多种课程模式。让“延时”育“特长”，让“延时”变“培趣”，发挥特长，增强体质，培养劳动技能、劳动素养，让每个学生都有特长，张扬学生的个性，减轻学生的作业负担，培养德、智力、体、美、劳五育并举的青少年。

课后服务加点“料”，素质托管见实效

顺德区乐从小学 廖胜斌 徐稷英 殷乐

在“双减”政策背景下，课后服务成为各地落实“5+2”政策的有效渠道。乐从小学在推动落实课后服务方面，以学校的“未来·行动”课程为基础，进一步开发资源，拓宽渠道，在基本托管服务的基础上，给学生提供了丰富多彩的素质托管服务，从运动、科技、语言、艺术多个方面加“料”，拓宽了学生素质发展的赛道，吸引了众多学生的报名参与，既收到了素质托管的实效，又进一步促成了学校“未来·行动”课程的落地与实施。

一、课后服务实施

“头正，身直，脚放平！”从教室里传来学生响亮的声音，循声而去，映入你眼帘的是一张张专注、认真的小脸，此刻，他们正安静地书写，徜徉在间架结构和笔画起伏避让张扬的奥妙之间，一笔一画流露出他们对汉字的尊重与热爱，对书写的执着与追求。

一曲《月光下的凤尾竹》飘扬在校园的上空，悠扬的葫芦丝声伴着学生一张一弛的呼吸，从学生心底迸发出的愉悦，在摇头晃脑和彼此的会意一笑中互相感染。

以上是乐从小学课后素质托管服务的硬笔书法课堂和葫芦丝课堂的场景。课后服务如何落实“双减”政策？“做足课后服务的‘加法’，做实学习负担的‘减法’。”梁校长在面对提问时如是回答。

在“双减”政策背景下，乐从镇所有学校都开设了校内课后托管服务，乐从小学在课后素质托管服务方面做足了功夫，在课程设置上综合考量学校理念、学生兴趣、家长需求等多方面因素，加足“料”，在学校“未来·行动”课程的引领下，提质增效，为学生提供丰富的成长赛道，满足了学生个性发展的需求，切实减轻了家长负担，让家长吃下“定心丸”，让学校答好“双减卷”。

（一）给课后服务加点运动“料”

“加油！”“跟上了没有？”“就要冲刺啦！”学校体育老师王彤被誉为“人体扩音器”，无需广播，声音也能响彻跑道，甚至整个校园。在他和其他体育老师的带领下，学校田径队连续17年蝉联乐从镇中小学生田径运动会第一名的好成绩。在“双减”政策出台前，乐从小学校园就已经显现出了生机盎然的运动景象。

“借‘双减’的东风，学校还是要给体育课程加加‘料’。”校长说，“体育运动强身健体，社会和家长的关注度高，学生的兴趣也更浓了。”报名参加课后服务足球队、篮球队、田径队、气排球队、羽毛球队、乒乓球队的学生人数多，学校的11位体育老师应接不暇，比如羽毛球队，学校只有两位教练，报名人数却有80多，因此，有些项目还专门聘请了社会上有专业资质的人士担任教练，更好地为学生提供了服务。

（二）给课后服务加点科创“料”

传承多年的乐从小学“科创六一儿童节”是乐从小学的重要活动，它包含可以同时满足70个教学班每个班一个节目的丰富内容，“科创六一儿童节”已然成为全校3000多学生心心念念、盼之乐之的活动。它满足了学生的好奇心，致力于圆学生的科创梦。

学校的创客梦工场由科学老师卢宝生与学生共同打造，里面陈列着学生们的众多科创作品。科技项目托管服务以其动手操作，发展学生创新和实践能力的特色成为学生和家长心目中的“头啖汤”。

“双减”政策出台后，每周一、周二、周四下午的综合素质服务开设了科创项目，引起了众多学生报名。

（三）给课后服务加点语言“料”

不论是语言的艺术，还是艺术的语言，都是学校校内课后服务所要提供给学生的有利于其长远发展所需要的知识和技能。

学生在语言课上，得到戏剧、小品、语言表达、节目排练、演出等方面的综合艺术知识的熏陶，课堂上，他们时而在老师语言的感染下笑得前仰后合，时而抑扬顿挫地跟读，时而两两合诵，时而三五成群地在老师的引领下进行角色扮演……学生的自信心、表演能力、想象力、创造力、团体合作观念和适应能力都在其中得到了发展和提高。

语言是人类敞开心扉的交流形式，是人类情感交集的抒发模式，是人类释放悲喜的表达公式。学生在语言美的感染中，能潜移默化地感受到更深内涵、更高层次的学问，语言课在校内课后托管服务中的设置，无疑给学生提供了又一条发展的跑道，是学校“未来·行动”课程落地与实施的见证。

（四）给课后服务加点艺术“料”

“很小的时候，我就从图书上看过扎染这种工艺，当时就被种种美丽的图案惊艳。如今，在学校的课后服务中再次相遇，有点小激动。”佛山市文化馆的馆长大加赞赏乐从小学的扎染课程。学校的扎染艺术老师廖月萍开设的扎染工作坊，所创作的作品自2020年9月以来分别在佛山市文化馆和乐从融创中心展出以来，得到广大市民的青睐。

“双减”政策出台之后的课后服务，自然又吸引一大批学生和家长的热捧。通过开设扎染课，不仅能教给学生扎染技术，还激发了他们对扎染学习、探究、创新的热情，更让他们近距离地体验到了传统民间艺术的魅力。

扎染工作坊只是学校众多艺术社团中的一个新兴代表，学校具有传统优势的少年合唱团、舞蹈艺术组、翰墨飘香社等同样在“双减”政策出台后的课后服务中吸引了众多学生。

二、课后服务反思

如何融合学校办学特色、课程实施和学生发展，利用好素质托管，实现素质托管最大价值化，成为当下学校亟待思考与解决的问题。我们认为课后素质托管应当聚焦每一位学生的发展需求，尊重每一位学生的精神个性，从“拓宽服务”的角度，提供丰富多元的学习路径，适时适量增设项目，给课后服务加点“料”，促进每一位学生的成长，让素质托管实效充分被看见。

【点评】

乐从小学给校内课后服务加加“料”，就可以将简单的“课后看护”转向“减负提质”；给校内课后服务加加“料”，就能给学生送上固本培优、健体强身、经典艺术、唯美语言等类型的“趣味大餐”。我们有理由相信，像乐从小学这样给校内课后服务加加“料”，一定是答好“双减”这张合格卷的有效举措。

课后服务阳光“123”行动助力“双减”

高明区第一中学附属小学　吴坚明　梁诗茵　邓惠姬

在“双减”政策下，课后服务已经不是简单的学校多照顾孩子几个小时，而是学校教育综合服务的延伸，让学生的个性需求得到更多的满足，学生的身心获得均衡发展，学生的综合素质也得到提升。只有这样，家长才能更加信任学校，减轻学生的校外培训负担，真正达到预期的教育效果。

在“双减”政策的指引下，我校结合“全员·全程·全面”的阳光教育理念，提出了实施课后服务阳光“123”行动，并在强有力的实践下取得一些显著的成效。

一、“1”：一个目标

在开展“双减”背景下的课后服务工作时，我校始终与教育部门保持同一方向，结合自身情况，因地制宜，采取相关的措施。在落实“双减”工作过程中，全校教师团结一心，共同承担课后服务工作，同时与家长站在同一战线上，朝着同一个目标，争取更多家长的支持，共同做好“双减”工作，让我们的孩子更阳光。

二、“2”：两个融合

“2”就是两个融合：课程的融合和教育资源的融合。第一是课程的融合。我校建立了“1+X”下午校内课后服务体系。“1”是指基础托管，以学生“自主学习+教师答疑”形式进行，年级学生合班，教师全员参与、搭配组合管理。“X”是多种科目的素质拓展服务课程，结合我校校本课程建设，建构校本特色课程，学生可根据自己的兴趣、特长，自愿参加适合自己发展的素质拓展课程，课程由第三方机构的老师授课，让课程更“专”，让学生的发展更“全”。

第二是教育资源的融合。我校大力实施“三式融合”（学校式、家庭式、社会式）教育，开展“校内+校外”的组织模式，把家长“引进来”：每周三邀请一位家长进来陪餐，家长自愿报名，体验学校的早餐和午餐服务。通过体验，家长对学校的午托晚托更加放心，为午休课后服务出谋划策。同时，我们也倾听家长的心声，知晓他们的需求，与家长一起做好午托服务工作。

三、“3”：三个度

学校课后服务按时间点分主要有三种：午托、晚托、寒暑假托。而我校分别给这三种托管都设置了“度”：午托服务有温度，晚托服务有宽度，寒暑假托管有力度。

（一）午托服务有温度

从“趴睡”到“躺睡”，我校是高明区先行试点，实行“学生自主管理”“年级老师轮流管理”“男女生分流”等精细化管理方式。相比桌面的“硬”与“冷”，学生更喜欢小木床和睡袋的“软”和“暖”，学生“躺下来”，为身体健康赋能，暖了学生和家长的心，同时也暖了值日老师的心，因为这样管理起来更舒心。家长们合力布置午睡室，贴心准备鞋架和水杯架，营造了一个温暖的宿舍，这是多么有温度的午托啊！

（二）晚托课后服务有宽度

晚托是指“1+X”下午校内课后服务，其中“X”是素质拓展课程，主要分为三大类：体育类（南拳、足球、羽毛球、咏春、篮球）、艺术类（语言、硬笔书法、软笔书法、中国舞、街舞、合唱、管乐团）、科技创新类（创意编程、3D机器人、魔方机器人、科学实验）。围绕阳光教育这一主题，开设这些课程，让学生在学习中发展特长，拓宽知识面，打造课后阳光育人的主阵地，使课后服务的度更宽。

（三）寒暑假托管有力度

2022年，我校首次开展寒假托管服务，引进第三方机构进校进行拓展，课程种类丰富，有军事训练、篮球、足球等，为期一周，其中军事训练最深刻，也最有力度。从站姿、坐姿开始训练，在严格的军事化训练下，学生由一开始的动作不整齐，到最后整齐划一的方阵表演，足以看出训练的力度，也看出训练的效果。

阳光课后服务“123”行动是我校的一大特色，也是我校在“双减”政策背景下探索的一条适合自己发展的道路，在课后服务的路上，我们始终坚持在阳光中播种爱和美，期待着孩子们收获成长与幸福。

【点评】

一个目标，两个融合，三个度，构成了高明区第一中学附属小学课后服务阳光“123”行动体系，其中的“1+X”下午校内课后服务，有利于学生个性发展的满足与综合素质的提升；由“趴桌睡”到“躺下来”仅仅用了不到半个月的时间，足以看出落实的高效和行动的力度。这些举措从我校实际出发，围绕阳光教育主题，适合我校发展，具有很强的实践性，也具有一定的借鉴意义。

优化设置，创新评价
——谈“双减”政策下学校课后服务工作的做法

高明区荷城街道第一小学　程小茹

“双减”政策下，开展课后服务是促进学生健康成长、帮助家长解决按时接送学生困难的重要举措，并充分挖掘学生的潜能，促进学生的全面发展。在开展课后服务的过程中，学校努力把课后服务工作精细化，尤其在管理、课程设置和评价方面下功夫。

一、精细要求，分层管理

校长从大局入手，统筹安排，把握课程设置的方向；副校长分管、督促各相应部门开展工作；教导处、德育处、总务处等部门和各年级各负其责，把报名、班级设置、教师管理、安全管理、场地规划等工作按时落实，认真落实，使课后服务工作向着科学管理的良性轨道发展。落实“三、二、一”的精细化管理要求：三个到位（布置到位、指导到位、检查到位）；两个及时（及时反馈、及时改进）；一个注重（注重总结）。

二、理念引领，设置课程

（一）根据学生需求设置课程

近年来，学校以“让每个学生体验成功的喜悦”办学理念为引导，以“尚美”教育为中心，遵循学生的身心发展规律以及本校的实际，对课后服务课程进行了梳理整合，逐步形成了独特校园文化特色的课程。

在学业辅导的基础上，我们突出学生核心素养培养，建立“作业辅导+兴趣拓展”的“1+1”多元课程体系。围绕多元课程体系建设，突出探究实践能力培养目标，我们开设了经典诵读、皮影、舞蹈、合唱、国画、足球、篮球、田径、电脑、书法、粤剧、魔方机器人、编程等课程，满足学生的不同需求。

（二）特色融合，打造精品课程

我校的特色建设项目是“诵读国学经典　建设书香校园”，学校是“佛山市第四批优秀传统文化艺术传承学校”和“佛山市第五批粤剧特色创建基地学校”，因此，学校在开设课程的时候以经典诵读、粤剧和皮影三个课程为主，进一步发展学校的特色课程。开学伊始，由学生根据自己的兴趣爱好自主报名，教师根据课程的特点，对报名学生进行选拔，继而让有兴趣和有特长的学生成为学校发展特色的主要培养对象。

（三）借助外力发展课后特色课程

伊始，我校通过招标的方式引入了第三方机构开设素质类拓展课程课后服务。素质类拓展课程课后服务由中标单位经验丰富的老师担任教学，我校教师协助管理。学校充分了解家长和学生的需求，根据问卷调查的结果设置课程，建立“尚美”创新课程体系。该课程体系涵盖了艺术、口才、思维和体育四大类别，共有15个项目。每门课程充分考虑了不同学习水平和需求的学生，例如，武术、足球、篮球、舞蹈等课程的开设，为学生体质的改善、体能的提高打下了坚实的基础。

三、家校监督，动态评价

（一）完善教师考核机制，推进目标管理

根据教职工意见，不断修订完善《荷城一小学生课后服务工作的管理制度》，并根据细则要求，做好原始数据的记载与积累，把班级管理、学生养成教育、安全卫生等工作与绩效紧密联系起来。科学评定教师工作，真正建立起按劳分配、按质取酬的分配机制，激励广大教职工用心做好服务工作。

（二）家长、学生评价，提升服务质量

2022年寒假期间，我校首次开展了校内寒假托管服务，在开展的过程中，我们强化了过程的评价工作，确保家长放心、学生满意。我们采用家长、学生满意度调查的方式，从课程情况、教师情况、午餐情况、午休情况、总体情况等方面让家长和学生一起参与评价，通过监测评价促进托管服务质量的提高。

表2-3-6　寒假托管服务满意度评价调查表

评价项目	非常满意	基本满意	一般	不满意
课程情况				
教师情况				
午餐情况				
午休情况				
总体情况				
意见与建议				

（三）双向评价，提高课程质量

双向评价是在教学指导中、课程考核时进行的主负责老师和协班老师互评、师生互评、生生互评。课后服务评价围绕学生、老师两方面展开。针对学生，协班老师会记录学生的每日出勤情况和学习态度，与主负责老师共同对学生的学习结果进行过程

性评价。针对老师，学校通过问卷调查、随堂听课及学生座谈等多种方式评价老师的师德、专业技能和管理水平，以此为依据评出每学期的“优秀指导老师”。

经过探索与实践，我校的课后服务工作初见成效。老师们、同学们在活动中收获了成功的喜悦，他们携手合作，共同成长，共同进步。“路漫漫其修远兮，吾将上下而求索。”我们会在课后服务工作中精益求精，不断提高服务质量。

【点评】

荷城一小的课后服务工作在不断的思考、实践和调整的过程中，越来越规范、科学，符合学生发展的需求，充分体现了学校的办学特色，开发了学生的潜能，提升了学生的特长。以理念引领开设的课程除了让学校的特色发展更突出，更加满足当下适应未来的校内课后服务工作的需要，让国家的教育政策落地生根开花结果，让家长、学生成为优质的课后服务的受益者。

立足农村学校实际，实现课后服务提质

三水区芦苞镇实验小学　卢远文

我校是一所乡镇小学，在校学生1915人，其中近一半学生需分三批乘坐校车上下学，大部分学生在学校吃午餐。“双减”政策颁布实施后，学校面临着家长对“双减”政策理解不到位、对课后服务收费不支持，课后托管需求与学生作息安排有冲突等多种困难。学校从家长和学生的需求出发，立足实际，最终实现了课后服务使家长满意、学生受益、老师接受的成果，确保“双减”政策落实平稳有序，实现课后服务提质增效。

一、困难与挑战

1. 三水区课后服务费用由政府与家长共同负担，由于学生原来在学校吃午餐和午休是没有收费的，家长对“双减”政策实施后午餐午休服务收费不支持。

2. 原来学生16:30放学，家长普遍希望学生继续参加课后一小时作业托管，完成作业，并能参加素质课程和特色课程，但乘坐校车回家的学生因为家长无法接送或课后服务会导致回家太晚而不能参加课后托管。

3. “双减”政策实施后，学生作业减少，家长不懂如何安排学生放学后的学习和其他活动，导致一些学生沉迷于看电视和使用电子产品，令家长十分担忧。

二、提质与增效

（一）午休条件强保障，优质午休有质量

午休托管服务实施后，学校为每位学生采购了一个午休物资储放箱和一张可折叠的瑜伽垫，学生中午在教室实现了躺平睡；同时，学校安排教师做好午休管理，实现学生午休安心睡。午休环境的改善和质量的提升让家长十分满意。

（二）基本托管多选择，多元需求获满足

为了满足家长要求学生既能在学校参加一个小时的课后托管，也能乘坐校车回家，同时又能参加素质托管和学校的特色课程的要求，学校通过和学校家委会、年级家委会和班级家委会的多次会议宣传及沟通，调整了学生在校的作息安排，具体如下：

表2-3-7　学生在校的作息安排

作息时间	作息安排
6:40——7:45	学生返校、早餐

（续表）

作息时间	作息安排
7:45——8:20	课间操、跑操
8:20——11:35	第一至第四节课
11:35——12:40	午餐
12:40——13:40	午休
14:00——15:30	第五、第六节课
15:30——16:00	体能大课间
16:00——17:00	作业托管服务
17:00——18:00	延时托管服务

学生可以选择16:00、17:00和18:00三个时间点放学，第一批校车于17:00开出。16:00—17:00期间，缴费参加基本托管的学生在教室由每班一名科任老师负责作业管理和答疑辅导，参加托管但是不愿意缴费的学生集中自主完成作业。参加17:00—18:00延时托管服务的不另收费。教师在16:00后没有托管工作的，可以弹性下班，减轻教师的压力。

（三）特色课程全覆盖，素质提升有平台

学校周一和周五的16:00—17:00安排了素质托管，开设了科技、舞蹈、书法、球类、武术、绘画、象棋等19个项目，课程内容和收费标准由培训机构和家委会协商确定。周二至周四开设足球、篮球、啦啦操、书法、合唱、绘画、编程等13个特色课程，课程内容根据学校师资特长开设，免费向学生开放。参加了素质托管和学校特色课程的学生均可以在17:00后参加延时托管到18:00，保证素质提升和完成作业两不误。

（四）家校联手共合作，减负提质双保证

为有效地落实“双减”政策，引导家长指导学生合理安排家庭的学习和生活，学校通过问卷调查了解“双减”政策实施后家长的困惑和困难，并通过家长会、家庭教育微讲坛、家庭教育微课等方式宣传“双减”政策的精神，重点指导家长做好“手机管理”“阅读管理”“体质管理”和“睡眠管理”。学校通过向学生和家长推荐“国家中小学网络云平台”“国家教育资源公共服务平台”“学习强国”和中央电视台科教频道等丰富的学习平台，满足学生多元的课外学习需求。学校大力推行“共读一本书”的活动，通过课内阅读指导和组织阅读分享课，引导学生制定阅读计划，积极参加课外阅读。学校还通过其他方式鼓励学生积极参与课外阅读、艺术学习、体育锻炼、劳动和社会实践活动等，让学生回家后的时间更充实、更有意义。

“双减”政策实施后，我校课后服务充分考虑家长的意见，努力满足学生的需求，实现了午餐和午休托管率99.3%，课后作业托管率91.2%，参加素质托管和特色课程的学生占比31.9%，真正实现了家长减负、学生减压、学习增效和素质提升的目标。

【点评】

坚持从家长的角度考虑，从学生的需求出发，兼顾教师的合理诉求，才能使“双减”政策更好地落地，我校在课后服务中努力满足家长和学生的多元需求，尽力做好服务保障，积极引入素质课程，充分挖掘开设特色课程，不断提升家长对政策的认识，及时解决家长的困惑和困难，合理缓解教师的压力，不但实现了“双减”——减轻家长负担和师生压力，而且做到了“双提”——提升学习的质量和提高学生的素质。

巧用“预约卡”提升课后服务质量

禅城实验高中　黄高原

“双减”政策下，既要减轻学生作业负担，又要保证学习效果，必须提升课后服务质量，鼓励学生利用自习课、活动课、晚修课，主动找老师答疑解惑。为了配合“师徒结对”导师制工作，禅城实验高中在2021届学生高三下学期组织教师们利用第九节课为学生答疑解惑、面批面改，得到了全体高三师生的大力支持和配合，学生的见师率明显提高，课后服务质量和效果明显提升，一批临界生在导师的帮助下成功考上了本科。

针对2021级学生，我们希望在不增加教师工作负担的基础上继续坚持以上这个好的做法，于是想到了用“预约卡”的形式推动学生去找老师面批面改、答疑解惑。

预约卡的正面有编号以及学生预约的具体要求，背面是表格，包括预约日期、学生签名、学科和教师签名。学生可以提前向老师预约课后辅导，也可以临时拿着预约卡找老师，年级出台了对预约次数多的班级、备课组的奖励办法，把面批面改的次数纳入了优秀备课组评价体系；各班出台了对预约次数多的学习小组和组员的奖励方法。各班还安排专门的学生干部负责预约卡管理，年级每两周统计公布一次各班预约卡登记情况，每月在集会上对预约次数多的班级进行公开表彰和物质奖励。预约卡激发了学生找老师的积极性和主动性，一到下课就有不少老师被学生团团围住。在第九节课中主动到教师办公室问问题的学生增多了，有些老师还主动到教室为学生提供辅导，师生的良性互动在年级里随处可见。

但是，问题随之而来了。有些学生为了增加预约次数，不经过自己的独立思考，轻率地找老师辅导，既加重了老师的工作负担，也不利于良好思考和作业习惯的培养。为此，我们对预约卡进行了优化改进，在预约卡背面增加了预约时长、问题质量的登记。教师对学生提问的质量进行评价，分A、B、C、D四个等级：有查阅资料、有独立思考、问题思维含量高的给A等级，赋分9—10；没查阅资料、有独立思考、问题思维含量较高的给B等级，赋分7—8分；没查阅资料、没独立思考、问题思维含量一般的给C等级，赋分5—6分；没查阅资料、没独立思考、问题思维含量低的给D等级，赋分1—4分。A和B等级相当于预约1次；C等级相当于预约0.5次；D等级相当于投机取巧，不再纳入小组和个人评价。坚持了半个学期，高一年级课后服务次数得到了保障，课后服务质量得到了明显提升，学生做笔记、查阅资料和独立思考的习惯正在逐步培养起来。

为了及时跟进反馈课后作业的落实，高一年级每周四中午组织年级助理对学生作业完成情况和教师作业批改情况进行检查，每周对全体教师进行反馈，提高了学生完成作业的自觉性，提高了教师抓作业落实的主动性。

表2-3-8　高一学案、作业、试卷常规检查记录表（年级助理每周检查用）（40分）

高一第一学期　　第__周2021年9月10日　　星期四　　检查人

单位：分

班级	语文				数学				历史				政治				地理				单周外语					双周外语					周评分
	作业次数	作业批改	作业质量	作业上交	作业次数	作业批改	作业质量	作业上交	作业次数	作业批改	作业质量	作业上交	作业次数	作业批改	作业质量	作业上交	作业次数	作业批改	作业质量	作业上交	单周外语	作业次数	作业批改	作业质量	作业上交	双周外语	作业次数	作业批改	作业质量	作业上交	
101	2	0	4	10	1	1	7	8	1	1	7	10	1	0	6	10	2	2	7	10	A1	2	0	7	4	A3					
																					A2	1	0	7	5	日					
102	2	2	6	10	1	0	7	9	2	0	10	10	1	1	7	10	1	1	6	10	A1	2	2	7	5	A3					
																					A2	2	1	7	5	日					
103	1	0	8	10	3	2	8	10	1	0	8	10	1	1	8	10	2	0	7	10	A1	2	2	8	5	A3					
																					A2	2	2	8	5	日					
104	3	9	9	10	1	0	7	10	2	2	8	10	1	1	6	10	2	2	9	10	A1	2	2	9	5	A3					
																					A2	2	2	9	5	日					
105	3	9	9	10	1	1	8	10	6	6	9	10	1	0	7	10	2	2	5	10		1	1	8	10						
106	3	9	9	10	3	3	8	10	3	3	5	10	1	1	8	10	1	1	7	10		1	0	8	10						
107	0	0	9	10	3	3	7	10	5	5	9	10	1	0	8	10	3	2	8	10		2	2	9	10						
108	1	0	4	10	4	3	7	10	3	3	6	9	2	1	6	7	2	0	6	8		2	0	9	9						
109	1	1	8	10	1	1	7	10	1	1	8	10	1	1	8	10	2	2	7	10		1	1	9	10						
110	1	0	7	10	3	2	7	10	5	5	8	10	2	1	6	10	1	0	7	10		1	1	8	10						

为了减轻学生作业负担，防止教师盲目抢时间，高一年级把晚修分割给各个学科，同时明确告知各班学委和科代表：对有晚修作业时段的学科作业，必登记、必反馈、必落实；对没有晚修作业时段，老师自行布置作业的，年级不提倡，由老师自行抓落实。

表2-3-9　晚修作业检查记录表

学科	101	102	103	104	105	106	107	108	109	110
语文	3	3	3	2	3	3	3	3	3	3
数学	2	2	2	2	4	4	4	4	4	4
外语	3	3	3	2	3	3	3	3	3	3
历史	1	1	1	0	2	2	2	2	2	2
政治	1	1	1	1	2	2	2	2	2	2
地理	1	1	1	1	2	2	2	2	2	2

（续表）

学科	101	102	103	104	105	106	107	108	109	110
物理	1	1	1	0.3	2	2	2	2	2	2
化学	1	1	1	0.3	2	2	2	2	2	2
生物	1	1	1	0.3	2	2	2	2	2	2
数自	0	0	0	1	0	0	0	0	0	0
历自	0	0	0	2	0	0	0	0	0	0
专业	8	8	8	10	0	0	0	0	0	0
测试	2	2	2	2	2	2	2	2	2	2
合计	24	24	24	23.9	24	24	24	24	24	24

【点评】

学生凭借“预约卡”提前向老师预约课后辅导内容，教师对学生的预约进行A、B、C、D四个等级的划分，这些举措有助于学生养成良好的思考习惯，提升学生的思维能力。同时，通过把“预约卡”的实施纳入班级、备课组的考核中，有利于以任务驱动形式激发老师“解惑”的积极性，让学生养成规范的作业习惯。禅城实验高中的这一做法，在提高课后服务质量方面的确是行之有效的，值得学习借鉴。

第三章
课堂教学增效

KETANG JIAOXUE ZENGXIAO

第一节 区域案例

以活动型课堂实现减负增效

顺德区均安镇教研室　曾晓珍

在“双减”政策背景下，减轻学生负担，关键在于课堂上要提质增效，途径是优化教学方式。活动型课堂就是道德与法治学科的一条减负增效的有效途径。活动型课堂，就是要联系学生的学习与生活实际，依据课标与教材，结合时政热点等来习得学科知识并解决实际问题，通过“议中学”“辩中学”“做中学”，形成三环联动的活动型课堂教学范式，在优化教学方式中实现减负、提质、增效。

一、“引线串珠”，落实核心素养

均安镇初中道德与法治教研组近年来一直围绕“指向核心素养的情境化思政课堂”的教学实践研究，构建了基于情境的初中议题式教学模式——“引线串珠”议题式教学模式，即把主题置于话题（情境）中，形成议题，作为引领，设计情境系列，围绕分解议题和分解概念（内容）开展以议学为主的学习活动的一种教学模式，把学科概念、情境系列、议学活动以“议题”（针）为引领、以“主题”（线）为中心、以“问题+活动”（珠）为载体贯穿起来，构建起“引线串珠”议题式教学模式。这种教学模式要求教师创设生活化情境、开展形式多样的教学活动，引导学生在实践体验的基础上，在课堂中议论起来，在议论中提升思维品质，在“议中学”里让学科核心素养落地生根。如在道德与法治八年级上册《善用法律》一课的教学中，我们以“从校园欺凌中学法”为议题，选择了近期一则有关初中学生“校园欺凌”的新闻视频，以真实案例导入，设计“拍案说法”系列活动，小组通过讨论问题、商议解决问题，在议论中完成三组问题链任务，不仅使学生学会用法律解决问题（法治意识），而且让学生认同用法律解决问题（政治认同），水到渠成地生成核心素养。

二、“辩论互动”，提升思维能力

辩论式互动教学是学生在议论的基础上开展的，是对学生更高层次的能力要求，是议学的深层次体现。辩论是高阶思维能力的表现形式，能让学生的思维发生碰撞，激发灵感，动态生成知识、能力与素养。在课堂上，在总议题的引领下设置分议题，设置微辩论，通过辩论式互动活动，让学生在思辨中明辨是非，为学生注入“强心剂”，强能力，强素养。如在《善用法律》一课中，设置辩论赛——“沉默的旁观者是‘帮凶’吗？”让课堂焕发生机、妙趣横生。辩论式活动教学有生机，是因为思政“小课堂”与社会“大课堂”是紧密联系的，通过理性思维与生活逻辑的结合，让学生初步探究更大更复杂的世界。只要我们关注生活、关注思维，讲好身边的故事、社会的热点，传播正能量，大力贯彻家国情怀、理想信念、责任担当意识，用新时代中国特色社会主义思想铸魂育人，培育学生的政治认同和责任担当，我们的课堂就是在积极践行立德树人的使命与初心，就是在提升学生的关键能力。

三、“起而行之”，强化学生主体

坐而论道不如起而行之，要想让道德与法治课改变呆板枯燥的情况，变得生动有趣，就得让学生动起来，在“做中学”。如在九年级上册第三课“追求民主价值”的教学中，相关政治概念较为抽象，特别是“人民代表大会制度”这部分内容，学生理解起来是有难度的，通过模拟人民代表大会的活动，学生更能理解体会人民代表大会的运作机制，切身体会到自己生活在人民民主的国家，也会更积极地参加民主政治生活。此外还通过模拟法庭、模拟政协、模拟选举等实践活动，让课堂具有生活化的情境，把学习与实践体验有机融合起来，用活动强化学习主题，使课堂教学有趣，学生学习有效。

减负的关键是增效。通过“议中学”“辩中学”“做中学”，形成三环联动的课堂教学范式，是提升道德与法治课堂教学效率和教学效果的具体做法。这就是我们道德与法治学科的师生通过知识学习联动学科素养，通过真实情境的问题解决提升学生的关键能力，通过实践活动培养学科核心素养的有趣、有力、有效的探索。

【点评】

从“减负”的角度看，只有从根本上解决课堂教学方式问题，让学生进行“深度学习”，才能提高课堂教学效果，践行立德树人的初心和使命。均安镇的道德与法治教研组开展“议题式教学”，实现“议中学”“辩中学”“做中学”，是对传统课堂教学方式的改造与创新，是一种直面真实问题解决的建构式学习方式，也是“以学生为主体”理念的体现，实践证明其是能够实现减负、增效的。

道德与法治课程的素质教育追求和作为

佛山市教育局教研室　何晓锋

“双减”政策的实施，是有效减轻义务教育阶段学生过重作业负担和校外培训负担的重大举措，更是回归教育本质、遵循教育规律、提升育人质量的必然要求。有效落实“双减”政策，既要靠政策规范、严格管理执行，又需要加强教育引导，指导学生学会过好课余生活，发展全面素质，只有这样，才能力保“双减”政策背景下教育高质量发展不停步、学生健康成长不打折。

《关于进一步减轻义务教育阶段学生作业负担和校外培训负担的意见》第8条提出：“科学利用课余时间。学校和家长要引导学生放学回家后完成剩余书面作业，进行必要的课业学习，从事力所能及的家务劳动，开展适宜的体育锻炼，开展阅读和文艺活动。”道德与法治是一门政治引导和价值引领的课程，重在塑造学生的价值观，解决学生的理想信念问题，它还是一门注重实践、突出生活能力和社会责任培养的素质教育课程。在“双减”政策背景下，它对发展素质教育有着独特的价值。学生的课余生活教育是小学道德与法治课程的重要教学主题。本案例选取《道德与法治》五年级上册第一课第三课时“过好我们的课余生活”进行课例研究，深度探讨课余生活对学生成长的意义、如何指导学生过好课余生活等问题，体现“双减”政策的内涵与价值，彰显道德与法治课程教学改革创新和实践育人的魅力。（案例报告详见附件）

该案例由于极具现实意义，还被搬上了“南方教研大讲堂”，这给我们的思考和启示良多，重点有如下三个方面：

一是对“双减”政策内涵与价值的深刻认识。“双减”政策是关爱少年儿童健康成长、尊重教育教学规律，回归育人本质，着力纠正教育问题的重大利好政策。贯彻落实“双减”政策，重要的也是最根本的是丰富孩子的课余生活，使课余生活与学习生活相得益彰，协同促进孩子健康成长成才。

二是对少年儿童课余生活价值的深度思考。课余生活和学习生活是少年儿童生活的两大主要方面，这两大方面各有各的成长价值和生活方式。儿童教育家蒙台梭利有一句通俗而富有哲理的名言，她说：“除非你被孩子邀请，否则永远不要去打扰孩子。为孩子打造一个以他们为中心，让他们可以独自‘做自己’的‘儿童世界’。”与她的理念刚好相反，现实里的家长们习惯性地聚焦孩子的学习生活，并自觉或不自觉地用学习挤占、覆盖孩子的课余生活，直到完全占据孩子的课余时间，进而使孩子们的“课余时间”成为一些商家逐鹿的“市场”。这也似乎印证了时下一句流行语：

"清单式童年"，赢了成绩，输了未来。达尔文每天抽出时间遛狗、打盹，贝多芬每天都会亲自挑选60粒咖啡豆煮咖啡，弗洛伊德每天都要玩一会儿纸牌游戏。让我们再来看一看我国的相关文件要求每一位中小学生至少要掌握两项体育运动技能和一项艺术特长，我们就会明白，休息是为了更好更有创造力地学习，美好的、自主的课余时间是孩子获得禀赋、志趣最好的"发酵场"。

三是对道德与法治课程育人价值与方法的再探索。"孩子课余生活的价值"是道德与法治课程的主题内容，在小学道德与法治课程中，有三个分布在不同年级的单元专门探讨孩子课余生活问题（二年级上册：第一单元"我们的节假日"；二年级下册：第二单元"我们好好玩"；五年级上册：第一单元第1课"自主选择课余生活"），可见，小学道德与法治课程是一门儿童智慧生活习得的课程、健全人格养成的课程、良性社会化发展的课程、美好道德品质培育的课程、人文素质奠基的课程、正确的政治引领和价值引导的课程……这样的课程教学显然不能是囿于书本内容的教学，而应该是面向社会生活的开放性教学、接轨时代变革发展的动态性教学、贴近儿童成长需要的趣味性教学。如果一定要给道德与法治课程优质教学一个标准，那么，与儿童亲和、与生活接壤、与发展同步、与正能量相偕就是它的基本标准。

教好道德与法治课程，为孩子们方向正确、素养厚实、个性鲜明的人生道路奠基，需要我们一起不懈努力！

附件

"过好我们的课余生活"教学案例

一、教学内容分析 本课是《道德与法治》五年级上册第一单元第1课"自主选择课余生活"的第3课时"过好我们的课余生活"。如何按照自己的想法安排和过好课余生活，既是学生的权利，也是其成长过程中需要发展的能力。《关于进一步减轻义务教育阶段学生作业负担和校外培训负担的意见》第8条表述："科学利用课余时间。学校和家长要引导学生放学回家后完成剩余书面作业，进行必要的课业学习，从事力所能及的家务劳动，开展适宜的体育锻炼，开展阅读和文艺活动。"可见，在"双减"政策下，本课不仅仅对在校教师指导学生过好课余生活很有帮助，还对广大家长安排好孩子的课余生活很有帮助。在授课过程中，教师可以邀请家长代表一起参与教学活动，目的是引导学生知道：自主选择课余生活时，既要注重个人的兴趣和爱好，又要注重活动的意义和价值，遵守活动准则。
二、学情分析 "双减"政策有利于减轻学生作业和校外培训负担，使其有更多可自主安排的课余生活时间。五年级学生的自主意识在增强，他们渴望能够自主安排自己的课余生活，但是易受父母意见的影响或者因自己能力的欠缺而不会安排。有些学生认为，课余生活是自己的事，自己喜欢干什么就干什么，不用做自己不感兴趣的事；有些学生还认为课余生活就是玩，不知道课余生活也是一种学习途径，不懂得科学、合理地安排时间，过好课余生活；还有的学生在课余生活中，遇到困难便放弃，对坚持过有意义的课余生活缺乏毅力。

（续表）

<table>
<tr><td colspan="2">三、目标确定
1. 处理好课余生活中“有趣”与“有用”（价值和意义）的问题。
2. 学会合理安排自己的课余时间，提高自我管理能力。
3. 增强课余生活中的情感意识、规则意识、服务意识。</td></tr>
<tr><td colspan="2">四、学习重点难点
本课重点是：自主选择课余生活是学生的权利，但是，选择和过好课余生活需要一定的能力，要处理好“有趣”与“有用”的关系，合理规划好自己的课余生活，教师对这一点要加以强调。难点是：为什么在课余生活中，我们不能只选择那些自己感兴趣的课余生活，而要更多地考虑课余生活的意义和价值，要在课余生活中给予他人关爱、快乐和温暖，培养自己服务他人、服务社会的意识和能力。</td></tr>
<tr><td colspan="2">五、学习活动设计</td></tr>
<tr><td>教师活动</td><td>学生活动</td></tr>
<tr><td colspan="2">环节一：有趣的活动有益过</td></tr>
<tr><td>教师活动
1. 教师抛出问题：有同学说，他的课余生活几乎都用来玩电子游戏了，因为非常感兴趣，要睡觉了都停不下来。同学们讨论一下，玩电子游戏有什么好处，有什么坏处？让我们来称一称。（教师出示一个天平道具，天平左边标着“得”，右边标着“失”，依照学生的发言，教师指导学生添加砝码）。

2. 教师总结：根据同学们的回答，我们看到天平在“失”的一侧倾斜了，这说明玩电子游戏的坏处比较多。适当玩玩电子游戏是可以的，因为它可能对于同学们来说是有趣的，好玩的，但是太着迷就会影响自己的健康，尤其不应该无节制地不分昼夜地玩游戏，还有不恰当地买网络游戏的商品，这样不仅仅会损害自己的健康和学业，还会给父母增加负担，并让父母担心你。看来，科学地安排好业余生活，是要有分辨能力的，要学会自己控制自己。有趣的课余生活也要讲究有益过，同学们要坚持参加对自己有益的课余活动。</td><td>学生活动
学生根据问题的回答，在“得”或“失”的一侧加一个砝码。
学生1：玩电子游戏会带来快乐和刺激。（在“得”的一侧加1个砝码）
学生2：长时间玩游戏对眼睛不好。
（在“失”的一侧加1个砝码）
学生3：玩电子游戏会让手指灵敏、反应更快。
（在“得”的一侧加1个砝码）
学生4：玩电子游戏会导致几乎没有户外活动，没有机会锻炼身体，影响长高和变强壮。
（在“失”的一侧加1个砝码）
学生5：很容易沉迷于网络游戏，无心向学，诱发网络成瘾。
（在“失”的一侧加1个砝码）
学生6：有些电子游戏需要付费闯关，要买里面的东西，会浪费父母的钱，甚至有的同学还会通过欺骗的手段向父母要钱。
（在“失”的一侧加1个砝码）
学生7：有些伙伴会为了打电子游戏而熬夜或不睡觉，父母劝阻而不听，导致彼此发生争吵，影响了家庭关系。
（在“失”的一侧加1个砝码）
……</td></tr>
</table>

（续表）

<table>
<tr><td colspan="2">设计意图：
　　这个活动环节是通过用天平称一称玩电子游戏的“得”或“失”，让学生学会理性地分析自己选择的课余生活，学会取舍。天平倾斜在“失”的一侧生动地告诉学生，选择课余生活不仅要注意从自己的兴趣出发，还要关注课余生活的意义和价值。但是需要注意的是，对电子游戏要辩证地看，不能一味地否定。在网络时代，学生都有机会接触到电子游戏，如果内容健康，学生玩的时候又能很好地控制时间或和家长沟通好，则未尝不可。对此，教师的点评要把握好尺寸。</td></tr>
<tr><td colspan="2">环节二：有益的活动有趣过</td></tr>
<tr><td>教师活动
1. 教师播放活动视频：教师带学生到社区参加学校教育基金募捐志愿活动。（该视频中有出发前不同学生对此活动的说法。有的说：“我周末想去打球，这个活动不想去。”有的说：“我不会和外面的大人交流，大人会不会不喜欢我们的。”有的说：“我不明白这个活动有什么意思，去了会不会傻傻的……”）

2. 播放完毕后，对一些同学不愿参加这类活动的做法，判断“对”与“错”，让学生发表一下他们的感受，过程中插入几个问题供学生深入思考和阐释。
问题1：这样的活动有意义吗？还有其他类似的活动吗？
问题2：假如换成是你，你会参加里面的活动吗？
问题3：这个活动有意义，但是可能不符合你的兴趣爱好，你会如何处理呢？
教师点拨：举一些学生关爱他人、服务社会的例子，让学生感受和体会同龄人在这个过程中的付出和快乐。

3. 教师总结：参与社会活动，服务大家，献出爱心，这是我们应有的责任和意识，不能仅仅因为不喜欢或没时间就拒绝参加这样的活动。在课余生活中，对于有意义的活动，同学们刚开始可能还体会不到它的乐趣所在，但是通过这样的实践体验活动，你们都能到深切地感受到有意义的活动也可以变得很有趣。</td><td>学生活动
　　学生讨论、对辩、回答。
学生1：活动体现了关爱他人，积极为他人奉献自己的力量，很有意义。
学生2：活动不仅仅体现了关爱他人的意义，还锻炼了自己的社会实践能力，使自己学会与大人打交道。
学生3：我觉得活动是很好，但是就是不知道那些大人会不会理会我们这些小孩子，甚至把我们赶出去！（笑声）
学生4：班级活动是老师组织的，不能随意，我认为应该去，不能随便以个人喜好为由拒绝班级活动。
学生5：去敬老院、福利院慰问，与贫困山区的同学们交流学习，都是这类活动，我觉得都应该主动参加，奉献自己的爱心。
学生6：一开始可能你觉得这些活动不是自己喜欢的，但是参与其中，在彼此的合作交流中，发现问题和解决问题，最后得到喜悦感，也是很有趣的。
学生7：我们不能只顾自己，有时候腾出点时间帮助他人，看到别人因为你的付出受益了，你也会很开心的。</td></tr>
</table>

（续表）

<table>
<tr><td colspan="2">设计意图：
学生在课余生活中，一般只选择那些自己感兴趣的活动，不太考虑课余生活的意义和价值，所以就会不想参加和拒绝参加一些活动。本环节设计就是要让学生体会到自主选择课余生活不仅仅只关注兴趣爱好，也应该注重意义和价值问题，在课余生活中给予他人关爱、快乐和温暖，培养自己服务他人、服务社会的意识和能力。同时引导学生认识到有益的活动也是可以找到乐趣的，比如团结合作的快乐，解决问题的快乐、得到别人的认同的快乐等。跳出学生已有的认知范围，达到更高的社会核心价值意义，这是本课的落脚点。</td></tr>
<tr><td colspan="2">环节三：有趣有益的活动规范过</td></tr>
<tr><td>教师活动
1. 教师播放视频：时间都去哪儿了？（该视频描述的是：某学生放学后没有合理安排好自己的时间，不知不觉时间就过去了）

设计活动：争当“小小规划师”。（给每人发放一张长条卡片，上面标注时间，分为若干小格，让学生用彩笔描绘，设计最适合自己的课余生活时间表）

教师总结：安排好课余生活要处理好课内学习和课外生活之间的关系，合理安排时间，避免出现选择了课余活动却没有时间参加的情况，可以制定计划，请家长监督。

出示一些学生参加课外活动的照片，照片中有文明的行为，也有不文明行为。引导学生判断“美”与“丑”，对参与课余活动的注意事项进行研讨，讨论为什么一定要遵守活动规则，不遵守规则可能带来什么后果。让学生制作“温馨提示卡”，写几条活动注意事项清单。

教师总结：过好课余生活对我们的成长很重要，但是在课余活动中要注意文明礼貌、尊重他人、遵守活动规则等，保证过安全、愉快的课余生活。</td><td>学生活动
学生活动1：讨论“时间都去哪儿了”，并提一些建议给视频中的主人公。

学生活动2：制作“小小规划师”时间管理卡，选取同学代表上台展示，并陈述为什么这样安排。

学生活动3：讨论活动中要注意什么规则，同时制作“温馨提示卡”，以小组形式分享。课后由班长收集各小组成果汇编成一本课余生活规则小册子。</td></tr>
<tr><td colspan="2">设计意图：
对于有趣有益的课余活动，有些学生因为时间安排不合理而无法参加，浪费了宝贵时间。本环节引导学生分清楚事情的轻重缓急，要认真、科学地安排时间，过好课余生活。除了引导学生合理安排课余生活，还引导学生注意在课余生活中做到文明礼貌、尊重他人、遵守活动规则，注意自己的言行举止，过既愉快又安全的课余生活，也希望这种规则意识能被应用到他们的生活中。</td></tr>
</table>

（续表）

六、板书设计 过好我们的课余生活 { 有趣的活动有益过　“得”与“失” 有益的活动有趣过　“对”与“错” 有趣有益的活动规范过　“美”与“丑” }
七、作业与拓展学习设计 让学生把自己设计的课余生活时间管理卡带回家给父母看，如果父母能接受，就与他们一起去实现自己的方案，如果父母不能接受，就请他们说说不接受的理由，与父母进行沟通后进行修改。
八、特色学习资源分析、技术手段应用说明 1. 学生的课余活动中有很多精彩、热闹的场景，如打篮球、画画、弹琴、做家务、煮菜做饭等，提前安排学生和家人一起收集和整理自己课余生活的照片和视频，不仅能锻炼整合材料的能力，也是一种有趣、融洽的亲子活动。 2. 称一称“得”或“失”的场景安排，生动直观地展示出学生思想中的矛盾，引导学生在实践中思考，避免了单纯的说教，切实提高了教学实效。
九、教学反思与改进 通过本课教学，学生学会了三个金句：有趣的活动有益过、有益的活动有趣过、有趣有益的活动规范过。教学环节和活动设置以这三个金句为线索串联起来，落实了三个理念： 1. 课余生活要说实：要给学生和家长实实在在的指导，告诉他们课余生活应该怎么过。 2. 课余生活要说活：毕竟小孩子都喜欢玩，课余生活的指导不要像下达命令一样，这样会扼杀孩子们的创造性，要顺应和发展孩子的天性，达到启智增慧的效果。 3. 课余生活要有底线：教会学生在课余生活中讲文明、有规则、有底线，既要有道德意识又要有法律底线，既要健康又要安全，这样才能过好课余生活。 需要改进的地方：在活动过程中，问学生如何看待玩电子游戏的“得”与“失”，学生可能会预想到正确的答案，所以有意识地往“标准答案”靠拢，少了真正的思辨和碰撞，而且不排除学生真实的状态就是“课上知道怎么做，课后忘记怎么做”，所以教师需要强化“知行合一”的落脚点要求，避免学生行动上的缺失。

第二节 样本示范

聚焦“灵动课堂”，重构高效课堂生态

三水区西南街道北江小学 夏金云 邓惠凤

中共中央办公厅、国务院办公厅印发的《关于进一步减轻义务教育阶段学生作业负担和校外培训负担的意见》（以下简称《意见》）中明确“双减”工作的原则是要“坚持学生为本、回应关切，遵循教育规律，着眼学生身心健康成长……”基于这一原则，所以要“整体提升学校教育教学质量”。通读《意见》，我们发现“双减”工作的首要目标是“学校教育教学质量和服务水平进一步提升”。

经过认真地研读和不断地研讨，北江小学上下达成共识：要减轻学生的课业负担，发挥学校教育主阵地的作用！而学校教育的主阵地就是课堂教学，因此要潜心提升课堂教学质量。

一、为什么聚焦于“灵动课堂”？

（一）基于“双减”背景下的课堂教学现状

“双减”政策推行后，北江小学加大了课堂观察的力度。我们发现，课堂教学的现状并不乐观，存在很多问题，比如教学模式陈旧，教学方法单调；教学思想落后，课堂气氛沉闷；作业量大，老师难以全批全改；等等。另外，课堂教学要达到“减负提质”的目的，提升了对教师的要求，有的教师甚至有点无所适从。为此，为了真正助力学生健康发展，助推教师教学水平的提升，建构优质的课堂生命体，重构高效率小学课堂生态，我们又一次扬鞭奋蹄，坚定不移地开始了研究。

（二）基于学校提出的“若水教育”理念

2015年，北江小学成立伊始就确立了依托“若水”课程体系，打造“若水教育”品牌的学校愿景。灵动课堂正是落实课程体系、培养“若水”学生、成就“若水”教师的关键点。

（三）“灵动课堂”的核心要素

北江小学倡导的教风是：循循善诱，润物无声。学风是：学如汇流，思若泉涌。在北江小学，教学是一个灵动的过程。教师因材施教、循循善诱，引导学生学习与思考。学生勤于积累，寓思于学，学以致用；敢于提问，勇于质疑，善于思辨，长于分析。我们从中概括提炼出“灵动课堂”应具备的三个核心要素：“主动、互动、

灵动”。“主动”是指教学设计体现“以生为本”，突出自主学习，以学定导。“互动”是指教学活动注重师生互动，生生互动；学习方式突出合作探究、自主表达、实践体验。“灵动”则是课堂文化的表现，突出学生“思维发展”，使其敢质疑、会创新。关注和珍惜每一个学生的生命独特性，尊重他们在课堂上独特的体验和发展样态，师生在生命发展的过程中互利共生正是健康课堂生态的要义所在。

二、打造“灵动课堂”的举措

北江小学针对教学现状，聚焦于“灵动课堂”，从教学设计、课堂结构、课堂作业几方面下功夫，提高课堂教学效率，减轻学生课业负担。

（一）学情靶向，筑建五课并驱的设计系统

要发展学生的“核心素养”就必须带领学生开展“深入学习”。“灵动课堂”教学设计的理念是体现“以生为本”，突出学习的主体性、对话性和协同性，深化教师对“学生本位”的认识，实现教学定位的转变。在设计层面就把教学重点从教师的“教”向学生的“学”转移，站在学生的角度思考“我要怎么学会？”“我学会了什么？”“我能在后续的学习中运用学到的技能吗？”教学设计开始从“教案”到“教案+学案”融合，着力于在“习得”“运用”与“探究”的学习过程中，求得问题的发现与解决，帮助学生建立自己的认知结构。教师还注重指导借助同他者的合作、同外界的交互作用，拓展并深化学习者自身的思考，为教师课堂增效奠定基础。

以《望庐山瀑布》为例（详见表3-2-1），在基于“学生本位”的“教学案”融合设计中，突出自主学习，以学定导，更有利于学生的发展。

表3-2-1 《望庐山瀑布》教学设计

常规教学设计	基于“学生本位”的教学设计		
	教学步骤	教学过程	设计意图
（1）创设情境，导入新课	（1）上课准备	（1）学前谈话：学生说说对《望庐山瀑布》的认识	了解学生动态学情，根据实际情况调整教学
（2）初读古诗，读准字音	（2）预习导航	（2）运用方法，自学古诗	学生运用之前学过的方法，自学古诗
（3）再读古诗，理解感悟	（3）课中探究	（3）教师点拨，感悟运用 ①根据学习目标，诗图结合，指导理解 ②根据学期发展目标，精选材料，深入理解古诗 ③选择同质文本，运用课堂所学拓展学习	丰富学生的认识，使二维的学习走向立体，让学生得到多维认识、爱上古诗的学习强化方法的运用，不断培养学生运用方法学习新知的能力
（4）背诵古诗，适当拓展	（4）练习拓展	（4）趣味练习，根据练习反馈，加强薄弱点的学习	根据动态学情，强化课堂教学效果
	（5）小结延伸	（5）推荐阅读文本	把学习延伸到课外

我们明白，如果单纯把目光集中在教学设计本身，无异于画地为牢，教学设计的优化应该是一个动态生成、多方作用的结果。在研究成果暂露雏形的时候，我校进一步提出了“五课并驱”设计系统的想法，紧抓教学活动过程的“五课”——备课、上课、说课、听课、评课，搭建相辅相成、互相促进的设计系统。首先，学校在教学分工时注意经验和活力的优化，把经验丰富、能起到示范引领作用的教师和活力盎然的年轻教师组合在一起，打造相辅相成的集体备课团队，为“五课并驱”打下坚实的基础；其次，我们在开学前就对整册教材进行集体备课，梳理教学关系，明确教学任务，打通教材前后内容的关联；第三，聚焦于大单元集体备课，年轻教师针对重点课例说课，经验丰富的教师把关教学理论的运用，教学策略的落实，一起优化教学流程；第四，同一备课组的教师对该课例开展课堂观察，在评课活动中共同改进教学。最后，个人进行沉淀，为个人教学研究积累素材。关注课堂系统的优化、强调先进理念的引领、聚焦于教学行为的转变，这正是北江小学重构高效课堂生态努力的方向。

（二）生态优化，完善“33X”高效课堂模式

传统教育把课堂教学视为一种信息传递，认为让学生死记硬背就行了。然而，今日教学则要求教师为学生提供积极参与并能诱发学习兴趣与体验的“学习场”。为筑建平等、和谐的生本课堂，北江小学坚持基于“学生主体、学情主导、教师主控”的教学关系开展课堂教学。针对学校年轻教师较多，需要多方引领的实际情况，我校组织教学骨干力量，初步构建“灵动课堂”的基本范式，把烦琐的教学环节简化为“自主学习、合作探究、应用拓展”三大板块，在三大板块中通过练习、讲授、交流、拓展等灵活的方式处理“教什么”“怎么教”等教学变量，从教学环节、步骤、时间分配和学习方式等入手，提出了“33X”的高效课堂模式（详见表3-2-2）。“33X”的课堂教学模式，第一个“3”指坚持“学生主体、学情主导、教师主控”三种教学关系；第二个“3”指把烦琐的教学环节简化为“自主学习、合作探究、应用拓展”三大板块；“X”是指在三大板块中通过练习、讲授、交流、拓展等灵活的方式处理“教什么”“怎么教”等教学变量。学习本质上是一种“文化参与”，不是停留于特定学科的概念传递，而是旨在生活情境中实践能力的培育，挑战真实性课题，拓展儿童探究方式的空间，因此，我们以多元、多层次练习为手段，让“学”“思”“练”齐头并进，无论是“先教后练”“先练后教”，还是“边教边练”“边练边教”，只要学生自己能阅读理解、观察思考、表达归纳、合作实践、讨论操作的，都放手让学生自主参与完成，每个步骤的时间分配更趋合理。充足的课堂学习时间让学生共同讨论、共同探究，学习就真正发生了，随之合作探究、交流表达、思维创新、解决问题等能力也得以真正提升。同时，教师在重组课堂的研究中不断钻研、不断提升，通过课堂各属性的最优化以及属性间相互关系的最优化，使得整个课堂生态系统最优化，从而达到生态课堂所提倡的和谐与可持续性发展。

表3-2-2 “33X”高效课堂模式

教学环节	教学步骤	时间/分钟	内容安排	学习方式
自主学习	上课准备	1	创境设疑，激趣引思	进入预设情境
	预习导航	5	预习单反馈，提出问题，明确学习目标	交流、质疑
合作探究	课中探究	12	围绕学习单，开展小组讨论、合作探究	观察讨论、操作实践、合作交流
	汇报交流	5	汇报小组的探究思考，交流梳理，形成结论	归纳总结、表达聆听
应用拓展	练习拓展	10	利用师生共同探究的结论，分层练习，巩固新知	应用、操作、实践
	检测评价	5	检测反馈，适时评价	
	小结延伸	2	对照目标谈收获	表达、聆听、反思

（三）打破壁垒，构建多元融合的学科知识图谱

课堂生态追求多要素融合共生与和谐发展。“33X”中的“X”在课堂练习设计上，我们会基于学习基础，关注学生与学科特点，直指知识训练点；联系生活，设计开放多元的练习，从“精练”走向“精炼”；学科联动设计趣味融合性作业，帮助学生实现知识的延伸与拓展。

1. 激发学习动机，变机械重复为快乐实践

为了让学生熟练掌握字词，语文学科有一部分抄写类的作业，但这种机械重复的作业往往比较枯燥，不能有效地激发学生的学习兴趣，练习效果差强人意。比如在《望庐山瀑布》中，学生很容易把“庐山”和“庐”和“香炉”的“炉”混淆，那么我们怎么处理呢？

表3-2-3 语文学科字词类作业设计比较

机械做法	实践做法
（1）比一比，再组词。 庐（　　）炉（　　） （2）比一比，记一记。 庐山　茅庐　穹庐　草庐	（1）通过字形识字、字理识字的方法，认识“庐”和“炉”。 庐：广字头，和房屋有关，指简陋的屋舍。 炉：火字旁，和火有关，指取暖、做饭或者冶炼用的设备。 （2）选择类趣味游戏。　（3）巩固类挑战游戏。  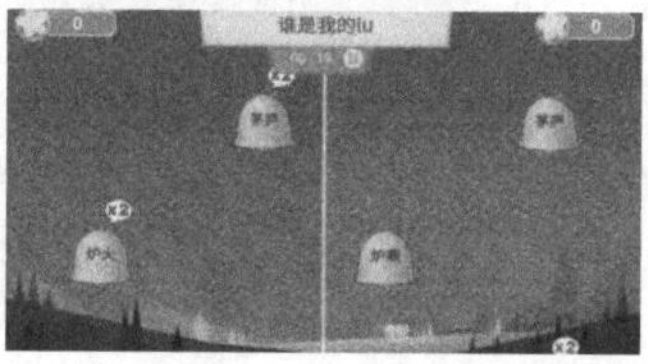 （4）深化类实践作业。 找到家里的“炉”，问一问爸爸妈妈它们都叫什么。

2. 重视学习主体，变单调统一为自主选择

以往的作业布置往往采用全班统一的方式，但是班里的学生是有明显的差异的，布置一样的作业，很容易造成一部分学生“吃不饱”，一部分学生“吃不下”，所以我们鼓励老师根据学情布置丰富、有层次的作业，供学生根据自己的实际情况进行选择。

在学习《望庐山瀑布》后帮助学生整体梳理时有这样一道题目：

《望庐山瀑布》是（　　　　　）朝诗人（　　　　　　）写的，这首诗是作者看到（　　　　　）时写的。我还知道《　　　　　　　　　　》也是他写的。

我们根据学情，把题目变为一道三选一的练习：

（1）你见过庐山瀑布吗？如果见过，请你给大家简单介绍介绍。

____

（2）你心目中的庐山瀑布是怎样的？请你把它画出来。

____

（3）李白的诗中有很多使用了夸张手法的诗句，你还知道哪一句？请你写下来。

____

3. 加强学科融合，从封闭单一到开放多元

“双减”下的生态教育，应凸显“以融促减、以合创增”的教育功能，通过学科内统合、学科间整合、学科与实际生活融合等方式，建立知识关联。我们基于学科联动设计趣味融合性作业，培养每一个学习者超越课堂空间，以更广阔的世界和社会的“场”与“情境”作为学习的“舞台”，帮助学生实现知识的延伸与拓展，构建多元融合的学科知识图谱，建构有意义的学习。

在学习《四时田园杂兴》后，我们就带领学生来到学校的劳动基地，观看各班种植的植物生长情况，给学生介绍基本的耕作知识，并鼓励学生选择自己喜欢的作物进行种植，展开连续的观察、记录，整理成自己的耕作小报。

图3-2-1　学生种的作物

图3-2-2　学生品尝自己的劳动成果

语文科组还设计了课外阅读作业，根据单元课文的编排，整合阅读资源，融入课堂教学。英语科组从学习目标、实践运用和兴趣激发这三个大方面来把作业设计为“复习巩固类”作业、“拓展延伸类”作业以及“综合主题类”作业。

（四）改变评价方式，从关注结果到鼓励过程

从单一的学科练习到多学科的趣味融合，使对作业的评价也从刻板走向开放，因此教师经常会和学生一起就某项特定的作业制定评价标准，激发学生自我反思、自我督导、自我评价的主体性学习的潜能，达成资源共享的目的，提升学生沟通、合作、表达及组织能力。

借助网络平台，实现学生课堂活动的及时评价。家长可以打开应用程序，及时了解学生的课堂活动、练习情况，及时配合，促进学生进步。

评价关注到学生的进步点，及时给予鼓励，不断强化学生的学习自信，使其形成良好的转变。

三、研究带来的改变

聚焦于灵动课堂，重构高效课堂生态的大半年实践里，北江小学正悄悄地发生着改变，“三水教育”公众号多次选用我校课堂教学的照片作为教育报道的配图，我校在广东省青少年网球排名赛、佛山市中小学生人工智能比赛、佛山市少先队鼓号花样操比赛等活动中斩获了一项又一项殊荣。

我校成为广东省基础教育教研基地（佛山市小学语文学科）基地校，数学教研组被评为佛山市小学示范教研组，体育科组因网球项目被评为“淼城课改先锋”；多位老师在各级各类比赛中喜获佳绩。

聚焦于“灵动课堂”，重构高效课堂生态，激发生命智慧和创造潜能，北江小学正不断努力！

【点评】

聚焦于“灵动课堂”，重构高效课堂生态。北江小学基于生命发展的需要，指导教师积极钻研，在师生知、情、意、行高度和谐统一的前提下，改变教学定位，调动学生学习的主观能动性；重组课堂结构，把课堂学习时间还给学生；通过学生、教师、编者、文本之间多重观点和解释的碰撞、消解、转化，走向融合和升华，在探究的过程中激发生命智慧和创造潜能，师生鲜活的个性、思想、情感在课堂教学中都得到自由的绽放。

第三节 学校案例

实施三大策略实践，促进课堂减负增效

禅城区南庄镇中心小学 曾中文

“双减”的目的是要促进德智体美劳全面发展，让教育回归到立德树人的根本任务上来。我们认为，落实“双减”政策的关键在教师发展，而教师的专业成长必须与日常教学实践结合，并成为他们的内在需求。因此，我们实施“四轮驱动”策略，引发教师发展内需及科组自主研究；实施“前移后续”策略，促进教学实践变革；实施“文化培植”策略，创生自主发展的教研文化。通过以上三大策略，引导教师主动发展，提升实践智慧，达到课堂减负增效的目的。

一、实施“四轮驱动”策略，引发教师发展内需及科组自主研究

牵引教师主动发展这驾“马车”的最佳动力系统就是四轮同步驱动，即“自主发展、专家跟踪、科组推进、联教研讨”。

（一）启动“自主发展”之轮，实现动力回归

首先是引导教师与名师进行成长对话，帮助教师改变工作参照，重建职业理想。一方面，邀请教育文化领域的专家、学者等来校与教师面对面座谈，讲述他们的成长经历，引发教师的发展冲动，点燃其事业激情，提升其职业境界。另一方面，推荐阅读教育专著，使教师间接与名师对话，领悟名师成长的秘诀及发展特色。

其次是教师引导规划自己的发展道路，激发其发展自觉。每位教师都必须从专业基本功、实践智慧、学科素养等方面进行自我修炼，逐步跨越专业型教师、骨干型教师和专家型教师的职业阶段。引导教师确定自己的专业发展目标，制定个人发展规划，变“要我发展”为“我要发展”。

再次是搭建成长舞台，帮助教师感受成长的快乐。通过教师成长“六个一”（建立一个教育理念、研究一个教学专题、执教一节典型课例、总结一个基本范式、提炼一个教学主张、形成一个教学风格）、青优教师赛课、外出执教观摩课等多种形式，为教师成长搭建平台。

（二）启动“专家跟踪”之轮，提升学科素养

促进教师发展最有效的方式是在学科教学专家指导下，引导教师结合日常教学实际，站在学科整体教学的高度和开发学科育人价值的角度，实施跟踪式指导研究。否

则，难以避免日常研究中的“只见树木不见森林”现象和同伴研究中的低水平重复问题。为此，我校建立了专家指引下、基于日常教学实践变革的跟踪式指导机制，每学年邀请市区学科教研员到校听评课和做微型讲座，提升教师学科素养。

（三）启动“科组推进”之轮，增强实践智慧

以科组教研为载体开展读书沙龙、课例研讨、常规总结、经验分享、论文撰写、专家引领等活动，形成团结奋进的科组教研文化。各科组针对本学科教师发展状态，本着“问题即课题，教学即研究，成长即成果”的指导思想，引导教师把教学中的问题提炼成专题，在科组内采用专题研究的方式，边学习边研究，逐步解决日常教学中的具体问题，积累实践智慧。

（四）启动“联教研讨”之轮，促进交流深化

引进兄弟校的同行参与比较研究，实施本区内或跨地区学校的联教研讨。我校先后与禅城区的醒群小学、杏头小学、吉利小学、梧村小学、上元小学、文华小学等组建教改协作体，与西藏的墨脱完全小学、林芝二小等组成跨省教改共同体。采取校际合作、科组互动和专家参与方式，开展同课异构、主题论坛等活动，深化校本常态研究，实现资源共享，合作共进。

二、实施“前移后续”策略，促进教学实践变革

实施“前移后续”的校本研究策略，引导教师将“学习、实践、反思、重建”有机结合，实现基于日常教学实践的深度变革。

（一）强化课前研修，让教学实践重心前移

以理论学习引领实践研究，以课前调研推动备课变革。引导教师研读本学科小学阶段全套教材，结合学科课程标准，整体把握学科教材体系，调研把握班级整体状况，将备课变成对教材的“二次开发”。在此基础上，落实备课“五个转变”（从学科知识的教学转变到促进人主动发展的教学；从教学的“抽象目标”的设计转换到教学总目标、阶段目标和具体目标的设计；从点状的教学设计转换到结构的教学设计；从封闭的硬性设计转换到开放的弹性设计；从师生单向的“动”转换到师生双向的互动生成），并倡导“扎实有深度、开放有活力”的阳光课堂。

（二）关注动态生成，让教学促进生命成长

在教学过程中，处理好以资源生成为目的的“有向开放”、以过程生成为目的的“交互反馈”、以拓展生成为目的的“开放延伸”，使教学过程呈现“动态生成”的生命活力。课堂由只关注少数好学生转向关注全体学生，对每个学生的发展负责；由关注主要学科的考试成绩转向关注学生生命整体的发展，为每个学生的全面发展服务。教师富有智慧的实施，丰富了学生的成长经历，实现了深度教学。

（三）深化反思重建，让教师增长实践智慧

强调课后的反思与重建。做到每次课例研究有反思，每个问题的解决有重建。反思围绕“教材处理的科学性、学生解读的准确性、教学预设的合理性、课堂组织的有效性、教学生成的及时性”等“五要素”，分析教学得失；重建做到“三落实”：明确产生问题的原因、找到解决问题的策略、拿出解决问题的方案。在这样扎实的研究中，推进教师实践智慧的提升。

三、实施“文化培植”策略，创生自主发展的教研文化

实施“文化培植”策略，大兴读书研究实践之风，倡导“五环式”读书（一环读国学经典、二环读教育专著、三环读教育教学类著作、四环读学生喜爱的书、五环读教师喜爱的书），形成浓厚的校本教研氛围，培植自主发展的教研文化。学校倡导的“让每个人喜爱读书、让每个人阳光自信、让每个人发光发热”正逐渐成为教师的教育生活状态。

扎实深入的日常教学实践变革，促进了教师的主动发展，推动了校本研究水平的整体提升。近年，家校关系和谐和美，教师成长亮点纷呈，教育教学质量稳中有升。学校荣获中国可持续发展教育20年卓越团队、广东省信息化中心学校、广东省诗歌教育示范校、佛山市劳动教育特色基地校、禅城区品牌标杆学校等称号。语文、数学、英语科组都获得了禅城区优秀科组称号，英语科组获得了佛山市示范科组称号。109位教师中，正高级、副高级教师5人，市级首席教师、名师、学科骨干20余人，30多位老师的教育教学成果获得市级以上奖励，其中，市级优秀青年教师黄玲玲的英语课例获全国一等奖，直播时全国有178.91万人在线观看；区级学科骨干苏田英辅导的学生创客作品获省特等奖并申请发明专利，区级名师李华娜的课例《AI放学助手》获全国信息技术与教学融合优质课比赛一等奖，正高级教师曾中文出版了专著《精讲导读教语文》《我的教育梦》。

【点评】

该校聚焦于教师专业发展，实施了三大策略，分别是：实施“四轮驱动”策略，引发教师发展内需及科组自主研究；实施“前移后续”策略，促进教学实践变革；实施“文化培植”策略，创生自主发展的教研文化。通过以上三大策略，唤醒教师发展自觉，提升教师精神境界，引导教师实现主动发展，达到课堂减负增效的目的。

“双减”视域下的别样“课堂”

禅城区同济小学　谭翠娇

稻田的面积怎样算？

制作彩扎狮头有多少项工序？

佛山哪里能看到美丽的候鸟？

同济小学的学生，用实际行动告诉大家！

“双减”政策实施以来，同济小学出实招，把书面作业“减”下来，把动手能力“加”上去，让学生在大自然的课堂中，学习不一样的知识与技能。

一、在田园中寻找数学的秘密

金秋时节，同济小学充分利用佛山本土自然资源，由老师带着学生两度到高明区开展秋收研学活动。在稻田里，同学们在老师的指导下进行实地测量，计算稻田的面积；用稻谷摆拼不同形状的平面图形，用天平称出一株稻谷的重量。同学们还通过采访当地的农民，了解稻谷的生长周期、每季稻谷的产量，计算稻谷的亩产量、盈亏等。除了割禾以外，同学们还动手拔花生和挖红薯。比一比，谁拔的花生多；算一算，一株花生平均有多少颗果；量一量，一株花生的高度大约是多少……大自然课堂里藏着的数学秘密，被同学们一一解开！

二、在展馆中学习民间技艺

为了培养学生的艺术鉴赏能力和创作能力，了解岭南文化，同济小学综合实践课题组的师生把课堂搬到了紫南狮涵彩扎非遗体验馆。在体验馆内，老师给同学们上了一堂精彩的非遗体验课，让他们对舞狮文化中的“扎狮头”有了进一步的了解。制作一个传统的佛山狮头，要分为扎胚、扑纸、写色、装配四道工序，每道工序都十分复杂。扎好一个狮头要做1300多个扎点，且全部都要手工完成，可以说，每个活灵活现的狮头背后都是极尽烦琐细致的工艺

图3-3-1　在大自然中探寻科学奥秘

活。聆听了介绍，欣赏了狮头作品，同学们对工匠们的敬意油然而生，对佛山传统工艺产生了浓厚的兴趣，加深了爱家乡、爱祖国的情感。

鹊鸲、白头鹎、长尾缝叶莺、小䴙䴘、黑水鸡、池鹭……你都见过吗？每周，同济小学“童观飞羽”观鸟团队的同学们都会走进佛山五区候鸟出没的湿地公园，寻找鸟类足迹。观鸟团的同学们在老师或家长的带领下，通过团队合作方式，自主观察、记录、探索，研究解决问题。每次活动结束后，同学们还进行观察记录展示，分享观察体会，完成课题研究报告。有家长表示，自从孩子参加观鸟活动后，学习更加主动积极，对水资源环境、鸟的生存环境等相关的社会问题更加关注了。如今，越来越多的家长积极配合学校开展各项工作，支持孩子参加观鸟等户外研学活动。不仅如此，同济小学的观鸟活动还吸引了外校的学生和家长参与。

图3-3-2　观鸟活动

在“双减”政策背景下，同济小学创建了别样的课堂，带领学生到户外享受阳光、空气，感受美好的大自然，在大自然的“无墙课室”中去观察、去实践，让学生将知识与技能相结合，在团队合作探究活动中培养创新精神和实践能力，全面提高学生综合素质，真正做到既“减负”又“提质”。

【点评】

将课堂搬进大自然，搬进社区，拓宽学生的学习空间，创建别样课堂，让学生“玩中学”“学中乐”。在“双减”政策下，同济小学的别样课堂以研学活动为抓手，让学生在合作探究的实践活动中将知识与技能有机结合，提升学生的综合素养，真正做到“减负提质”，实现学生的可持续发展。

减“心负”，增“质效”，创特色

禅城区文华小学　吴少华

佛山市禅城区文华小学于2021年9月开办，全校共有一个年级4个班167名学生。在以“悦文化”为核心的学校理念——“悦梦启心　悦然成长”的引领下，文华小学以办一所有梦、有志、有为、有时代气息的精品学校为目标，着力于培养健康、灵动、睿智的“悦美少年”。

学校在认真领会与落实“双减”政策的过程中，逐步采取多项举措，取得了一定的成效。

一、幼小衔接课程为家长、孩子减“心负”

为了让即将进入一年级的孩子提前适应小学的学习生活，顺利度过幼小衔接期，使家长、孩子不焦虑，学校在开学前，精心准备了“幼小衔接，不焦虑”的系列课程。学校通过微信公众号，向家长们连续推送四期家长课堂，给家长支招，内容包括“做一个心态良好的家长”“如何帮孩子做好入学前的衔接过渡”“面对新同学、新老师，如何提高孩子的沟通能力”等；结合绘本故事，进行幼小衔接，为孩子开设四期线上有声课堂，带领孩子在《小阿力的大学校》《小魔怪要上学》《同桌的阿达》等绘本故事中感受小学生角色，激发孩子对小学学习生活的向往。

开学后，还开展了“@你@我　启航文华”的主题课程，通过“校园闯关”“我爱我班我同伴”等活动和图文并茂的“文华新生手册”，帮助学生顺利开启小学的学习生活。

二、立足课堂，提质增效，形成特色

学校立足课堂，围绕“悦文化”，开展“一师一课，一课一品”教研活动，开展跨学科主题项目式学习活动。学科间悦然融合，形成悦美课程特色，提质增效。

学校以“广东省基础教育教研基地（小学音乐学科）基地校”为抓手，以音乐科组与语文科组为主体开展跨学科主题项目式学习活动。围绕两科共性——音律，老师们在“韵”上做文章，精选《日有所诵》《广府童谣》《粤语新歌谣》和《粤韵唐诗》的内容，结合学生年龄特点与学科知识基础，在课堂上以运用奥尔夫乐器、编创童谣手韵操等孩子喜闻乐见的方式开展教学。

三、尊重学生学习规律，以多元作业促进“趣、实”发展

在提升课堂教学实效的基础上，以“减量、增质、富童趣”为指导思想，精心设计多样化、趣味性的巩固练习作业，有效帮助学生夯实“双基”、悦然发展。例如：

语文科把枯燥的拼音认读练习化为“创意拼音汇”，在摆摆、拼拼、捏捏中熟练掌握拼音；与家人一起，与同学一起，自主设计声母蛇棋、拼音转盘、拼音跳棋等拼音游戏，在游戏中强化巩固；制作拼音小报并向同学展示，对阶段性学习成果进行小结。

数学科把数学可视化，让孩子化身为创意大师，画加法图、减法图，把知识内化于心，让“画”成为学生学习数学的脚手架，培养数学思维；借助画，帮助学生更好地理解学习内容。

四、抓住学生身体特点，开展“悦动体育”

认真做好“一校一案”课后服务工作，丰富、有营养的早午健康餐和舒适、可平躺的午休服务满足了家长的需求，减轻了家长的负担，确保了孩子的身体健康。在开齐、开足体育课程的基础上，注重学生的身心健康发展。不管风吹雨打，还是酷暑日晒，坚持安排每天超过1小时的“悦动体育大课间”活动，开展跳绳、武术、体能操、接力跑等体能锻炼，让“玩童”没工夫“顽”，慢慢成长为健康、灵动、睿智的“悦美少年”。

使“双减”政策落地，我们在努力！让学生“趣、实”发展，悦然成长！

【点评】

减“心负”先行，立足课堂，增“质效”为体，创特色为翼。禅城区文华小学以幼小衔接期为抓手，通过学前课程为家长、孩子减“心负”，立足国家课程提质增效，创设学校特色学习活动，让学生“趣、实”发展，悦然成长。

从课堂建构到课堂增效

南海区罗村实验小学　谭婉冰　邓艳君

“双减”政策对学校教育教学质量提出了更高的要求。课堂是教学的主阵地，抓住课堂就抓住了质量的命脉。课堂的建构，对课堂的效果起重要作用。而课堂高效的关键在于教师对教学的科学规划，在于教师对课堂的精心设计，在于教师尊重学生的差异，因材施教，使得学生在单位教学时间内获得最大的教学效率，形成核心素养。在“双减”政策背景下，南海区罗村实验小学为课堂增效采取了如下做法：

一、“微论坛”，课堂高效建构的研讨方式

为了打磨一节高效课，通常教师们都要经历不少于2轮的磨课、评课，才能定稿。这样的模式，费时费力，想通过这样的模式让每一节课都高效是不可能的。为了提高课堂建构的效率，我们集思广益，创设出具有我校特色的研课新形式——“微论坛”。具体过程如下：

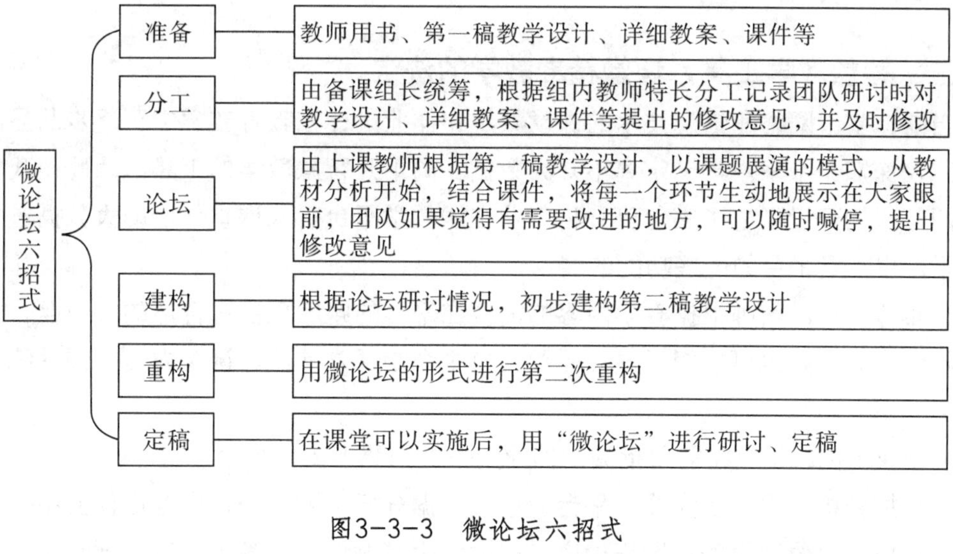

图3-3-3　微论坛六招式

“微论坛”是以备课组为单位的研讨形式，方便教师课后时间调配，比科组教研更灵活，既可以充分挖掘大家的潜能，又可以激发每一位教师对教材的思考，实现教学相长、资源共享。通过“微论坛”研讨出高质量的教学设计，相当于为一场好的表演提供了优秀剧本，自然能提高课堂教学质量。

二、单元整体设计，课堂教学重构的有效策略

单元设计是推动“课堂转型”的杠杆，是重构课堂教学的策略。教师通过设计单元整体教学，根据学生的已有知识和学习能力，打破教材的编排、课时安排等限制，对教材进行深入浅出的剖析，以相同（或相近）知识点为小整体进行重新组合、编排。［这里的“单元”并非指教材中的某个单元，而是指教材中相同（或相近）知识点组合成的知识块］

例如《多边形面积的计算》是在学习了长方形、正方形面积的计算和认识平行四边形、三角形和梯形的基础上学习的，又是学习组合图形面积和圆面积的基础。这些知识，其探究的过程与方式都是相通的，渗透的数学思想方法都是一致的，这就为我们对数学内容进行整合提供了可能。在教学过程中，把利用方格探究长方形面积的方法迁移到平行四边形和不规则图形面积计算的探究学习中，将其整合为一节课进行学习。通过动手操作、图形转换，利用渗透转化思想对平行四边形面积的计算进行充分探究之后，学生进一步理解了多边形面积计算公式推导的过程和方法，我们就提出思考：三角形和梯形的面积计算又以什么方法和策略进行研究呢？从而把这两节内容整合为一节，或把梯形面积的计算与组合图形的面积的计算进行整合，这样除了可以帮助学生建构知识体系，还可以节约课时、节省单元授课时间，进行拓展练习与运用，从而提高课堂实效。

三、智慧教学工具，课堂精准教学的法宝

当前，基于网络和信息技术的课堂教学和作业设计在教育教学中正逐步凸显出优势。我校深知，未来教学一定离不开大数据，离不开智慧教学的工具。因此，我校在一至四年级均开设了电子书包班，将专业在线教学平台引入课堂，借助大数据进行精准教学。以下是平台的一些功能的展示：

1. 布置作业。教师根据教学内容的需要在平台的题库里挑选合适的练习题，打印并发给学生。教师也可以根据教学需要，自主命制课堂前测、课堂内测、课后练习的题目。

2. 作业上传。学生将需要批阅的作业用平板拍照上传至平台。

3. 数据分析。由平台完成。平台通过大数据分析，即可统计出全班作业中每道题的正确率以及每位同学的答题正确率。根据学生答题情况，教师可以让课堂讲解有针对性，避免无效的重复劳动，提高课堂的实效；课后，教师可以分析学生的差异性，精准地把握学情，设计分类作业，如“必做作业+选做作业+‘我设计’作业”形式等，加大作业的弹性，使各层次的学生在作业中获得成就感，让每个学生都能实现个性化的学习，从而真正做到“减负增效”。

除了在线教学平台，还有很多智慧教学的工具，教师合理地利用智慧教学工具，

动态监测学生的学习状况，应用数据分析模型，改进教学行为，形成优质教学策略，就可以实现教学模式的创新和增效。

在“双减”政策落实与推进的过程中，学校将继续在教育信息化的支持下，秉承教育初心与育人使命，深耕课堂教学的建构与创新，以减法的思维持续做好教育的“增”和“长”。

【点评】

创新研讨形式、教学策略和教学模式，实现课堂提质增效。南海区罗村实验小学以“微论坛”创新研讨形式，以“单元整体设计”创新教学策略，以智慧教学工具创新教学模式，从课堂建构到重构，从课前到课中再到课后，落实“双减”政策，实现教学的提质增效。

从“碎片化”走向“整体化”

南海区里水镇中心小学　梁业巾

课堂是学校教育教学最基本的形式，“双减”政策对于站在教学一线的学校和教师而言，意味着要提高课堂教学的效率，创建高效课堂。然而，在现实的语文教学中，教师在设计教学的过程中，往往缺乏单元整体意识，采用单篇孤立的教学方式，导致知识零散又杂乱。这让教师在课堂教学实施过程中失去方向，课堂效率低，既不能有效地提高学生的语文素养，还消磨了学生对语文的学习兴趣。

为了将“知识碎片”有机整合，降低学生的学习压力，提高课堂效率，里水镇中心小学语文科组正在尝试在原来“‘聚焦语用，读写结合’三主步教学模式”和“‘大问题’主导的板块式教学模式”的基础上，继续探索基于学科核心素养的单元整体教学模式，努力使每个课时始终指向单元目标，让学生语文素养得到系统化、序列化的提高。

为提高课堂效率，在语文单元整体教学中，我们采用了以下策略：

一、以大概念为领航，让语文课堂更有指向性

大概念处于语文学科的核心位置，是指蕴含在语文学科事实中的核心概念，包括学科思想、学科原理和思维方法等。它能够引导学生把握语文学科的整体结构和认知要求，学会在实践中恰当地运用所学的知识，解决现实中的问题。因此，在教学中运用大概念统领教学，就避免了知识的零散。例如：在六年级下册第三单元，以大概念——抒发感情统领，可以将直抒胸臆写人、写事、写景物等知识，贯穿于每节课的学习中，从而使整个单元的学习都统摄在这条主线下。

二、创设大情境，让语文学习在真实情境中发生

大情境是整合性的真实情境，贴近学生的既有经验和兴趣点，勾连了学生语文课程的学习和现实生活，赋予了学生学习语文的意义。在单元整体教学设计中，语文科组根据每个单元的核心素养要求，创设真实有效的情境，让学生在情境中感悟，并提高语文素养。例如：在作文课、口语交际课等中，通过设计具体真实的情景，让学生提升语文能力。

三、以大任务作为统领，让学生学习更加有目标性

在单元整体教学设计中，语文科组特别注重设计有意义的且贯穿整个单元的学习

任务。学生在完成任务的过程中，获得语文知识，并且能熟练地应用这些知识去解决实际问题，完成知识体系的自我建构。例如：在六年级下册第三单元，结合本单元的大概念和大情境，来创设大任务“如何让真情自然流露”，然后在《匆匆》《那个星期天》以及习作例文教学中，让学生带着这个任务学习课文。

四、致力于打造单元整体教学中的各种课型，让学生的读写能力得到进阶式的提升

“语文要素分为三个维度：阅读、表达（口语与书面语）和习惯。”在单元整体教学中，主要的课型有：整体预讲课、研读训练课、自读训练课、习作练习课、基础过关课等。将单元要求分散到每节课，形成螺旋式提升。

五、语文课堂打破学科的界限，进行跨界的综合性学习

跨学科的综合性学习，能让学生在不同学科中获得的能力得到综合运用，提高学习效率。例如五年级下册第三单元“遨游汉字王国”，围绕“汉字”设计单元任务，将语文、信息技术、美术等学科进行整合，让学生在了解和欣赏汉字中，提升语文素养。

六、注重教、学、评一体化，让语文课堂更加高效

语文科组制定了《语文课堂教学评价制度》《学生语文学业水平测评制度》等，让教师在教学设计和课堂实施中，多考虑“教什么”“为何教”和“怎么教”。学校通过真实的评价教学效果，促使教师调整教学，提高教学效率。

从“碎片化”走向“整体化”策略，蕴含着授课教师的教学智慧，是教师为课堂提质所做的摸索与努力，只有课堂效率提高了，学生的课后负担才能真正减轻。路漫漫其修远兮，在“双减”的路上，我们任重而道远。

【点评】

以单元整体教学的设计和实施，系统培养学生的语文核心素养。在“双减”政策下，里水镇中心小学基于单元整体构建的语文教学研究，实施体系性教学，层层递进，能让学生更轻松地掌握知识，自主构建知识体系，提高他们对语文的学习兴趣，进而提升其语文核心素养。

“素养”精准培育，“和乐”高效赋能

——创“和乐”高效课堂有硬招

南海区狮山镇光明新城小学　孔丽

随着“双减”政策的落地和不断推进，学校更加重视课堂教学质量。向40分钟课堂要质量，已成为学校落实“双减”政策的重要内容之一。在佛山市南海区第八届高效课堂评价活动中，狮山镇光明新城小学获得100%优秀率、66.7%特优率的好成绩。优异成绩的取得不仅仅是教师们刻苦磨炼教学技能的结果，也是光明新城小学不断推进“和乐”高效课堂建设成效的集中体现。

“课堂改变，学校才会改变；课堂高效，教育才会高效。”在传统课堂教学中，教师教学观念陈旧、教学方法单一，学生主体意识薄弱、学习被动，互动评价方式单一等情况，导致低效的课堂教学与培育学生核心素养的要求不相适应。为此，在“双减”政策下，光明新城小学通过聚焦于核心素养的培育，营造“以和为乐”的课堂文化氛围，研究课堂教学，提高教学质量，构建出了独具特色的“和乐”高效课堂。

一、目标精准，多维融和

课堂教学要使学生学得扎实、学得高效，必须确立科学有效的教学目标。光明新城小学教学主管兼副校长吴妙兴高度重视各个学科教学目标确立的科学性和精准性。她要求教师们潜心钻研课程标准和教材，将单元要素落实在教学目标上，在其中凸显学科的核心素养。学校根据现有的教学目标设计中存在的问题，立足三个点，引领教师制定与核心素养相融合的多维目标，即从课标中找准落脚点，从教材中找准联系点，从学生中找准需求点。教学目标是否精准直接影响课堂教学的效率，这一要求的提出与落实，大大减少了教师在备课过程中的盲目性，为构建“和乐”高效课堂起着重要的领航作用。

二、精准施策，高效赋能

课堂教学的核心是培育学生的核心素养。核心素养是培育出来，不是教出来的。基于这样的认识，构建“和乐”高效课堂的重要一环，就是教学模式与教学策略的改革与创新。为更好地培育学生核心素养，落实“双减”政策，光明新城小学经过大量的实践探索，确立了“导—学—练—展—评”的“和乐”高效课堂模式，即以核心问题为导向，瞄准单元素养，关注学习方法，教师根据学情设计若干问题，搭建学习支架，层层推进教学，引导学生通过自主合作探究，开启深度学习，将知识结构变为问题结构，形成深度思维；最后由学生展示学习成果，教师对学生的讲评进行点拨，师生进行多元评价，实现思维进阶。这一模式并不是一成不变的，学校鼓励教师根据不同的学情和教学内容，创新、变革教学方法，以提高课堂教学质量，更好地为学生赋能。

三、手段革新，智能慧学

现代教育技术的发展对课堂的教学效果有着重要影响。除了多媒体教学设备的运用，光明新城小学用发展的教育眼光，积极引进“电子书包”，鼓励和帮扶一大批年轻教师在“智能课堂”的试验田中快速成长。学生运用电子书包，勾连课前、课中、课后的学习，使学习空间和资源得以最大程度地拓展；教师运用大数据精准把握学情，线上线下教学双线并行，促使课堂高效有趣，学生智能慧学。

四、目标评价，和乐共生

如何评价一堂课是否高效呢？光明新城小学立足核心素养，结合办学理念，以目标为评价导向，根据不同学科的特点，确立了“和乐共生，美美与共”的评价原则。基于这样的评价原则，各个学科结合学科特点确立与之相适应的课堂评价标准，如：语文学科在学校“和乐共生、美美与共”评价原则上，结合语文学科素养特点，从“快乐、对话、开放、感悟、探究”五大方面对语文课进行课堂评估，使学生真正“爱学语文，会学语文”，成为有丰厚文化底蕴的人、有语文运用能力的人、能全面协调可持续发展的人。像这样以目标为导向的课堂评价，有效地提高了教师的教学水平，促使课堂实现提效增质。

【点评】

以培育核心素养为目标，结合“和乐”课堂理念，光明新城小学从目标、策略、手段、评价四大方面，努力实现课堂高效赋能。目标融合素养，对课堂高效教学起到了领航作用；精准而灵动的教学策略，是达成高效课堂的关键一步；与时俱进的教学手段，切实有效地提高了课堂效率；融合地方和学科特点的评价原则，使得课堂质量进一步提升。

融合信息技术，提升课堂效率

南海区华光中学　周文广

在“双减”政策下，学生的作业减少，为了保证学习效果，教师要设法在提高课堂效率上“做文章”。

华光中学在上级相关部门的大力支持下，给所有班级配置了智慧黑板，给部分班级配备了平板电脑，通过将信息技术融合到日常教学中，课堂效率正稳步提升。

充分利用微课资源，做好课前自学。学生通过网站上面的微课资源，提前自学新知识，对课堂上的重点知识有了初步了解；通过完成微课的配套练习，检测自己对新知识的掌握程度，使听课更有针对性。

课堂测试即时反馈，精准定位课堂重难点。利用学案教学云平台（以下简称云平台）的即时反馈功能，能够快速找到学生错得比较多的知识点或题型，甚至能知道每一个错误选项的人数和具体名单。教师能够挑选当中得分率比较低的题目进行讲评，并且针对错误选项深入分析错误的原因，从而大大提高习题评讲的效率。

限时训练培养习惯，提升做题的效率。云平台中的倒计时功能，能够让教师对课堂时间的掌控更加直观，同时培养学生限时训练的习惯，从而提高学生的做题效率，让课堂张弛有度，避免传统课堂上容易出现的前松后紧的情况。

活跃课堂的气氛，保证课堂参与度。与传统的举手回答问题对比，云平台的随机点名功能属于更公正公平的提问方式，避免由于老师的个人喜好，“冷落”了部分的学生，从而降低了学生的课堂积极性。而且由于随机点名的不确定性，每一位学生都会打起十二分的精神，随时准备接受挑战，从而大大提高了学生的课堂专注度。

知己知彼，及时修正。学生把自己的课堂练习通过拍照功能上交，再利用学生互批完成快速批改打分，帮助教师挑选当中最具代表性的题目进行典型例子评讲。学生在批改其他同学的练习时，也能够通过吸取别人的优点来弥补自己的不足。

【点评】

信息技术为课堂赋能提质。信息技术手段的加持，使教师在课堂上更及时、更准确地了解学生的学习情况，授课的重点更加突出，更有针对性，大大提升了课堂效率。

课堂创新提质，研学实践增效

南海区西樵镇中心小学　陈燕梅　张惠超

“双减”政策出台，引起了教师对课堂的重新思量：聚焦于课堂，创新学法，确保课堂高效，把课外时间还给学生，这样学生就有了充足的自由发展时间与空间，为学生参加喜爱的实践活动提供了条件。为此，我校在创新课堂、拓展研学实践方面作了尝试，从而推进了“双减”工作的落实。

课堂是教学的主阵地，“自主学习，小组合作，拓展探究”是我校教师采用的致力于追求、引导孩子们积极思考和探索发现的智慧课堂模式。为让“双减”政策落地生根，我校学科教学注重引领学生开展课前“微展示”活动和课后“实践探究”活动，鼓励学生将课内、课外知识结合，拓宽知识学习领域，使课堂学习质量提升，在课后进行学生喜欢的“实践探究”活动，在课前进行探究成果的“微展示”。

根据学生的知识水平与学科特点，不同学科、不同年级有不同的课后探究活动内容，课前“微展示”也有不一样的精彩。例如：低年级的语文课，教师让学生根据课堂学习的内容进行拓展，收集有趣的课外知识，用口述的方式进行展示，如诗歌朗诵、故事分享、童话剧表演；中高年级的语文探究就以知识拓展为主，在课前用小竞赛、讲故事等方式进行展现。数学课前五分钟，进行知识小达人竞赛。科学课前，把课后收集到的身边的科技创新资讯、科学发明故事及科技发明事例进行展示……初期，以班上优秀的个体促进带动，激发全班学生形成“课前争抢展示、课堂学习研究、课后深入探究”的学习氛围，使课堂内外都丰富多彩。

图3-3-4　学生进行“微展示”

以科学课为例，在学习三年级下册“动物一生”单元中的“蚕生命周期的探究”一课时，为了引领学生亲身感受并观察蚕一生的变化，了解蚕桑历史和传承缫丝工艺，我校老师开展了融合STEM理念的以缫丝工艺为主题的“课内展示、课外研学”的实践活动，学生不但从中感受到中国蚕桑文化，感悟了时代的发展，培养了珍爱小生命的美好情感，同时也得到敢于发现，乐于展示，收获喜悦的学习成就感。

图3-3-5　课外研学活动

创新求实的课堂主阵地，丰富多彩的校外研学活动，有效提高了学生的学习兴趣，使学生在创新、减负中得到质的发展，不断快乐健康地成长。

【点评】

创新课堂主阵地，让“课堂创新”和“校外研学”相结合。南海区西樵镇中心小学引领孩子走进社会，在探索的过程中习得未知，回归课堂进行共享。别样的学习方式引领学生在亲历中感悟，在实践中开阔视野，畅想未来，让教育真正促进个体的健康成长。

不负“双减”好政策，课堂增效要先行

禅城区罗格小学　陈丽珠　冼玉喜　刘顺萍

在“双减”政策的背景下，罗格小学不仅注重做好学生的“减负”工作，还根据学生的实际情况，注重“双减”背后的“加法”工作。学校主攻课堂教学增效研究，力求让学生高效学习。

注重课堂导入“加法”，为了最大限度地用教学艺术激发学生的学习兴趣，罗格小学的数学科组针对课堂导入环节组织课题研究。科组教师对课堂导入的形式分门别类地进行尝试与探索，通过具有生活化、趣味性的课堂导入形式，帮助学生尽快集中注意力，提高课堂效率。例如：在“圆锥与圆柱体积”一课中，教师采用了生活中购买冰激凌的选择问题，激发学生的求知欲望。在“租船问题”一课中，通过播放《让我们荡起双桨》音乐以及创设生活中“租船问题”的真实情境，帮助学生提升解决问题的能力。

做好备课环节“加法”，增加课堂中有利于学生创造性表达的教学设计与实践。科组成员及时组织学习“信息技术2.0”并加以利用。此外，学校开展“青蓝工程”活动，落实检查教师备课情况，帮助与指导青年教师解决在“双减”工作中遇到的困难，排疑实践的解惑。根据学生的年龄特点，在课堂上运用相应的技术工具来帮助学生进行学习。例如：在教学“路程、速度、时间”这一课时，教师设计了让学生使用手机中的地图软件和行车记录仪等工具收集生活中相关数据的环节，帮助学生感受与探索三者之间的数量关系；运用秒表让学生在实际操作中感受“秒”的时长和含义。在课堂练习中，利用互动教学平台进行互动体验，高效完成课堂练习。

聚焦于课堂反馈的“加法”，在课堂教学中充分了解学生对知识的理解与吸收情况。首先，教师更重视对课堂上的生成资源加以利用。这既是教师对学生的“奇思妙想”加以收集、整理，又是学生通过分享与解决自己提出的数学问题，更好地增加学习数学的成就感，收到了可喜的教学效果。科组教师在班级文化布置中也同步增加了“数学广角”的元素，并对学生具有创造性的作品通过级会进行展示与颁奖，从而使学生得到激励。例如：展示学生“搭配中的学问”中的手工作品，在黑板一角书写学生的数学疑问，鼓励学生尝试自主运用已学知识解决问题，拓展学生的知识面，让学生对创设的作业充满探索欲。针对一、二年级学生不留书面作业这一要求，教师通过设计形式多样的数学小游戏来了解学生的学习情况，运用信息技术工具，在教学实践中直观展示每一名学生的作品，适时设置与记录符合学生特点的奖励机制，组织学生运用科技绘画等方式进行跨学科融合创新实践活动。充分利用学生的反馈与兴趣点，使学生对数学的认知不再止步于课本内容的学习而更重拓展延伸，不仅局限于数学学科的研究而更重学科间知识的融合运用。我校以高效实施数学教学的“加法”措施，很好地推动了教育“双减”目的的实现。

【点评】

抓好课堂导入、教学设计、课堂反馈三个环节，做好课堂提质的“加法”工作。具体来说，禅城区罗格小学采取了如下措施：通过课题研究寻找具有生活化、趣味性的课堂导入形式；在教学设计中融入“信息技术2.0”等相关技术工具；加强教学反馈，注重班级文化布置与奖励机制。这些措施对实现“双减”的目的起到了很好的作用。

以“问”增“效”

——七年级语文教学有效提问案例

禅城区明德中英文学校　段晓旭

随着“双减”政策的落地，我们不仅需要考虑“双减”政策对减轻学生作业负担的要求，还需要考虑在这一基础上，如何确保学生的学习成效，保证学校的教学水平。

在“双减”政策限制了课后作业总量的情况下，想要做好学校教育，保证学校教育水平的稳步提升，我们就要从课堂教学入手，结合素质教育的要求和学科教学的内容及目标，创新课堂教学的形式，提升课堂教学的成效。

在这一背景下，我们针对初中语文课堂教学进行了提升教学成效的创新尝试，以“提问式”教学的形式，引导学生进行自主学习，从而做到以“问”增“效”。

例如，在七年级下册的《邓稼先》一课的教学课堂上，我们就根据课文内容和教学目标，将课堂教学划分为五个层次，以逐层提问的形式，引导学生进行问题探究。

第一层：掌握文章层次

问题：1. 文章中讲述了哪几件关于邓稼先的事情？

2. 尝试用简单的语言概括文章中的六个部分。

在教学的最初阶段，我们先让学生快速浏览全文，然后对邓稼先的故事进行概括，一方面，锻炼学生的总结归纳能力，让学生对文章的整体层次有所掌握；另一方面，也通过问题让学生尽快找到文章需重点理解的部分，提高学生的阅读速度。

第二层：了解人物形象

问题：邓稼先是一个怎样的人？

在这一层中，教师先让学生再次回归文本，结合课文本身的层次，对邓稼先的人物形象进行概括，了解课文中的人物形象，为后续的理解打好基础。

第三层：写作技巧感知

问题：1. 文章中为什么要先讲述我国近代屈辱的历史？

2. 文章中为什么要介绍奥本海默？

这两个问题的答案，都是作者运用了对比的写作手法，为了突出邓稼先的形象而如此写作。由于问题难度较高，在学生思考这一问题时，教师让学生以小组讨论的形式进行，在学生讨论结束后，插入对写作手法的讲解，从而锻炼学生的合作探究能力，提升学生的语文学科素养，并让学生在思考中加深对写作技巧的认知。

第四层：语言赏析

问题：1. 找到文章中运用了修辞手法和环境描写方法的语句。

2. 使用修辞手法和环境描写方法的作用是什么？

在掌握了文章的层次，了解了文章中的人物形象的基础上，为了提升学生对于文章语言的赏析能力，我们通过两个具体化的问题，引导学生找到对应的语句并进行赏析，帮助学生在具体的语境中，理解不同写作手法的作用，提高学生对写作手法的掌握程度。

第五层：情感感悟

问题：为什么说邓稼先是中国共产党的理想党员？

这是一个涉及面较为广泛的问题，学生不仅需要再一次对邓稼先其人进行分析描述，还要理解中国共产党党员的基本要素，随后进行比对。因此，在这一阶段中，同样需要学生以小组形式进行合作探究，在教师的引导下完成解答问题，并在解答的过程中，理解作者想要表达的对邓稼先的情感，明确课文的思想感情，加深对课文的整体感知。

在五层问题结束后，学生就基本理解和掌握了文章内容。这样的“提问”教学，不仅能够通过问题的层层递进，帮助学生在思考问题的过程中，锻炼自身的综合能力，提高对课本知识的掌握程度，还能为课文学习划分清晰的层次，让学生在抽丝剥茧的过程中顺利地完成深入学习，进而有效提升课堂教学的成效。

【点评】

立足课堂，以“问”增“效”，提升课堂教学的成效。以明德中英文学校的创新式语文学科教学课堂，是以问题为引导，以学生自主学习和合作探究为主的课堂教学形式。这样的课堂，条理清晰、逐层递进，便于学生理解和掌握知识，提高了语文课堂教学的成效。

重构“减负”视域下的实效课堂新样态

禅城区河滘小学　孔祥敏　李后见

在当前全面落实“双减”政策的背景下，作为地处城市郊区、资源相对缺少的薄弱学校，河滘小学应如何减轻学生过重的作业负担、满足学生课堂学习差异化需求？我们认为：学校应该努力推进并实现课堂、教研、时间三个维度的重构和优化，真正打造实效、轻松、愉快的课堂，减轻学生过重的作业负担。

一、课堂重构：让提质增效强基固本

减负重点在课堂，关键在教师。我校教学部在对全校不同学科充分调研的基础上，明确提出“三严两加一提高”的教学建议，“三严”即严格贯彻课程标准、严格落实核心素养、严格追求课堂实效；“两加”即加强关注全体学生、加强教学环节精炼设计；“一提高”即切实提高课堂教学40分钟实效。25分钟的“压缩课堂——少教多学”已成为绝大多数老师的授课共识，10分钟的“互学对比——同桌互教”已成为学生在课堂上习以为常的学习方式，5分钟的正面、积极、多角度评价已成为师生互相发现亮点、精准点评的首选导向。

二、教研重构：让核心素养有效落地

实施差异化教研。河滘小学不断深化教研生态生活生长、主动互动生动的“三生三动”教研学习模式。在原有教育教学研究的基础上，不断在实践中尝试和摸索，探索出来一条行之有效的“减轻教师负担、增加教研互动”的好路子。

1.“接龙”式集体备课。先确定公开课展示教师，同年级老师同步授课后进行精准评课、议课；接着与名优教师进行同课异构，再次提升课例设计水平；然后跨班跨校展示。三次授课、评课、议课，教学经由本校同年级同学科教师、市区名优教师、外校名师三层提升优化，实现了在短时间内在不同的场域中有效提升集体备课质量和效果。

2. 省市作业课题统领。依托广东省2021年度教育科研课题《“减负”背景下小学语文阅读教学课堂作业优化的实践研究》、佛山市“十四五”教育规划信息化应用融合课题《“减负”背景下小学语文阅读教学课堂作业优化的实践研究》《小学数学“非线性”教学融合信息技术的实践研究》三大课题，系统组织学科教师扎实开展课堂作业优化设计、分类分层布置作业、定时公示作业、定期进行作业反馈监督和问卷调查，有理论、有实践、有改进、有提升，目标始终如一，集中科研力量聚焦于实现

“40分钟课堂完成既定学习任务”的目标。

3. 常态式推门听课。过程质量是结果质量的前提，课堂高效是减负效果的保证。加强“一师一优课，一课一名师”“精品课”建设，实行班主任工作导师制、“青蓝工程”师徒结对制，认真开展好听课、评课、议课、赛课活动。教研组、备课组在内部以“同课异构、异课同构”等形式打造公开课、示范课、观摩课“三位一体”的教研活动，为教师搭建互相学习、共同提高的交流平台，力争把全校每一节常态课打造成高效课，把每一节高效课打造成精品课。

三、时间重构：让学生发展精彩亮相

走进河滘小学，学生们喜欢围观在“嘀嗒阅读”的小黑板前，或读或诵，或抄或默；每天的语文、英语课前的三分钟演讲，走上讲台的孩子已渐渐克服了起初的羞涩和局促，落落大方地面向全班同学讲起动听的故事；一楼大厅前的优秀作业展示专栏，语文、数学、英语、美术等科目的优秀作业，吸引了不同年级、不同班级的孩子驻足停留、欣赏赞许。学生的课堂时间，正在从“一刀切”走向“差异化”，从“标准化”走向“个性化”，让家长和学生对学校教育充满信心。

【点评】

聚焦于课堂实效，实现学生增值发展。河滘小学根据自身属于薄弱学校的特点，摒弃“花架子”，把“双减”政策具体执行落脚在课堂，向课堂40分钟要质量，聚焦于学生的核心素养和身心发展，形式多样，效果明显，为学生的综合发展打下了良好基础。

指间灵动·创意美育·纸上飞扬

高明区更合镇更合中学　文丰

充分认识“双减”政策颁布以来全面深化课程改革、落实立德树人根本任务的重要性和紧迫性，结合我校实情，我校将衍纸艺术引入初中校本课程，借鉴、融合我国传统文化寓意与艺术形式，丰富学生的视觉、触觉和审美经验，培养学生的美术核心素养，是一种较为新颖的实施初中美育的尝试。

一、凝心聚力，落实“双减”

基于“艺术类素质教育是一门必修课”这一主题，我校有步骤、有计划、有系统地落实和开展衍纸校本课程。在学校领导支持下，艺术科组将衍纸艺术引进校园，融入美术课堂，面向我校全体学生开展衍纸校本课程。在不影响正常美术教学情况下，每学期从美术课中安排4~6节课开展衍纸校本课程。

衍纸作为一项手工技艺进入现代教育，学习难度远低于雕塑和绘画，较适宜初中生。材料的准备、制作的工艺要比雕塑简单许多，作品的呈现又比绘画的表现力和立体感强。衍纸通过卷、捏、拼贴组合等将纸的易延展、易塑型等特质活用至极致，呈现出来的作品从原有的平面扩展至立体层面。我们探寻中国传统文化与衍纸工艺相契合的教学途径，让我校学生在衍纸教学活动中，通过观察模仿、实践操作、灵活运用、开拓创新，制作出属于自己的衍纸作品来，帮助学生真正地化知识为力量，做到学以致用，以促进教育的多样化发展。

图3-3-6　学生创作衍纸作品

二、课程整合，深挖内涵

在学科领域的基础上，突破学科之间的界限，实行综合知识的课程形式，构建我校衍纸校本课程整合教学体系。利用纸的弹性和可塑性，赋予衍纸更多元的表达方式、别出心裁的巧妙设计、更浓郁优雅的艺术气息和丰富多彩的实际用途。只要抓住要点，分层、分步、有条理地设计与构造，再加上耐心和创意，就能制作出精美的作品，极具装饰性。在借鉴我国传统的国画、剪纸、雕刻等艺术的前提下，给予衍纸丰富的发展内涵。

1. 运用国画独特的技法与意境进行衍纸创作。以衍纸作品《咏梅》为例，借鉴写意画大量留白，运用与水墨画类似的对比色调，局部再饰以鲜艳明亮的色彩点缀，使得整幅作品更具有张力和感染力，展现出“宝剑锋从磨砺出，梅花香自苦寒来”的寓意。

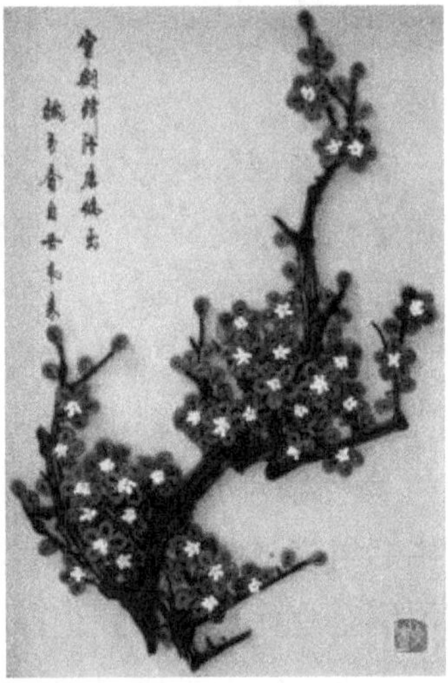

图3-3-7 衍纸作品《咏梅》

2. 借鉴剪纸中的阴阳刻手法，虚中有实，实中有虚。例如衍纸作品《竹报平安》利用竹叶与枝干的层叠效果展现虚实关系，给人以视觉上透空的感觉和艺术享受，以衍纸为载体使得竹子的表现形式更加丰富多样。

图3-3-8 衍纸作品《竹报平安》

3. 借鉴雕刻在平面上塑造立体造型的手法，追求线条流畅美观。衍纸作品《瑶草奇花》就是运用单线条的勾勒、多线条的排列、层次的叠加等，赋予衍纸更多层次感与空间感。

图3-3-9　衍纸作品《瑶草奇花》

4. 将中国传统的一些吉祥符号加以衍化。譬如衍纸作品《福星高照》将吉祥、祝福等一些抽象的概念衍化成具象的符号和标志，运用到衍纸的创作中来，从而展示出浓厚的中国风。

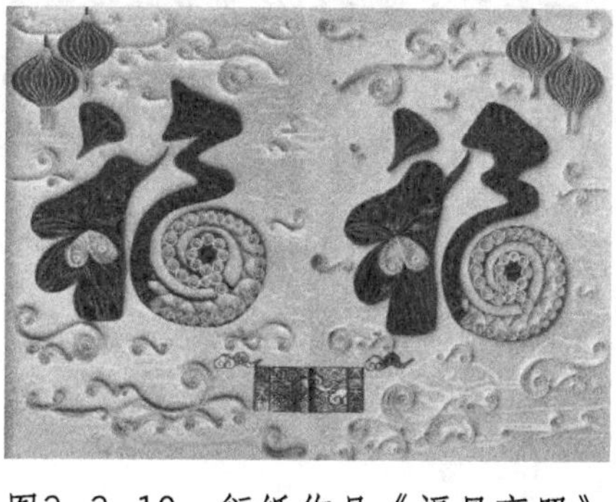

图3-3-10　衍纸作品《福星高照》

三、专业成长，提升素养

我们进行校本美术资源开发、丰富美术媒材应用，编写并运用校本教材《我的第一本衍纸书——基础技法与创意》，设计有缤纷书签、魅力时装、百花争艳、多彩生活、水墨丹青等单元。构建“实践—评估—开发”的校本课程开发模式，常态化、规范化、系统化实施初中衍纸校本课程。我校学生在衍纸的学习过程中形成了更多更广泛的能力，进而满足了学生的个性化需求，取得良好效果。

不断充实、完善学生们的衍纸艺术学习，让其在衍纸校本课程学习过程中通过观察模仿、实践操作、灵活运用、开拓创新，制作出属于自己的衍纸作品来，在衍纸制作过程中锻炼欣赏、观察、动手、创新表达等方面的能力，从而达到提高学生核心素养的目标。美术课堂教学活动已成为学生思维碰撞、开心乐学的重要场所，让每一位学生都在原有基础上有所提升，创作出富有中国特色的衍纸作品，获得了各级领导、师生和家长们的一致好评。切实推进学校课程改革，打造学校品牌项目，效果显著。开展社团活动，成绩喜人，衍纸社团被评选为2021年高明区中学社团建设“十佳社团”。

图3-3-11　衍纸社团获得的称号

【点评】

我们立足美术课堂，注重优化传统文化与衍纸艺术之间的教学联系，切实推进学校美育改革，在此基础上初步形成我校衍纸艺术特色教育，倾力打造传统文化艺术传承学校。目前，衍纸艺术特色教学已成为我校特色建设的品牌项目，成为我校对外宣传的一张名片，提升了我校学科示范引领、区域品牌的地位，具有较强的区域影响力。

“三发”思辨视野，“四阶”思维课堂

顺德区容桂外国语学校　张超　黄若静　周剑山

“双减”政策受到社会各界的广泛关注，在此背景下，教师如何在课堂这一主阵地最大程度地达到增质提效的效果，成为学校在教育教学方面值得深思和深耕的课题。

容桂外国语学校在“双减”政策颁布之后，巧用“三发”（发现瓶颈，助力突破；发挥众智，给力先行；发展平台，借力而行）的思辨视野，大刀阔斧地进行“四阶”（问题激发、互动活化、总结完善、练习提升）的思维课堂的探索。

首先，我校从“发现瓶颈，助力突破”的角度入手，在校内以学科组为板块进行广泛的意见征集，收集各学科组关于本学科课堂质量与教学环节的深度剖析和预期发展的一手材料，从中发现各学科的教学瓶颈。学校经过反复整合与研究，立足本校学情，提炼出“四阶”思维课堂的概念与构思，划分出“新授课”“复习课”“练习课”三种课型，构建出“问题激发思维、互动活化思维、总结完善思维、练习提升思维”的思维课堂实践路径。

接着，我校从“发挥众智，给力先行”的角度入手，引领各学科的组长对“四阶”思维课堂的理念进行深入的学习和深度的思考，将学科特点与师生共同发展的要求相结合，以“学科组长（点）—各年级备课组长（线）—各学科组成员（面）”的方式进行课堂范式的构建与课堂研磨的开展。同时，巧用优秀科组的实践方式和辐射力量，让其做规划、思考、探索等细节的分享，助力其他科组开展更加切实的“四阶”思维课堂的实践研究。例如，我校历史科组率先垂范，作为实践的先行者，对标“四阶”思维链，构建出“创设情境、问题导学、课堂总结、难点突破”的思维课堂范式。同时，历史科组的教师在科组长的带领下进行了多次的“四阶”思维课堂实践展示，其他科组的教师都给予充分的肯定，并紧随其后，如雨后春笋般展开相关的课堂实践研究。同时，在物理“四阶”思维课堂的实践中，我校九（10）班一位学生的日记里写着：“这是我最爱的课堂，我仿佛遨游于思辨的宇宙，那些情境的逻辑脉络好像是逼真的行星，让我情不自禁地寻觅；那些问题链好像是太空飞船，载着我飞翔，我如痴如醉地忘掉了地平线！”

然后，我校从“发展平台，借力而行”的角度入手，在各学科组“四阶”思维课堂的实践反思中，不断收集和整合实践过程中的疑难点与关键点，使实践研究与反思总结紧密结合。在量变的基础上要实现质变的飞跃，需要借助专业领域的高位把脉。

学校邀请了华东师范大学、复旦大学的专家和教授以及省级名师工作室和省、市、区各级教研员到校指导，问诊把脉，了解各学科组教师的“四阶”思维课堂的实践研究，在备课组的集体备课、教师的二次备课、课堂设计与实践、评课环节等给予了全方位的指导，为各学科组树立了更加坚定的课改信心，更加注重优化课堂环节，提升课堂质量。同时，我校也借助高校和专家们提供的平台以及学校组织成立的“容桂外国语学校-京师励耘实验学校-龙江外国语学校”三校联盟平台，积极开展课例研究活动，大力地推出我校的“四阶”思维课堂，让同行们给予我校的实践研究更多的建议与启发。例如，化学科组的教师借助广东省教研活动的平台，推出“四阶”思维课堂后，现场的专家们给予了一些完善的建议，化学科组及时聚焦于实践环节中的“问题逻辑链”进行修改与调整，通过科组微讲座、备课组研讨等部署与开展，进一步优化“四阶”思维课堂的实践研究。又例如，历史科组的教师借助广东省陈维坚名师工作室的教研平台，在广州市从化区流溪中学进行“四阶”思维课堂展示后，现场的听课教师纷纷发出感叹：“从来没有见过有这样的课堂可以把教材挖掘得这么深入，从来没见过课堂中师生互动的思维碰撞有如此之淋漓尽致！”

“三发”思辨视野不止步，“四阶”思维课堂不停息。课改是一种信念，一股力量。与师生结缘，是教学的渊源与源泉。耕耘课改园，坚守梦想园，永远在路上，求索不止！

【点评】

在“双减”政策的背景下，减轻学生的课后学业负担，转变教师的教育教学观念，课堂教学提质增效是个关键的课题。佛山市顺德区容桂外国语学校以“三发”（发现瓶颈，助力突破；发挥众智，给力先行；发展平台，借力而行）思辨视野构建“四阶”（问题激发、互动活化、总结完善、练习提升）思维课堂，以高瞻远瞩的理念、润物细无声的规划与行之有效的探索去深耕课堂，大刀阔斧地进行课改，最大程度地促进师生共同发展。

AI赋能，推进“双减”工作

顺德区世纪小学　孟宪萍　何莉红　赖小明

推进教育方针和教育改革发展各项政策落地生效，学校是“主战场”，课堂是“主阵地”。世纪小学为了有效推进“双减”政策，为师生减负提质，用AI赋能教学管理、课程增容、课堂改革，努力推动从经验主导、低效重压、整齐划一的传统课堂转向全向互动、数据把脉、精准反馈、轻负高质的AI智慧课堂和高效课堂，培养新时代人才。

一、AI赋能教学管理

基于互联网的协同化教学管理。整合各科、各备课组的备课资源，实现各备课组信息系统和教学资源的互联互通、服务共享。基于网络空间实现资源共享，实现备课组同备一单元、共用备课组精选作业，实现教师备课减负提质、学生作业精选少做。

二、AI赋能课程增容

世纪小学作为大良街道人工智能示范校，继续拓展研发以对国家课程二次开发为核心的智识课程：以人工智能、科技创新发明及跨学科学习为核心的STEAM课程，课程及相关教学将应用人工智能等信息技术进行赋能，开展改革实践。

在课程设计上，以核心素养为指引，针对教育日趋多元的场景化要求，开设不同形式的课程，丰富学生的学习体验，以满足学生对不同科创课程的需求。包括全员普惠课程、兴趣社团课程、特长提升课程、跨校共建课程、研修共享课程五种课程。通过不同形式课程的开设，培养一批优秀的、有自发兴趣的人工智能专业优秀苗子，满足日益扩大的对未来人才的需求。

表3-3-1　智识课程安排

序号	学生课程	开课形式	课时安排	受惠人群	师资安排
1	全员普惠课程	安排入课表，与信息技术、美术等国家课程进行整合。	每学年20~22课时	每一个学生：2634人。	本校教师
2	兴趣社团课程	安排入“430”课后兴趣社团，基于学生兴趣自愿报名，开展拓展教学。	每学年36~38课时	有兴趣的学生群体每学年预计700人次。	430课后托管服务提供机构及本校教师互为补充
3	特长提升课程	在普惠课及社团课开设的基础上，发现有天赋的特长学生群体，组建竞赛队伍，开展提升教学。	每学年80~100课时	有天赋的特长学生群体，每学年预计100人次。	本校教师

（续表）

序号	学生课程	开课形式	课时安排	受惠人群	师资安排
4	跨校共建课程	在K12序列，开展竞赛队伍的跨学校共建学习活动。	每学年12-16课时	本校及对口项目、初高中的竞赛队成员。	相关学校教师合作
5	研修共享课程	组织世纪学子赴人工智能专业团队所在地、高校相关业及基地进行研学：组织兄弟学校学生到世纪创客中心研学。	每学年组织1-2批次	有兴趣的学生群体	本校教师

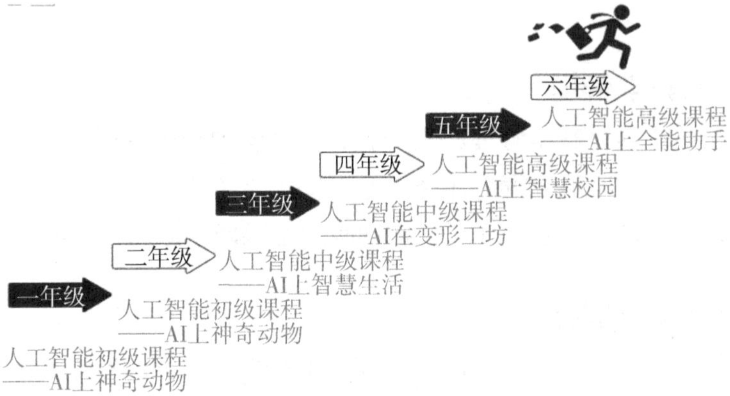

图3-3-12　全员普惠课程与兴趣社团课程内容

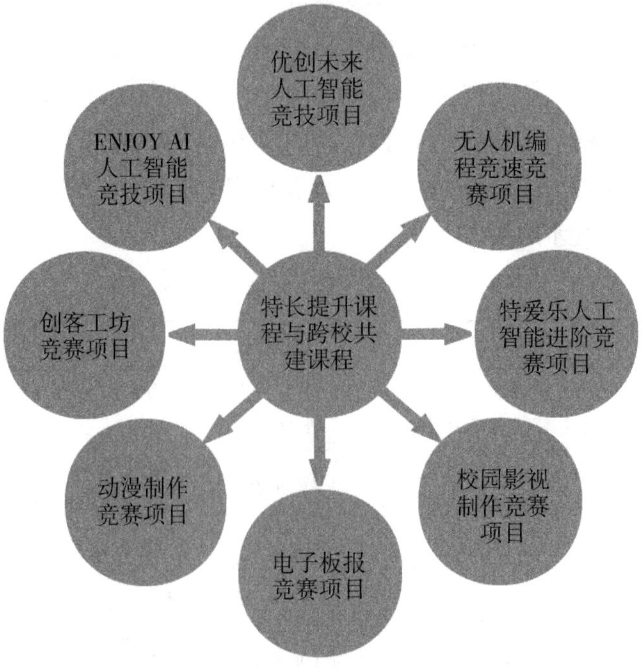

图3-3-13　特长提升课程与跨校共建课程内容

三、AI赋能课堂改革

传统的课堂观察分析只能通过教师自我报告、人工手动编码等方法采集数据，存在着主观性强、费时费力等缺点。为了提升教师科学应对“双减”政策下的课堂的教学技能，我校开展以智能手写板及配套智慧课堂系统为技术支架的教学改革实验，组建六年级AI赋能教学改革创新团队，构建P&P智慧课堂，积极探索P&P智慧课堂与学科的融合，结合学科特点开发学案，灵活运用好智慧课堂，协助教师开展信息化课堂即时互动授课、纸笔板书，智能采集课堂数据，及时了解学情，实现针对性和个性化教学，助力课堂提效。

（一）全面精选作业内容

学科备课组基于课程教学目标和单元素养目标，从研读教材出发，对教材中的课后习题、复习题进行全面的选择，精选课堂作业内容，精心设计课堂习题，在课堂上有目的地发送作业，学生通过智能手写板在课堂上完成作业，达到巩固知识点的目的，减轻学生课后作业负担。

（二）及时反馈学情现状

运用智能手写板对教与学过程中的大数据的记录、分析和诊断，实现对学情的及时精准反馈，如参与率、正确率等，教师及时发现学生学习的共性和个性化问题，优化教学策略，提供适应的教学和适配的资源补救，直到绝大多数学生实现学习目标，有效提高课堂教学效率，提升学生学习质量。

AI赋能教学，实现集思广益的备课模式、信息化素养课程的多元化，数据支撑下更精准的学情分析、更精准的课堂即时反馈、更高效的课堂教学效果，促进教师不断提升信息化素养，转变教育理念，探索组织形式、培养方式、学习空间、评价体系等的变革，真正赋能学生成长和教师发展。

【点评】

世纪小学以AI赋能教学改革，建设新型教学空间，构建P&P智慧课堂，全面提升了学生的信息技术能力；利用智能手写板及时了解学情，精准教学，探索技术赋能教育的新方式，不断提升学校教学质量，助推“双减”政策高效落实。

让学生站在课堂正中央

顺德区陈村镇吴维泰纪念小学　刘广平　黄伟　利艳芬

课堂教学是教育的根本，也是减负增效的核心，提升了课堂效率，就是守住了根本，才能谈减负，谈创新。

一、“双减”政策下的学校担当

吴维泰纪念小学位于千年花乡——陈村镇的中心区域。学校秉持勤奋向上、竞争卓越的办学文化，精研“竞秀课堂”教学模式，践行“学生是学习的主人”教学理念，建构课堂流程，规范教学行为，构建高效课堂，让孩子站在课堂正中央，让课堂活起来，让效率提上去，让负担减下来。

二、课堂改革是核心和关键

“以学生为中心”意味着教师要基于课程教学的目标和学生的实际经验设计学习目标，基于学生的身心特点和学习风格设计学习活动，在真实的情境中让学生去发现、探究和解决问题，关注学生学习的主动性，关注学生的实际获得，关注学生的思维发展和能力提升。“竞秀课堂”以生为本，把激发学生的兴趣放在首位，以“自主学习，合作探究”为主要特征，基本流程是“领秀（引领自学）——同秀（小组共学）——品秀（交流探究）——独秀（整合内化）——竞秀（实践输出）”。

孔子曾说过“知之者不如好之者，好之者不如乐之者”。好奇是孩子的天性。在“领秀（引领自学）”环节，教师与学生共同制定学习目标，通过“预学单”引导学生自主探究。学生主动阅读教材，感知内容，发现问题，产生疑惑，激起兴趣。在这个过程中，学生的活动包括在书上做批注、圈画重点、记下疑问、查找资料等。在独立思考的基础上，学生有了交流的需要，进而在小组内学习。

独学而无友，则孤陋而寡闻。在“同秀（小组共学）”环节，学生利用“共学单”，互相分享。每个班都建立了小组合作学习机制，每个小组有管理员、记分员等。每个同学都在“说”，轮流说自学的收获，说不懂的问题，说解决的方法，说新的想法。小组互助互学，取长补短，共同成长。小组共同筛选出最关键、最难以解决的问题，作为小组共同关注的对象，予以解决，实在不能解决的，在“品秀”环节由全班交流。

当小组合作进行到深层次时，教师组织学生“品秀（交流探究）”，及时对学生小组内仍不能解决的问题，择机点拨提示，学生通过上台演讲、小组汇报等方式主动学习，在全班交流探索，突破重点，解决难点。如在五年级语文《鸟的天堂》一课中，师生围绕着“作者在两次经过‘鸟的天堂’时的所见所感”的重点问题，集体研讨，争相发言，最后达成共识，解决问题。课堂动态生成，人人参与，气氛热烈。思维在课堂中碰撞，智慧在碰撞中生成。课堂不再是教师满堂灌输知识的宁静水潭，而是学生思维不断奔流的清流瀑布。

“独秀（整合内化）”环节是学生对知识的消化，更是能力的内化。课堂必须留有空白，让学生融会贯通、触类旁通，引导学生把握知识之间的联系，体验知识的转化策略，将各知识点弄懂、弄通，提高解决问题的能力。如在五年级数学“位置的确定”一课中，学生根据方向和距离，确定了物体的位置，解决了这一课的难点。

“竞秀（实践输出）”是检验教学效果的关键。学生在课堂上写作业，当堂检测，及时反馈，通过练习将知识转化为解决实际问题的能力。不同的学科、不同的年级根据教学的不同内容，有的放矢地安排课堂“写”“练”的时间，让学生趁热打铁，巩固过关。课后还设计趣味学习活动，进行迁移拓展。比如在五年级语文第三单元“遨游汉字王国”中，有调查报告的学习内容，教师将语文、综合实践学科相融合，设计跨学科的项目式学习，让学生在小组探究、调查采访、观察分析、撰写报告等活动中探究汉字文化、姓氏来源和乡土文化，锻炼学生的综合能力。对学生进行当堂检测，对教学进行反馈调整，检验学生“学会了”没有；迁移拓展，实践运用，又能让学生从“学会”变成“会学”。

在“竞秀课堂”上，先学后教，教师以学定教。教师是课堂的组织者、引导者，创设学习情境，提供学习支架，顺学而导，巧妙生成，真正把讲台让给学生，把课堂的主动权还给学生。教师的观念从“我教了吗”转变为“学生学会了吗”，从“重老师主讲”变为“重学生体验”，从“重既定模式”变为“重动态生成”，从“重标准答案”到“重思维启迪”，从“重形式热闹”到“重学习实效”，从“重文本教材”到“重鲜活素材”，从“重学科单打独斗”到“重跨学科项目学习”。

目前，吴维泰纪念小学已形成了“合作分享、竞争优秀”的课堂文化，让课堂成为孩子的舞台，使每一个孩子都能享受学习的乐趣，施展特长，张扬个性，绽放精彩，收获成长的幸福。

三、教育教学成绩斐然

吴维泰纪念小学的课堂改革取得显著成效，连续多年被评为“顺德区先进学校”，2020年被评为“顺德区课堂改革先进学校”，在全区的课堂改革成果研讨活动中公开展示改革成果。语文科组被评为“佛山市中小学示范科组”。学校被定为顺德区区域联合教研示范点。学校教学成绩稳居全区前列，在2021年度顺德区绩效评估中，获得全区公办小学绩效第一名。2021年12月，学校代表顺德区接受佛山市教育局的教学视导，获得佛山市教研室专家团的一致好评。

“千峰竞秀英姿展，万卉争荣异彩呈。”我们的“竞秀”课堂教学改革正在路上。我们相信，在社会各界人士的大力支持下，在全体师生的共同努力下，吴维泰纪念小学的教育教学一定会异彩纷呈！

【点评】

“竞秀课堂”以生为本，“领秀——同秀——品秀——独秀——竞秀”五步教学流程，将学生置于课堂的正中央，激发学生的学习兴趣，把讲台还给学生，把课堂的主动权还给学生，促进学生深度思考和高阶思维的发生，提高了课堂效率。

部署40分钟教与学，收获多学科成功感

顺德区西山小学高新区学校　尤毅欢　扶茂华

国家教育部关于“双减”政策的解读中提到：减轻中小学生过重课外负担，不仅要严格管理校外培训机构，更要提高学校教育质量，让学生在校内学足学好，缓解社会焦虑，降低家长送孩子参加校外培训的冲动。“双减”政策明确要求：提升课堂教学质量。向课堂40分钟要效率……提升学生在校学习效率，学校要开齐开足开好国家规定课程，严格按课程标准零起点教学，做到应教尽教。

顺德区西山小学高新区学校在建构主义理论、学习金字塔理论、合作学习理论和教学互动理论的支撑下，努力部署课堂40分钟的教与学策略，改变以被动教学方式为主的低效课堂现状，把构建以“小组合作”“主动课堂”为关键词的教学模式作为目标，在学校价值观引领下，结合课改、课堂、教学、评价，经过实践检验，最终整理出一套相对稳定的“小组合作的主动课堂”教学模式，很好地实现了课堂提质增效的目标。

第一个关键词是“小组合作”，分为2人师徒结对和4人小组合作两种情况。2人师徒结对：学生以2人结对子，从开学到期末，从课内到课外，成为学习共同体。2人师徒结对一般用于新知学习后的教授他人环节、练习中共学帮扶环节。4人小组合作是指就近的两对师徒合并，一般用于思维性学习任务、探究性学习环节。

以小组的总体学习情况作为评价的依据，利用信息手段，把评价翔实有效地呈现给学生和家长。

第二个关键词是“主动课堂”，以学生作为学习的主体，增加主动（讨论、实践、教授他人）学习方式，减少被动（死记硬背、机械重复）学习方式，落实主动学习，提高课堂效率。

目标：教师方面，把三大主动学习方式——实践练习、小组合作、教授他人，一一对应地设计成课改三大措施——课前小练（看谁100分）、2人师徒结对（4人小组合作）、课堂小老师。学生方面，在教师的培训和引导下，掌握课改三大措施的操作步骤，达到训练有素的状态，积极投入于主动课堂中，争取能力、素养、学习效率的提高。

推进的步骤：全校性宣传发动——资料、文献研究——理论学习（学习金字塔理论、合作学习理论、教学互动理论）——申报规划课题（以课题研究来推动课改进程）——课堂试点（个别班科分享经验）——区域教研（多学科联系优质教育资源与本校开展区域性联合教研）——学校拟出六个子课题方向——形成文字反思（规划课

题中期汇报）——行为调整、稳步推进——初步形成主题教学策略（模式图谱）——拟出课堂评价标准——课堂检验——课例研究——提炼教学模式（多学科多课型）——专家论证——全员模式公开课（模式活化滚动）——课题结题——成果推广。

在多项理论支撑下，通过实现明确的教学目标，活化模式的操作流程，由思想到主客观条件的保障，辅以师生的课堂评价，西山小学高新区学校已经成功把“小组合作的主动课堂”教学模式具体化为语、数、英、综合等多个学科的高、中、低三个年段多种课型的教学设计，并对该模式下的课堂进行课例研究。可以说，“小组合作的主动课堂”教学模式在西山小学高新区学校已经生根发芽，初结硕果了。

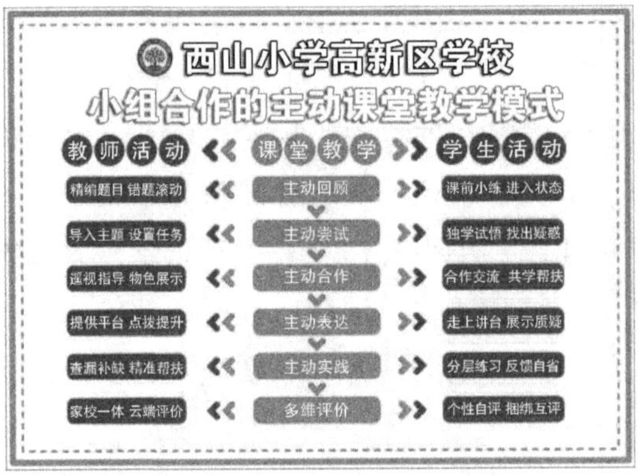

图3-3-14　课堂增效的教学模式图谱

表3-3-2　西山小学高新区学校学生课堂状态评价表

序号	项目	内容	分值	评分
1	神情专注	上课时眼睛看着老师，双手自然平放在桌面。不东张西望，不搞小动作，不玩文具。	10	
2	熟识口令	课堂口令朗朗上口，学生口令和动作训练有素，同步进行，熟练程度高。	10	
3	积极答问	积极思考问题，大胆举手回答，吐字清晰，声音响亮，见解到位。	10	
4	认真聆听	认真聆听同学回答的问题，回答完后才举手补充，不能插话打断别人，不能嘲笑别人。	10	
5	兴趣浓厚	喜欢老师，喜欢学科，喜欢课堂，体验到知识的趣味，课堂投入程度深，愉悦程度高。	10	
6	和谐合作	和同学和谐相处，有协作互助精神，合作完成老师布置的任务。	10	
7	主动实践	能够根据老师教授的知识，进行有效的实践练习，学习的主动程度高。	10	
8	端正坐姿	上课时要腰挺直，身坐正，脚放平，不踩课桌横杆，不趴桌子，不撑头，不抖腿。	10	

（续表）

序号	项目	内容	分值	评分
9	工整书写	书写要工整，字迹不潦草，不随意涂改，写字姿势要做到“一寸、一拳、一尺”。	10	
10	响亮朗读	朗读时要大声响亮，抑扬顿挫，字正腔圆，不吐字不清，不有气无力、不拖音拉长。	10	
总分				

评价时间：第　　　　周　　　星期　　　　　第　　　节

班级：　　　　年　　　班　　　　上课教师：　　　　　　　　评价人：

表3-3-3　西山小学高新区学校学生课堂教学评价表

授课教师			科目		时间	年　月　日
班级			听课教师		地点	
授课课题						
项目	分值	评价标准				得分
教学目标	15	1.教学目标准确，与课程标准及学生实际相符。 2.营造民主、开放的学习氛围，体现主动课堂的能力培养；恰当利用实验、音频、微课等教辅手段提高学生学习兴趣；注重知识的发生、发展与应用过程。提高学生参与的广度和深度；通过环节设计和活动组织落实讨论、展示。质疑答问、教授他人的主动学习方式。				
教学过程方法	40	1.重点内容重点讲，通过组织活动、多感官参与等多种手段辅助难点的突破。 2.教学内容正确，容量适当。 3.教学过程紧凑、学生活动充分、反馈及时、教学效果好。 4.对“课前小练”“小组合作”“课堂小老师”的设计有思考：通过生生互动、师生互动实现充分交流；教师倡导学生主动质疑答问；能体现对学生的合作交流、小老师展示等有培训；教师精准地点拨、提升，推动思维进阶。				
教师基本素养	20	1.能为学生营造积极的心理氛围，善于创设情境，教态自然，语言表述清楚，富有激情和感染力，仪表端庄大方，板书、图示布局合理，书写规范。 2.能运用学校课改理论指导教学。较好地体现学校课改理念，能尊重和平等对待每一位学生，对教学过程中的每一个环节都认真负责。				
教学效果	15	1.学生对有关知识、技能的学习符合课程标准要求，经历知识的形成过程并获得经验，知识与技能训练到位。 2.学生通过“实验操练”“讨论交流”“教授他人”等学习方式，对教学目标的达成度较高，同时积累更多解决问题的思想方法和经验；各类学生均能得到最大限度的发展。				
教学特色	10	对“课前小练”“小组合作”“课堂小老师”及其他环节设计具有创新、优效的特点。				
“两优点一建议”：						

备注：

1. 总分85分以上为“优秀”等级，总分70-85分为“良好”等级，总分60-70为“合格”等级，部分60分以下为“不合格”等级。

2. 参加“整堂听课”的，请听课老师按照学校课改要求在“两优点一建议”栏内作3点评价，其中两点优点，一点建议。

【点评】

有正确理论指引的行动，更容易找准方向，成功机会更大。西山小学高新区学校以课题研究的方式，遵循计划、行动、反思、调整、再计划、再行动等的层层递进、螺旋上升的模式推进全员课堂践行“小组合作”“主动课堂”关键词，是真正的全员课改，这样的高效课堂经得起区镇课改评价和“双减”政策的考验。事实证明，充分利用学生在校时间实现“零起点教学”“学足学好”，能够促进课堂提质增效。

让课文“活”起来

高明区第一中学实验学校　区静仪

当前的社会需要创造型人才，为此，语文教学越来越重视学生人文素养和综合能力的培养。“双减”政策的颁布，促使我们对课堂教学进行改革，用更有效的方式来创造高效课堂，让学生在减负中提高学习效率，培养更多优质人才。

语文课堂以课本剧为媒介，建立起以学生为主体、以活动为中心的多元化创新课堂学习体系，让课文“活”起来，让语文课“动”起来，是切实贯彻“双减”政策、创造高效课堂的有效途径之一。把课文改编成课本剧进行表演，形式新、主体性强、探究性和互动性强，为传统的单篇课文传授增添了更有趣的学习方式。编写剧本的过程可以让学生主动深挖课文内容、感悟人物心理和情感，有利于提高其阅读能力；学生走进去后跳出来，在编写剧本的时候，根据作品内涵进行写作，提高写作的针对性；小组排练、准备道具和表演的过程，能提高学生的人际交往、沟通协作、信息处理和手工制作等能力，以语文学习为载体促进学生的全面发展，使其成为综合性人才。

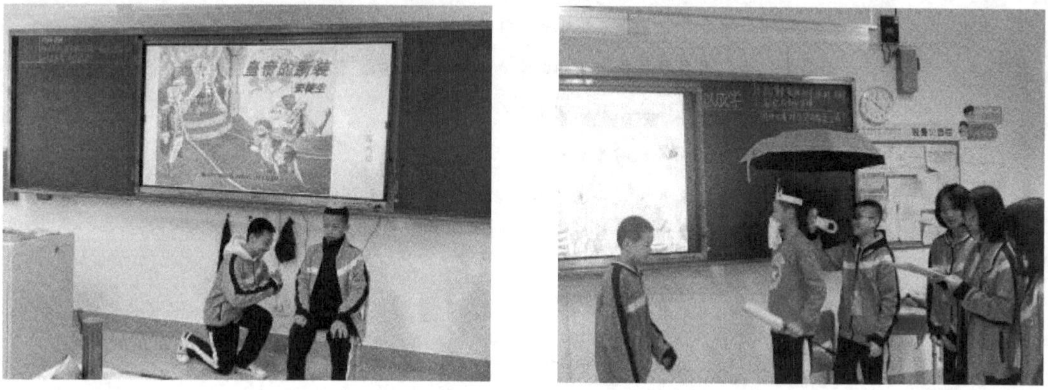

图3-3-15　课本剧表演

整个活动有5个环节：1. 选。所选课文要求有鲜明的矛盾冲突，情节性强，人物性格鲜明，使学生易于揣摩和把握，如七年级上册的《皇帝的新装》。2. 导。对整个编演过程进行点拨，给出具体的活动方案和评价细则，为学生克服怕难的心理。3. 编。这是优秀课本剧的基础。通过小组成员和教师的双重修改，确定各小组的剧本，不盲目抄课文句子，要有自己的观点和想法，又要适合舞台演出。4. 演。首先在表演前要给学生安排好充分的排练时间，并准备好道具；其次要确保各小组每位成员都能参与其中，共同进步；最后要对学生的表演进行引导，以便较好地展示出人物风采，确保表演顺利完成。5.评。表演结束后要通过小组互评、师生共评等形式组织讨论，评论编演的得失，重点是指出创新和成功之处，引导学生思考课文的深层次问题，也可以提出几个高难度的问题让学生讨论，实现其语文水平质的飞跃。

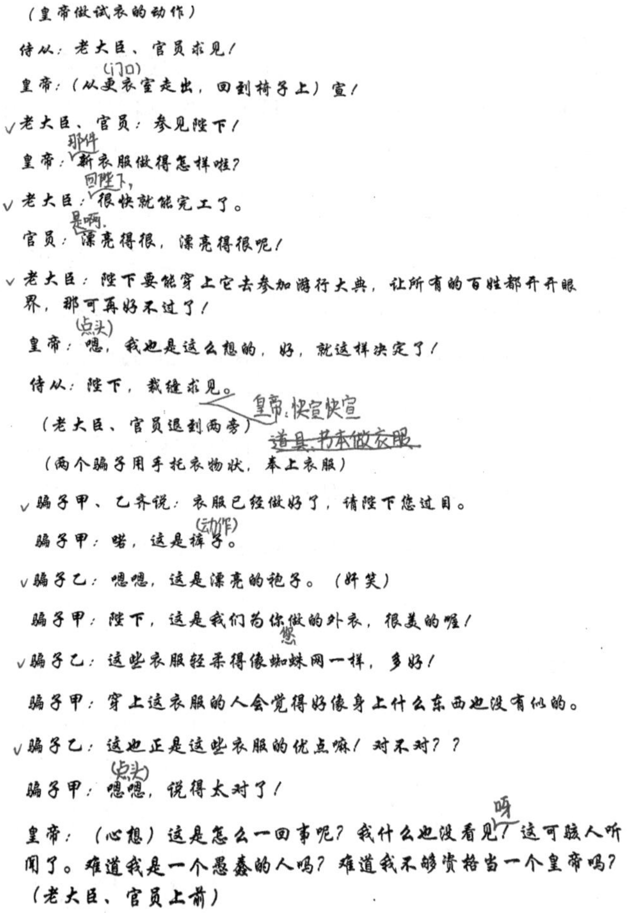
（皇帝做试衣的动作）

侍从：老大臣、官员求见！

皇帝：（从更衣室走出，回到椅子上）宣！

老大臣、官员：参见陛下！

皇帝：新衣服做得怎样啦？

老大臣：很快就能完工了。

官员：漂亮得很，漂亮得很呢！

老大臣：陛下要能穿上它去参加游行大典，让所有的百姓都开开眼界，那可再好不过了！

皇帝：嗯，我也是这么想的，好，就这样决定了！

侍从：陛下，裁缝求见。

（老大臣、官员退到两旁）

（两个骗子用手托衣物状，奉上衣服）

骗子甲、乙齐说：衣服已经做好了，请陛下您过目。

骗子甲：喏，这是裤子。

骗子乙：嗯嗯，这是漂亮的袍子。（奸笑）

骗子甲：陛下，这是我们为你做的外衣，很美的喔！

骗子乙：这些衣服轻柔得像蜘蛛网一样，多好！

骗子甲：穿上这衣服的人会觉得好像身上什么东西也没有似的。

骗子乙：这也正是这些衣服的优点嘛！对不对？？

骗子甲：嗯嗯，说得太对了！

皇帝：（心想）这是怎么一回事呢？我什么也没看见？这可骇人听闻了。难道我是一个愚蠢的人吗？难道我不够资格当一个皇帝吗？

（老大臣、官员上前）

图3-3-16　课本剧编写

对于七年级的学生来说，把课文改编成课本剧进行表演是切实可行的，这能让学生在鲜活有趣的形式中爱上初中语文的学习，并通过把自主合作编排、演练课本剧与具体生活实践结合起来，在活动中学习，使学生在知、情、意、行方面均得到提升，在实践中真正提高语文能力和人文素养。

【点评】

“双减”政策强调课堂教学要回归本位，课堂教学质量是“双减”政策顺利落实及长远推行的有力保障。七年级语文教学通过课本剧的形式，让学生在合作互动中提升知、情、意、行方面的能力，为课堂教学提质增效，有利于培养学生的综合能力。

“作业＋课堂＋落实”三重驱动，促“双减”政策软着陆

三水区乐平镇范湖小学　刘辉　钟转梅　黄光大

自中共中央办公厅、国务院办公厅印发《关于进一步减轻义务教育阶段学生作业负担和校外培训负担的意见》起，“双减”一词不仅成了我们教育工作者口头的高频词汇，也成为我们必须面对的课题，更成为我们必须落实到位的工作。佛山市三水区乐平镇范湖小学开启“作业+课堂+落实”三重驱动，促使“双减”政策在学校实现软着陆。

一、聚焦于“作业”，跨区域联合教研

减轻义务教育阶段学生作业负担，这是“双减”政策的一项重要内容。

范湖小学瞄准作业变革契机，联合云东海、芦苞两地七校，组成三地八校联合教研组，分语、数、英三科，重点进行单元教学设计及单元作业设计研究，意在落实“双减”政策，促进教师专业成长与教学质量提高。

2021年12月29日，三地八校负责人齐聚云东海下东鲁小学，拉开了联合教研的序幕。

以语文学科为例。2021年寒假，三地八校语文教师共读《普通高中语文课程标准》《普通高中语文课程标准解读》《小学语文单元教学设计》《小学语文单元设计与实施案例》等书籍，撰写读后感。联合教研组将教师们的读后感汇编成册后，又回推给教师们阅读，对他们进行了一场深刻的思想洗礼，单元教学设计、单元作业设计观念深入大家心中。

2022年春季学期，联合教研组聚焦于单元教学设计、单元作业设计，制定了“一组（教师分组）一册一单元”的承包负责制度，安排了“一月一地一研讨”的线下教研模式，稳步推进，落实“双减”政策。

二、聚焦于“课堂”，成立青年教师联合共同体

“双减”政策落地，功夫在教师、在课堂。为在“双减”政策背景之下开出新局，范湖小学从实际出发，迅速成立青年教师联合共同体。

由刘辉校长主抓，多次召开青年教师联合共同体会议，统一思想，统一行动。

这支队伍的目标是在“双减”政策背景下，深耕课堂，提质增效。通过每月阅读富脑工程、每月主题沙龙研讨、每月课堂教学展示系列活动，提升青年教师的专业素养；通过学科教师梳理教学要点、难点，编织不同年级阶段学生的能力层级网，激发

青年教师积极性，推动课堂教学面貌改变。

青年教师联合共同体的建立，为学校细化落实“双减”政策、提升课堂教学质量、促进课堂改革奠定了坚实的人才基础。

三、聚焦于“落实”，学校管理权下放到年级组、学科教研组

为了将“双减”工作落实、落细，学校召开年级组会议、学科教研组会议。会议上，学校鲜明提出，将学校管理权下放到年级组、学科教研组。

年级组长统筹本年级事务：制定年级组工作计划、打造年级组特色文化、创造性进行年级组管理、定期召开会议并总结、定期向校长室汇报工作等。年级组内事务在年级组内解决，这极大地提高了年级组的管理成效，促进了各项工作的落地落实。教研组长统筹教研组事务：制定教研计划、组织教研活动、引进教研资源、提高教研实效等。教研组事务在教研组内解决，这极大地激发了教师教研的热情，为提高教学业绩提供了保障。

这是“权力下放”；这形成了垂直、直接的管理方式；这为落实“双减”各项工作奠定了坚实的制度基础。

“双减”工作任重道远，范湖小学有信心走好这段路。

【点评】

在“双减”政策之下，范湖小学主动作为，聚焦于“作业”，借力借脑；聚焦于“课堂”，锻造先锋；聚焦于“落实”，垂直管理，实现了“课堂+作业+落实”三重驱动，促使了“双减”政策在学校软着陆。

推进项目实施，助力“双减”落地

佛山市铁军小学　彭艳华

佛山市铁军小学致力于从减负、增效、提质出发，努力打造“五育并举”的育人新模式。我校是佛山市小学语文教研基地校，从2021年开始，围绕“基于统编教材视域的读整本书的研究与实践”项目研究，读整本书活动在学校开展得有声有色，学生有了更多的时间自主阅读、自主学习，学校为学生提供成果展示平台。通过项目的有序推进，智慧、高效地提高学生学习效率，为课堂教学增效。

图3-3-17　学生使用答题系统答题

一、营造阅读氛围，用好学校图书馆

学校图书馆是学校教育、教学的信息中心，是教师备课、科研，学生拓宽知识的重要场所。为此，学校为教师、学生购置了大量的图书，特别是教材推荐阅读的书籍，力求做到各班级学生人手一本书。开学初，学校教导处统筹安排各班级在课后托管时间段到图书馆阅读，由学生自由选择个人喜爱的书籍进行阅读。同时，充分利用图书馆开展各种活动，如开展好书推荐活动，向学生推荐优秀书目，促进学生养成良好的阅读习惯；将阅读课、分享课从教室移至图书馆进行，让师生可以在窗明几净、舒适和谐的环境中潜心阅读，品味书香，获得美感，陶冶情操。

二、根据年级特点，开展丰富多样的展示活动

我们分年段、分内容循序渐进地推进学生读整本书阅读习惯的养成，引导孩子们会阅读、爱阅读、享阅读。在“双减”政策下，一、二年级学生不布置家庭书面作业，我们就结合语文教材“与大人一起读”的内容，整合家校资源，鼓励家长和孩子一起阅读，家长可以及时录播诵读微视频，用手机把孩子朗读的视频或者与家人、同伴共读的视频发到朋友圈、班级群，让孩子看到点击率、点赞率，以及他人的评论。这些肯定与表扬，会使孩子更加喜欢阅读。亲子阅读活动能增进父母和孩子之间的感情，父母可以在这个过程中了解孩子的思想变化，及时和孩子进行沟通。鼓励家长根据每个孩子的特点“私人订制”一些跟阅读有关的道具，来增强阅读的效果。

针对中年级学生，则以不同的阅读主题开展读整本书活动，如制作“人物卡”、合作表演课本剧、向同伴推荐好书、结合作品设计精美的海报等，充分展示多元的、有深度的、有广度的阅读过程。

针对高年级学生，重在整本书的阅读策略和技巧方面的培养。在教师的引导下，学生通过细品文章内容、分析人物个性、体会作者意图、制作精美的思维导图、充分与书中人物交流，阅读能力就一点一滴地培养和发展起来了。

三、引进电子抢答系统，助力读整本书项目的实施

学校的语文科组与信息科组的教师一起合作，使用电子答题系统，将竞赛的题目制作成多媒体抢答程序，每月结合学生看过的书目，由语文老师出竞赛题，开展了刺激有趣的知识抢答活动。双屏显示、电子积分屏的走马灯效果，使阅读活动更加丰富多彩，吸引力更强。通过即时的数据分析，可以及时地了解学生阅读的情况，方便教师以学定教。

【点评】

借助广东省学科基地项目的研究，促进“双减”政策落地。佛山市禅城区铁军小学从完善图书馆的建设、针对学生年龄特点开展形式多样的阅读展示活动、运用电子抢答系统评价学生阅读效果等方面进行尝试，关注学生的全面发展，培养了学生的学科核心素养，为课堂教学增效，有力地推动了“双减”政策的落实。

创新课堂增效，赋能“双减”提质

顺德区大良实验小学　李聘兰　周喜洲

随着“双减”政策的出台，为了更好地落实立德树人根本任务，依据新课程标准的要求和“双减”政策的内涵，通过深度学习走向核心素养的指引，旨在撬动传统课堂转向基于核心素养下的课堂教学改革，大良实验小学英语科组潜心研究课堂创新，先后围绕“导学案转型增实效”“批判性思维引领拓素养”等主题不断聚焦高效、深度课堂，优化学生学习方式，展开积极、有效的探索，进行了大量的研讨与实践活动。接下来，我们重点阐述以导学案为抓手，聚焦高效课堂，探寻优化学生学习方式的大良实验小学方案。

高效课堂的核心追求是有限时间内学生发展的最大化。创新导学案的课堂教学模式就是贯彻课堂教学改革，让课堂教学增效的一种新的尝试。创新导学案的课堂采用以学生为主体，以教师为主导的授课方式，让学生多一些思考、多一些活动、多一些体验、多一些展现，让学生在参与的过程中感知知识的形成，在讨论、合作中理解和掌握所学的知识。

一、科学分层——导学案的创新设计

大良实验小学英语科组每学期都会对导学案模板进行专题研讨，反复修改和完善。导学案的创新设计注重课前培养学生的自主复习和预习能力；课中引领学生在质疑与合作中学会解决问题；课后帮助学生理解巩固，加深记忆。导学案主要分为三个板块：自主学习、合作学习、导学小结。自主学习——Active learning：包括单词预习、句子预习、重难点预习和知识拓展四个部分；合作学习——Cooperative learning：包括互查单词、互查句子和互评小结三个部分；导学小结——Guided summary：包括归纳单元知识结构、学法指导和达标反馈三个部分。通过相关板块内容的设计或问题的引导，鼓励学生查阅资料，获取相关信息，开阔视野，拓宽知识面，变被动学习为主动学习，进一步提升学生学习的主观能动性。总之，导学案的优化设计满足了不同年段、不同层次学生的需求，使得成绩好的学生感受到挑战，成绩中等的学生受到激励，学习困难的学生尝到成功的喜悦。

二、精准对标——导学案的落实推广

讲授新课前，各备课组将每单元主题内容分类，借助导学案统一规划，提前下发，让学生预习新知识，利用多模态资源自学单词、词组与重点句子。学生通过逐项自查，把不懂的内容在导学案上如实做好标记。老师抽取不同程度学生的导学案，提前了解学情，做到“心中有数”，“以学定教”。课堂上，老师利用前几分钟，让学生结对互查，巩固进阶，然后学生开展培养合作意识以及批判性思维品质的小组合作，并进行总结。学生对同伴的发言不仅要认真地倾听，而且要从整体表现、完成速度及质量等方面给予等级评价；老师“巡检”，了解学生的合作情况，及时加以引导，提出明确要求，确保合作学习顺利进行。课后，老师根据导学案反馈的教学效果，调整教法、反思提升。老师每月还会进行阶段小结，根据导学案的完成情况进行等级评定，根据学生累计获得星星的总数排名、评奖，授予班上前30%的学生“自主学习英语小达人”称号及奖状，逐步实现教、学、评一体化。

三、成效显著——导学案的精准实施

导学案充分体现了学生自主探究式学习。在实施过程中，我们惊喜地发现：学生不断发挥主观能动性，查找各种学习资源，并通过自身内驱力去获取知识。导学案还充分体现了学生合作探究式学习，不同学习程度的学生相互结对，实现一帮一；组内成员不断进行交流、实践，进而加速达成学习目标，使学习能力显著增强，学习习惯显著改善，学习素养显著提升，有效落实了学科核心素养，实现了课堂教学的提质增效。

四、精雕细琢，减负增效

大良实验小学英语科组通过导学案革新了课堂教学模式，体现了对学生自主学习能力的培养，对学生思维能力的重视，对提升学科核心素养的追求。创新导学案吹响了我校落实“双减”政策，优化学生学习方式的集结号。我们相信，在师生们共同的努力下，我们定能让“优化学习，高效课堂”走向深刻、走向深入、走向精彩！

【点评】

“双减”破局，赋能增值。大良实验小学英语科组创新导学案，聚焦学科核心素养落地，共创融合高效课堂，从多重维度演绎了新理念、呈现了新视角、提出了新方案，在“优化学生学习方式”主题下，突出了学生的主体地位，实现了课堂教学减负增质提效，启迪教师做出新的思考。

落实“双减”政策，深耕美术教学

南海区大沥镇太平成远小学　刘雪

昌盛中华，生活如画，社会经济蓬勃发展。落实“双减”政策，要求我们提升美术核心素养。具体到我们学校的美术科组，我们是如何提升学生学习效果的呢？

一、从美术课堂走向美术核心素养培养的殿堂

太平成远小学的美术课堂在“以教材为本，以完成教学任务为方向”的基础上，与时俱进，采用灵活多变的教学形式，营造宽松愉悦的课堂氛围，激发学生学习美术的兴趣，比如：北京冬奥会期间，学生最喜欢的是“冰墩墩”，我们的美术课首先引导学生们了解“冰墩墩”的设计理念，然后完成“冰墩墩”系列作品的绘画。教学过程中，我们考虑到如果还是采用教条、刻板的教学模式，不仅会增加学生的学习负担，而且还会打击学生的学习积极性。为此，每一节美术课，我们都致力于强化学生的视觉识读的能力，启迪和引发学生的应用思维，进而让学生产生审美判断的思考与探索，由掌握基础知识上升到灵活运用知识，达到提升学生核心素养的目标。同时，我们科组的老师不仅仅传授美术技巧和理论，而且从更广的角度切入，培养学生的综合素养，实现乐教乐学，效果明显。

二、营造校园艺术氛围，搭建创意梦工场

为推动“双减”政策的落实，学校把一条废旧的长廊改造成创意梦工场。根据日常教学实际，学校把工场划分为课堂教学区、操作区、劳作工具区、作品展示区、艺术创想区等。美术科组的老师们利用专训时间带领美术组的同学对梦工场进行布置和装饰。师生共同摆放劳作工具区的劳动工具，布置作品展示区的水墨画和玻璃画，并在艺术创想区以“变废为宝”“废弃的彩色笔杆”等为主题制作了“展翅高飞”和“中国龙”两个大型手工作品。经过一个学期的努力，这两个大型手工作品终于得到完美的呈现，学生、老师、家长们纷纷驻足欣赏，这俨然成了校园里一道亮丽的风景。

创意梦工场的布置和装饰已有初步的效果，今后美术科组的老师将利用这个场地，让更多的学生探索艺术世界、追逐艺术梦想。

图3-3-18　创意梦工场

三、“双减”政策落实，让美术兴趣小组绽放活力

“双减”政策颁布前，家长和学生都觉得要以学习文化知识为主，很多孩子辗转于各个补习班，校内美术兴趣小组的学生训练时间普遍较少，学习效果并未达到预期。

“双减”政策的落实，使学生的课业负担减少，从而有更多的时间参加校内兴趣小组。“双减”政策颁布后，大多数家长的思想发生了转变，逐渐意识到促使孩子全面发展的重要性。而学校一直秉承着的素质教育理念，更是让“双减”政策的落地有了坚实的基础。学生们参加美术兴趣小组的热情大增，学生的兴趣爱好在学校的兴趣小组得以延伸。美术科组的老师为提高学生的欣赏能力、绘画能力和手工制作能力，从实际情况出发，成立了水墨画、玻璃画、手工制作等兴趣小组，根据学生的兴趣爱好，分类分班进行辅导训练。具体做法如下：

首先，保证训练的时间。在“双减”政策落地以后，我们的训练时间由40分钟增加到60分钟，这样学生就有了更充足的时间来学好每一节课的内容。

其次，让学生选择喜欢的组别，以固定主题进行辅导训练。水墨画组以描绘身边人、身边事为主题，以日常所见、所闻、所想为出发点，提升学生的美术表现能力。玻璃画组以佛山的风土人情为主题，学生欣赏大量的有关佛山风土人情的视频及图片后，从中选取绘画素材，进行绘画创作。手工制作组以“变废为宝”为主题，以从身边收集的废弃足球、彩色笔杆、纸巾筒、木头等为主要材料，通过奇思妙想与灵巧的双手，进行适当加工，形成一个个生动有趣、样式新奇的手工作品。

“双减”政策实施了一个学期之后，学生们顺利完成了一批批水墨画、玻璃画、手工制作作品……很多优秀的作品被选进梦工场作品展示区进行展示，还有很多学生获得各级美术绘画比赛奖项：镇级奖14人次、区级奖10人次、市级奖6人次、省级奖1人次，共计31人次，这些都是学校美术老师与学生辛勤耕耘结出的硕果。

我们科组将继续创新教学理念和研究教学策略，将美术课堂教学、美术特训及辅导参赛等工作做实、做细、做好。相信在“双减”政策的推动下，我们能不断创新、提升，使学生的美术核心素养得到更大的提高！

【点评】

太平成远小学美术科组坚持将美术课堂教学、美术特训及辅导参赛等工作做实、做细、做好，以培养学生的美术核心素养为目标，真正实现减负增质，促进学生健康成长。

美遇粤语童声，美育乡土情深

禅城区文华小学

在“双减”政策背景下，学校美育如何减去功利化、技术化，避免学生在乏味的课堂学习中“学了一门技术，恨了一门艺术”；如何增添艺术性、乡土情，在多样化艺术活动中根植乡土文化？

佛山市禅城区文华小学音乐科以学校作为广东省基础教育教研基地承担的《基于非遗文化视角的区域乡土音乐教材开发实践研究》项目为抓手，在学校“悦文化”核心理念下，探索与实施基于粤语童谣传唱的沉浸式美育活动的实践行动。

图3-3-19　唱粤语童谣

一、课堂“悦”有根

选取适合、适时的佛山粤语童谣作为音乐课堂学习的内容之一，注重采用动耳、动身、动情、动心的教学手段，把粤语童谣融到节奏学习、声势律动、乐器伴奏和情境创设等音乐实践活动中，让学生在愉悦的音乐审美体验中提升了对粤语童谣、乡土文化的学习兴趣。伴随着“卖懒，卖到年卅晚，过左年就大个仔，唔好再学懒”“行通济，个个争住嚟”的悦耳童声、乡音传唱，学生音乐素养得到了提升，乡土文化有效扎根。

二、课间“乐”有声

运用音乐特有的弥漫性，把粤语童谣作为校园广播音乐和每周一歌的素材，营造粤韵声声的氛围，发挥音乐潜移默化的育人效应；主动与语文、体育等非艺术课程进行学科融合，在“韵·律”上做文章，精选《日有所诵》《粤语新歌谣》《粤韵唐诗》等内容编成手韵操，使学生边“粤读”边嬉游，提高了其课间活动的兴趣；精选《跟我做运动》《扭扭腰》等动感十足的粤语童谣，编成“悦动体育大课间”的韵律操，使学生边“悦唱”边运动。在增添了学生学习生活欢乐的同时，也使乡土文化得到了进一步的传承。

三、活动“粤”情升

践行“活动育人”的理念，开展人人参与的“一首粤语童谣+一个主题”节日活动，让学生内心根植乡土文化，在活动中生情、升情。2022春季学期的开学第一周，适逢传统节日元宵节（正月十五）和佛山年俗行通济（正月十六），学校开展“悦”闹元宵主题活动：开学第一课，和孩子们一起讲元宵故事、唱元宵歌谣、诵元宵诗词、尝元宵汤圆；校园搭起佛山“通济桥”，与孩子们一起拿着风车和生菜，唱着歌曲《行通济》，走过“通济桥”，在情境中体验具有佛山特色的“行通济，无闭翳”的年俗文化。在2021秋季学期，学校还为学生搭建了班级粤韵悦声朗诵、人人参与的个人才艺大赛粤语童谣专场等展示平台。学生在这些主题活动中，对粤语童谣的学习从被动接受到主动关注、主动挖掘、敢于表现，生于斯长于斯的乡土之情也在丰富多样的主题活动中滋养。

图3-3-20 “悦”闹元宵主题活动

通过课堂、课间和主题活动沉浸式学习粤语童谣，学生：“粤”唱“粤”有趣，“粤”唱“粤”精彩，“粤”唱“粤”有情。

【点评】

禅城区文华小学以课堂实践为点、课间游戏为线、主题活动为面，探索形成点、线、面三位一体，基于粤语童谣传承的沉浸式美育活动新样态，推进了乡土音乐文化在学校的传承，让学校美育成为校园生活方式与生活常态。

第四章
考试评价增值

KAOSHI PINGJIA ZENGZHI

第一节　区域案例

乐活评价，喜中增值

三水区教育发展中心　张友菊
三水区北江小学　邓惠凤

随着“双减”政策的全面落实，三水区小学语文学科教师积极探索，积累了许多宝贵的经验。随着探索的发展，一个亟待解决的问题也出现在教师们面前——一、二年级不进行书面检测，如何掌握学生的学习情况？另外，家长对完全没有纸笔作业也不放心，如何既能做到安抚家长的情绪，又能帮助教师们更科学地基于学情开展教学呢？我区组织各校语文科组长认真研读了“双减”政策，再次深刻认识到“双减”政策的要求是通过减轻学生过重作业负担和校外培训负担，扭转“唯分数”“唯升学”的不科学的教育评价导向，避免短视化、应试化的教育，鼓励发展学生兴趣和特长，引导学生全面而有个性地发展。基于这一认识，以科组长为新的辐射点，坚持“学生为本”的教学理念，小学语文教师开始了新的教学实践。

首先，构建课堂评价。“双减”政策给家长带来的焦虑在于开始阶段没有建立良好的沟通机制，没有书面评价给家长做参考。所以我们首先向课堂要质量，把着力点放在教师教学能力的提升上，帮助学生实现“一课一得”。在此基础上，把学生的课堂表现准确地传递给家长，学校各施各法。以北江小学为例，老师使用游戏化课堂管理工具，根据班级实际，拟定“积极回答”“作业认真”“有进步啦”等各种评价内容。在课堂上，随着课堂教学的展开，及时在电脑程序上点击评价，家长可以马上通过手机收到孩子的情况。程序还会根据孩子的表现，自动整合数据，建立一周、一月、一学期等综合评价。沟通顺畅，家长自然放心，并积极配合教师教学。

有了真实的课堂情况作支撑，教师和家长都不再执着于书面考核，拘泥于分数，而是根据学生的实际情况，进行单元的综合性评价。以二年级下册第一单元为例，教材是以“春天”为主题组织内容的，课文体裁各异，有古诗、散文、童话故事等。在学习时，教师有意识地引导学生读想结合，感受春天的美好。在一片春光明媚、春景醉人的氛围中，枯燥的纸笔考试不仅缺少助益，还会削弱学生的感受。于是，教师就结合语文园地一“识字加油站”的内容，鼓励学生画出生活社区的简单地图，然后选择一个点，和家人一起寻找春天、品味春光，写一些自己的观察，画一画自己的发现，或者找一找自己喜欢的诗文来赞颂春天。学生运用自己喜欢的方式调动多种感官去学习，潜移默化地获得知识，各种优秀的作品便应运而生了。

其次，活动优化评价。经过了一个学期的学习，眼看着其他年级都进入了紧张的复习中，无论是学生还是家长都非常想知道一个学期努力的结果。如何考核呢？2021秋季学期，三水区教研室根据一、二年级上册中学生需要掌握的语文要素，从态度、朗读、书写等方面提出规范要求，然后组织区内学校提供示例供学校参考，各学校尝试“游园”式的检测形式。教师根据语文核心素养的发展要求，结合教材的学习要求，创设各种有趣的情景，学生组队“过五关斩六将”，学生回家之后会兴奋地拿出游园卡跟家长分享。

通过快乐的动态评价，低年级学生的语文素养不断提升。随着“双减”政策的深入落实，课堂探索和实践也会一步一个脚印，更加扎实地开展。

【点评】

循序渐进的动态评价提升了学生的语文素养。教学的出发点是学生，教学评价的最终目的是促进学生的全面发展，三水区小学语文科就一、二年级非书面考核评价展开研究，基于低年级学生活泼好动、喜欢探索与挑战等特点，从课堂入手，实现“一课——一单元——一学期”循序渐进的评价，学生的学习兴趣随着一步步坚实的探索脚印不断得到发展。

第二节 样本示范

优化考试管理，赋能评价育人

——考试管理及综合评价机制改革的点、线、面

南海区西樵镇太平初级中学　黎运亮　邓苗甫　何援友

太平初级中学作为一所地处乡镇的初级中学，从学校实际出发，坚持问题导向、目标导向和结果导向三大原则，通过由点切入、连点成线、点面结合，最终实现了“以考试赋能，用评价育人”，推动学校教育评价从“指挥棒”升级为“推进器”、从“检测站”转型为“加油站”，初步探索和提炼出了具有鲜明校本特色的教育评价改革经验。

一、抓住考试改革的“难点”：在关键问题解决上敢“真碰硬”

（一）在考试次数上设置上限，在考试形式上突出个性

根据教育部《关于加强义务教育学校考试管理的通知》规定，结合学校实际，太平初级中学语文、数学、英语、物理、化学、道德与法治、历史、地理、生物学科每学期组织开展期中及期末两次纸笔考试，其余按教学进度可开展随堂检测，以诊断当堂或单元学情。其他学科按市、区考查要求，在学期末开展素养测试。

除了在考试次数上明确上限，太平初级中学还结合学校教育教学实际以及南海区第一批戏剧基地工作实情，对学生阶段性评测综合采取朗读诵读、口语交际、戏剧表演、生活应用等寓考于乐的方式，对学习成果进行考核。语文、数学、英语、道德与法治、历史、地理实行书面纸笔考试，物理、化学、生物实行书面纸笔考试和实验操作技能考试，体育与健康、音乐、美术、信息技术、综合实践活动、劳动等学科由学校确定合理方式进行考核。

考试次数大幅减少，形式活泼多样，成为太平初级中学考试管理的新样态。

（二）在考试命题上强化质量，在考试内容上科学拓展

太平初级中学将命题工作分为研制、审核和评价三大环节，分别由不同的团队负责：研制团队负责研制三项细目表（分值、难度、能力素养）、试题、答案和评分标准；审核团队负责试题与课程标准的吻合性，试题难度的合理性，试题、答案及评分标准的科学性等方面的评估；评价团队负责考后数据分析、学业质量报告撰写和命题质量评价。三大环节，三个团队，环环相扣，互动共生，有效提高了命题质量。

与此同时，在考试内容上科学拓展，将学生平时表现作为重要指标纳入考试评价。具体包括通过客观测验以外的行动、表演、展示、操作、写作等更真实的表现来评价学生的口头表达能力、文字表达能力、思维能力、创造能力、实践能力。

（三）在考试标准上应用等级，在考试分析上巧用数据

太平初级中学加强学生原始分数保密管理，研制成绩等级评价标准。根据学校的具体情况，将考试成绩的反馈与呈现对应为4个层级：A（80—100分），B（70—79.5分），C（60—69.5分），D（59.5分以下）。将期末考试成绩原始分数等级化（A、B、C、D四个等级）处理后再反馈给班主任、科任教师及家长，收到了良好的效果。这种等级评价标准的应用，能够比较准确地衡量学生在同一年段学生群体中的学习水平，从而帮助教师和学生确定下一阶段教和学的策略、目标，也有利于师生保持平和的心态，专注于教学改革和学习能力的提高。

太平初级中学加强了对考试数据的采集、整理和优化，建立起了一套多层次、多维度、多功能的教育教学质量数据体系。除了传统的一分三率、各分数段人数分布情况之外，该体系最大的亮点在于增加了“学生个人名次分析”和“总分和单科分数段自比分析”两表。“学生个人名次分析”表可以数据跟踪学生个人历次考试的具体分数、排名和变化曲线，有利于教师跟进个性化辅导；“总分和单科分数段自比分析”表更多的是全校的总分和单科历次考试的具体分数、排名和变化曲线图，有利于级组、备课组和教师个人跟踪成绩动态，调整管理和教学策略。

二、把握学生培养的“主线”：在评价体系建设上能“动真格”

（一）在评价内容选取上对接校本，在评价观测点设置上坚持系统化

为了让“双减”政策落地生效，太平初级中学在“学生发展性质量评价信息化管理系统”的建构上，尤其是在对评价内容的选取上，立足学校的办学历史，结合学校的教育理想，深度对接学校“尊重人、发展人、成就人”的办学理念，努力践行学校个性化的“雁行教育、众心成人”的育人目标，以评价系统的建设推动五育融合，促进学生全面发展、健康成长。

太平初级中学的“学生发展性质量评价信息化管理系统”坚持德智体美劳全面发展的方向引领，从学生的身心素质、品行素质、文化科学素质、审美素养、实践与创新5大维度、12个层面及细化的264个校本观测点对学生进行全面评价，为学生学习、教师教学、学校管理等提供高度自动化、智能化、精准化、实时性和场景式服务的数据支撑和决策依据。

（二）在评价参与主体上注重多元，在评价方式应用上彰显实效

评价主体的自愿参与和自主接受，是太平初级中学“学生发展性质量评价信息化管理系统”建设的重要原则。为此，学校在系统设计之初就进行了大量的调研，评价内容的选择、评价观测点的设置、评价方式和评价分值的考量，都尽可能采取师生的视角和立场，并对师生和家长进行了充分的宣讲。在评价的实施中，老师、学生、家长这三大参与主体，都有表达自己意见的权利和权重。

而基于人工智能和大数据分析，以“互联网+终端移动平台”为主要依托的“学生发展性质量评价信息化管理系统”，在开展学生发展性评价的实践过程中，老师、家长即时记录学生德智体美劳全面发展情况，通过平台可以一键生成“学生综合素质评定表”，客观、精准地对学生的学习情况进行数据画像，将学生学习与成长的变化趋势由模糊变成清晰、由主观抽象变成客观具体，从而构建起多元参与、关注形成、全面客观的学生成长评价模式，有效实现了结果评价与增值评价相结合、综合评价与特色评价相结合、自我评价与外部评价相结合、线上评价与线下评价相结合。

三、拓展家校协同的“局面”：在教育生态营造上下“真功夫”

（一）引导家长转变评价理念

学校通过家长课堂、专家讲座、微信公众号等多种平台和多元路径，向全体家长宣传党和国家有关教育评价改革的方针、政策，引导家长用科学的眼光来看待孩子考试成绩的等级，用先进的观念来认识教育评价。

（二）教给家长评价实践方法

太平初级中学从家庭教育的先进理念、科学规律和基本知识出发，通过大量真实案例的讲解与分析，建构起规范、系统并具有一定个性的家庭教育通识课程和家庭教育评价课程。通过线上与线下相结合，集中培训与个别交流相结合，理论知识与实践应用相结合，持续、系统、有计划地落实家庭教育通识课程和家庭教育评价课程，不断提高家长们的育人水平，引导家长们在与孩子的日常相处中科学、正确、有效地运用评价工具来促进孩子的健康成长。

（三）畅通家长渠道参与评价

家长评价以及学生在校外的表现都被作为评价的重要指标纳入太平初级中学“学生发展性质量评价信息化管理系统”。这一系统的应用，最大限度地突破了时间和空间的桎梏，实现了对学生的动态评价和过程性评价。在该系统上，教师一旦对学生进行了相关的评价，家长便能即时接收到评价信息，从而快速、准确地了解孩子的学习情况和在校表现；家长在周末评价孩子的在家表现，系统也会第一时间反馈给班主任，从而让班主任及时了解学生的在家情况。家校即时、准确、高效的沟通，对家校协同推动教育评价综合改革有着非常显著的促进作用。

太平初级中学在微观视角上瞄准问题的关键症结，从考试评价上大胆切入；在中观视线上聚焦学生培养的维度与举措，在评价体系的建构上纵横拓展；在宏观视域上关注教育生态的打造，家校协同，主动作为。由此，具有太平初级中学校本特色的点、线、面三维共建的立体化教育评价综合改革模式初步显现，成为引领学生全面发展、推动学校高质量发展的新引擎。

【点评】

从考试成绩评价到综合素养评价，优化考试评价，助力减负增效。太平初级中学通过考试管理与评价改革，推进教学管理改革，优化教育教学质量，切实减轻学生学业负担，构建学生素养发展综合评价体系，全过程、全方位地引领学生全面发展。

学评一体，玩转定向
——考试评价增值的实践

顺德区龙江城区中心小学　卢倩贤　卢颖诗　吴敏瑞

在“双减”政策下，龙江城区中心小学坚持“五育并举”的教育方针，秉持“化育童心，至诚至真”的核心内涵，坚持以学生为本，力求树立全面发展的质量观和科学的教育评价观，创新评价方式，积极利用人工智能、大数据等现代信息技术，探索开展各年级学生学习情况全过程评价、德智体美劳全要素评价，融合“定向运动”和“童心教育”理念，创新实施指向学科核心素养的“定向学评”评价方式。

一、源于定向，创新学评

定向运动源于19世纪末，它是一项基于地图使用进行的，伴有检查点寻找和方向判定的时尚户外运动项目。定向运动是一项智慧型的耐力运动，选手借助地图和指北针判定方向、选择路线，用最短时间在实地中到访地图上所标示的各个点标。定向运动不仅能提高人们使用地图和野外判定方向的能力，还能够培养和锻炼人的勇敢、顽强的精神，提高人的智力、体力水平。

龙江城区中心小学“定向学评”是指：以定向运动为载体，以学科素养为内核，根据学科的测评目标，制定定向项目地图；让学生按照项目地图，确定一条最佳路线，依次到访地图上所指示的各个点标，并打卡标记。以打卡的准确度和完成路线的时长为依据设计系统量表，测评学生运动能力、独立思考能力、学习能力、科学精神、实践创新能力等多方面的素养，帮助学生在运动中发展综合素养，从而实现学评一体，让教育回归本真。

二、玩转定向，指向素养

本项目的目的是发展学生的六大素养：人文底蕴、科学精神、学会学习、健康生活、责任担当、实践创新。以定向运动为载体，以学科素养为内核，旨在培养学生的思考与分析能力、语言与表达能力、数理与逻辑能力、体育与运动能力、艺术与审美能力、学习与创新能力。

此外，本项目根据学科素养培养目标，制定项目地图，融合观察、分析、记忆、比较、想象、归纳、推理、审美、运动等多元智能活动，设置打卡点，打卡点题目的设置需要与学科素养相匹配才能促进有效的评价。一张张地图、一个个打卡点、一项项任务，是学生独立思考与探索、运动与游戏的载体。学生不仅能在定向活动中锻炼体能，测评素养，更能训练观察力、记忆力、注意力以及解决实际问题的能力，达到学评一体的目的。

图4-2-1　学科素养培养目标

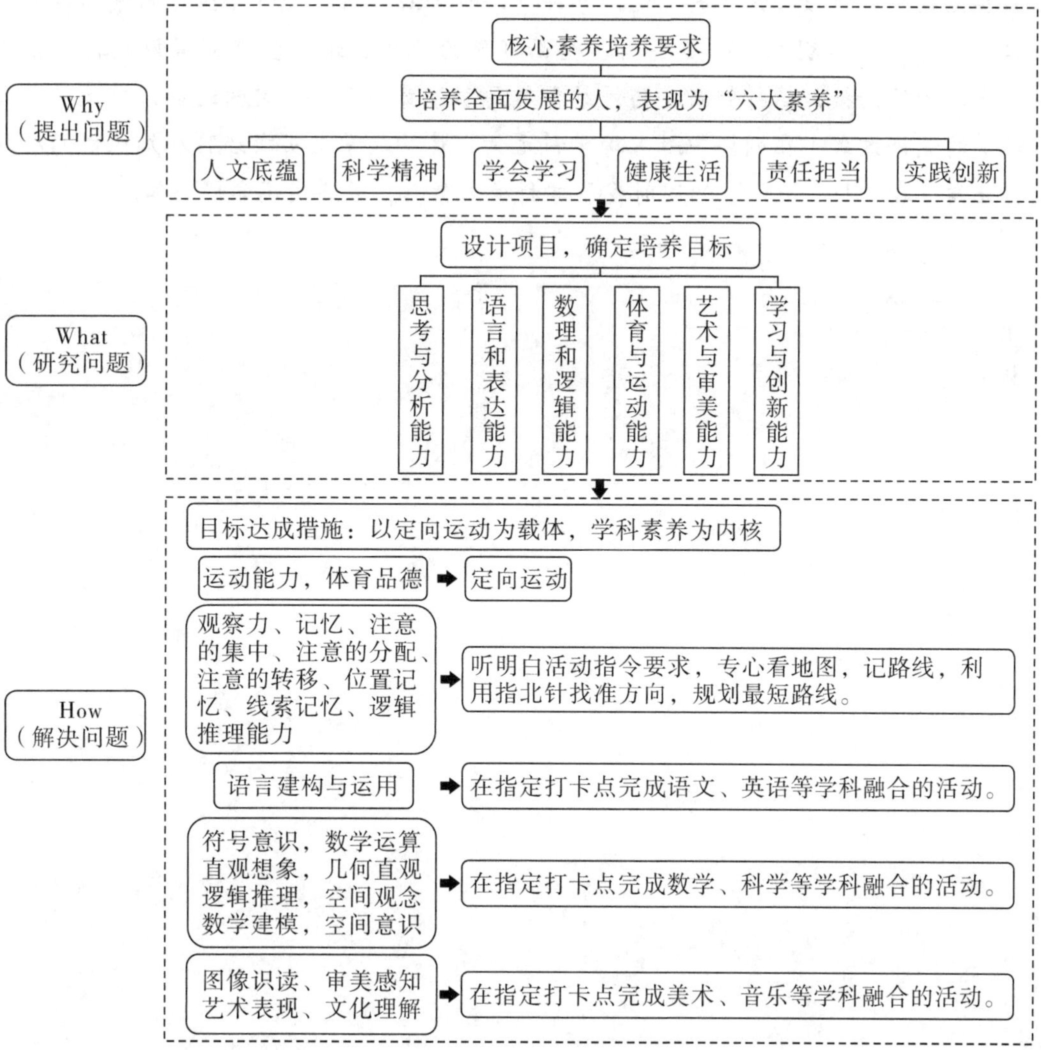

图4-2-2　“定向学评”方式

三、依托定向，技术评价

“定向学评”借助操作系统，运用指卡、固定点标台（移动式、固定式、标牌式）、管理卡、主站、便携式打印机、系统软件等工具完成测评。测评前，运用系统设定出发路线与各观测点分值（每个观测点依据学科素养评测点的权重设定分值），并录入各组参评学生姓名、编号等基本信息；测评中，各组学生的分数会在学生打卡时自动生成；测评后，利用系统导出成绩，进行等级划分，利用技术手段使得测评数据收集精确、客观，从而使学生的素养水平在测评中能直观呈现，大大增强了学评效果。

【点评】

龙江城区中心小学秉持全面发展的质量观和科学的评价观，立足多元育人模式，创新实施指向学科核心素养的“定向学评”评价方式，找准提升学生学科素养评价突破口，以学科融合观测、全员参与、全面评价为载体，进一步丰富考评指标，强化教、学、考的衔接，笃行创新，巧妙结合智慧型体育项目——定向运动，提出“定向学评”的测评方式，在测评中融入跨学科元素，建构起学生实践经验和知识之间的联系，让学生在参与“玩评”的同时发展学科核心素养，最终实现学评一体。

第三节 学校案例

从“生”出发，科学体系助力考试评价增值

三水区西南街道第十二小学 黄子恩

2021年3月，教育部等六部门联合印发了《义务教育质量评价指南》，指出义务教育质量评价实施工作要注重优化评价方式方法，不断提高评价工作的科学性、针对性、有效性。同年8月，教育部印发了《关于加强义务教育学校考试管理的通知》，指出：义务教育阶段的考试主要发挥诊断学情教情、改进加强教学、评价教学质量等方面功能；除初中学业水平考试外，其他考试不具有甄别选拔功能。

我校因地制宜，根据学校的办学特色，推行了一系列针对学生考试、评价增值的举措。

我校秉承“促进学生知识、能力、人格的和谐发展”的办学理念，全面致力于学生综合素养的培养。

学校学生发展质量评价体系实现了过程性评价和结果性评价相结合。

过程性评价贯穿于学生整个学期的学习和生活中。即时性评价——通过设置课堂优化表，将每一位学生在课堂上的发言、练习、实验等表现记录下来，生成学生每一节课的课堂表现评价。阶段性评价——通过设置四种标志性发展评价卡：孝、悌、礼、智卡，共建学校、老师和同学的共同评价机制。四种评价卡根据性质不同，有不同的符合条件。在家里做到尊敬长辈、有家庭责任感、学会感恩、热情待客、做力所能及的家务，由家长颁发“孝”卡；在学校做到以礼待人，各项行为符合学校的行为规范，由班主任颁发“礼”卡；在课堂上表现良好，作业、练习完成优秀的，由学科老师颁发“智”卡；同学之间团结友好，互相帮助，由同学颁发“悌”卡。每月底会收集学生本月获得的卡数，总结学生本月的综合表现，并将数据上传到校内综合素质平台。学生还能在月底用卡兑换奖品，这进一步肯定了其良好表现，实现了正面、鼓励性评价。每学期的特色评价——旨在促进学生德智体美劳全面发展。通过举办校运会、艺术节、校园文化节等活动，给学生搭建自我展示的平台。集体项目和个人项目精彩纷呈，百花齐放，实现了综合评价和特色评价相结合。开发智力的“魔方还原”比赛，由班级到年级，再由年级到学校，层层比拼。劳动测评以班会为主要平台，进行绑鞋带、收拾书包、叠被子比赛等。学校利用活动的形式全面引导、促进学生的朗读能力、书写能力、运动能力、音乐欣赏能力、演唱能力、绘画能力、生活自理能力

等各方面能力的提升。

结果性评价以期末考试为主，以内容有趣、形式丰富的游园活动为辅，考查学生的基础知识、基本技能和思维能力。学校测评方式由原来的“一张卷子定分数”改变为“多项素质能力考核”，由单纯的笔试改变为“口语交际+动手操作”测评，考查学生的计算能力、应用能力、操作能力、口语交际能力、思维构建能力、语言运用能力和创新能力。

2021年秋季学期末，一、二年级开展了知识与能力游园活动，学生乐在其中，以良好的心态将学到的知识加以应用，如有感情地朗读文段、动手拨动时钟、看图说几句话、情境答辩“面对有人横穿马路，你会怎么做”等综合性、开放性、应用性、探究性的题目，给学生提供了丰富的想象空间，使其既动脑又动手，实现有的放矢。减少学生的考试压力和心理负担，减轻学生的课业负担，让孩子得到全方位的锻炼与提高。

【点评】

从分数本位到素质本位，体现了学校育人理念的变化。西南街道第十二小学将考试评价增值落到了实处，贯穿在学生学习和生活的方方面面，用鼓励性、趣味性、实效性的考试评价营造了学生快乐学习的良好氛围。

“双减”政策下的家校双评价

三水区乐平镇南边小学　陈晓玲

2021年，“双减”政策颁布并落地，根据其要求，小学一、二年级不再进行纸笔考试，义务教育阶段其他年级由学校每学期组织一次期末考查。学生“减”掉的各项作业，“增”出的宝贵时间，“免”去的纸笔考试，让教师们思考低年级教学该如何在期末综合性考试中取得有效、高效的评价，以及目前学校的期末考查又有哪些改革创新。

浸润于“乐学、善思”的优良学风，着眼于学生的全面发展，南边小学教师团队探索多元评价方式，在一、二年级开展了期末“乐考”活动，以“乐学善思、游园闯关”等形式，让“双减”政策真正落到实处。“乐考”取代了以往传统的书面纸笔考试形式，学科教师们设置了层层“关卡”，巧妙地将对一、二年级课程知识和能力的考查融到有趣的闯关游戏中，学生们“闯关”通过了就可获得小印章和老师的评价。生动有趣的闯关游戏让一、二年级的学生们在快乐的挑战过程中完成了期末评价，让学生们享受到了学习的乐趣，也让教师们找到了能够让学生更加愉快学、积极考的新路子。

“乐学善思、游园闯关”的校内期末评价是“双减”政策下的新型评价模式，教师们更加注重学生学习、评价的趣味性和多元化，可以真正发挥减负提质的作用。以“语文大闯关”为例子，其中第一关“我最响亮”的口试内容包括了识字、朗读、理解、积累和表达的考查，从听话能力、口语表达能力、口语交际态度等方面对学生进行评价，等级加上具体的评语使考试评价丰富、立体起来。

除了校内期末评价，南边小学还进行了家庭二次评价，增加了对学生课外阅读的过程性评价。这要求教师和家长根据学生课外阅读的积极性、每周读书时间、亲子阅读情况、学生积累与学以致用情况等方面给予考查、确定等级，并将家庭评价计入综合评价表中。这样考查的目的在于培养低年级学生大量诵读、积累与运用的学习习惯，促进学生从读到说和写、从积累到运用的有效转化，并动员更多的家长来共同关心孩子读书学习，促进班级亲子阅读活动的开展。

家校联合评价是“双减”政策下的新型评价模式，“乐学善思、游园闯关”的校内期末评价注重考查学生综合能力，注重评价的趣味性、多元化，可以真正发挥减负提质的作用；“书香伴读”的家庭评价注重学生的自我管理、阅读能力提升等，有利于学生的长远发展。南边小学将继续挖掘和完善更多内容丰富、形式多样的评价模式，让学生在繁重的学业上做减法，在全面成长上做加法，为他们的小学生活创设趣味性、学习性、体验性相结合的美好体验。

【点评】

“双减”政策要求关注学生的成长，南边小学创新考试评价机制，联合了家校的力量，在低年级实行“乐学善思、游园闯关”的校内期末评价形式和“书香伴读”家庭二次评价，教师通过孩子的在校表现和父母反馈的在家里的情况，从多方面对学生进行了更加贴切的评价，有利于学生的长远发展。家校两者相互配合，相辅相成。

试卷板块升级，层次等级评价

三水区西南街道中心小学　翁晓茗　吴嘉莹

在“双减”政策下，小学考试制度迎来了新的改革。小学一、二年级不进行纸笔考试，三至五年级由学校每学期组织一次期末考试。学校和班级不组织周考、月考、单元考试等其他各类考试。在缺少各种“大考小考”的情况下，如何最大化发挥考试检验评价功能，达到“以考促学”的学习效果呢？

西南街道中心小学正在探索如何将考试内容形成阶梯式闯关活动，将重点从“总分”“高分”转移到“进步的空间”上，在考查学生知识掌握的同时，提高学生学习进步的动力。以英语科组为例，从试卷功能板块、内容难度以及评价方式入手，进行一系列的考试评价增值。

整体上，以往的试卷分为听力部分和笔试部分，每道题会将难度较大的题目放在相对靠后的地方，因此一般水平的学生在完成试卷时遇到困难的情况较多，也影响学生做题的效果。除此之外，以往的考试评定方式是加分、扣分，并在试卷版头写上总分，评价的方式直接，学生喜欢比较成绩。在“双减”政策下，我校英语科组进行了一系列英语考试的改革。英语试卷在版面上不再设计总分评定，而是进行整体情况的等级评价；另外，将以前的听力部分、笔试部分改成3大板块：听力部分、基础知识、拓展提高。其中听力部分占40%，基础知识占50%，拓展提高占10%，每部分内容不出示具体分值，而是在相应的板块设计等级评价。听力部分以及基础知识板块主要是考查课本基础知识，而拓展提升板块主要考查学生的阅读理解能力。教师对试卷的批改不再进行卷面扣分，而是在每个板块根据学生的做题情况进行相应的阶梯式评定，如3道错题以内评为A级，3~5道错题评为B级。3个板块中，有2个板块拿到A，这份试卷就能拿到A级。这种考试评价方式改变了比较直观的总分评定方式，学生也难以从等级上进行成绩的比较，让学生的关注点从成绩排名转移到每一个板块知识的掌握情况，特别是关注出现的错题。考试中的错题是学生进步的空间，学生会更加专注于自己知识的薄弱点。教师对错题的评定，也能带动学生重视自己的知识薄弱点，并进行收集整理，提高对错题的敏感度。通过考试评价方式的改变，转变学生学习的观念，提高学生作业的质量。英语除了试卷这一考查形式之外，也进行口语考试。考试的内容是学生选择课本“Let's talk”中的对话，或者“Story time”中的故事进行演绎。教师根据学生的语音、语调，对学生掌握课本内容的熟悉程度进行等级的评定。对学生口语的检验，能提高学生对英语口语表达的重视程度，也给了学生更多的机会进行口语表达。

“双减”文件中提到，考试应当突出激励、反馈、调整和改进功能。试卷的板块等级评价能提高学生学习的动力，也能直观地反映学生知识的薄弱点并督促其进行查缺补漏，降低学生考试的压力，促进学生的健康发展。笔试与口试相结合，能对学生的学期表现进行综合评价，改变“唯分数论”，让学生快乐、自信地学习。

【点评】

为落实“双减”政策，三水区西南街道中心小学充分发挥团队智慧，对试卷板块进行改造，采用层次等级评价体制，注重学生学习知识的实效和专注点。改造后的考试淡化了分数，使学生更专注于能让自己提升的错题，专注于知识的薄弱点，针对小范围薄弱知识点进行训练，实现自主学习和主动发展。改造后考试的激励、反馈、调整、改进功能实现了最大化，改变了“唯分数论”，让学生更主动、自信、快乐地学习，真正达到减负提质的目的。

让个性之花，开遍每个角落

顺德区北滘镇群力学校　赵静　苏丹娇　刘嘉慧

为实现减负提质增效，切实推动“双减”政策落地生效，做到理念“转”过来，形式“活”起来，评价方式“多”起来，群力学校从学生日常行为习惯表现、期末综合能力考核、寒暑假综合素养评价三方面对考试评价方式进行创新，重塑考试评价理念，回归教育本质，借助多元化的考试评价方式促进学生的个性化发展和全面发展，让个性之花，开遍校园、家庭和社会的每个角落。

一、良好习惯之花处处开，琳琅满目

为全面贯彻党的教育方针，落实立德树人根本任务，群力学校以德育为着力点，通过《家校行动手册》的使用，渗透劳动教育，提高学生志愿服务意识。

学校每月发放《家校行动手册》，学生自主选择劳动服务内容，完成服务并获得相应分数，分数将作为评选“健美智少年”的重要依据。同时，为了更好地发挥家校育人的作用，行动地点分为学校和家庭，将劳动教育融到学生的成长与良好习惯养成中，助力群力学子“健美智”发展。

学校还将《顺德区小学生素质发展报告册》中的平时考核情况与学校文化节挂钩。如：科技节中学生参加掷纸飞机积分赛、科学实验操作积分赛与科学的平时考核关联，体育节中学生的参与度与体育的平时考核关联，艺术节中学生的表演与音乐的平时考核关联……

学校文化节与相关学科平时考核相融合，学生养成了良好习惯，发展了个性，学校考试评价体系形成了新特色。

二、有效评价之花尽情开，春色满园

为落实“双减”政策，切实减轻学生课业负担，群力学校将一、二年级的期末考试方式由书面考核调整为“游园会”活动评价，将学习内容融入游戏中，检测学生的知识掌握情况。

例如，二年级学生的游园主题为“喜迎新年，虎虎生威”，语文设置“妙语连珠声声响”“诗海拾贝朗朗乐”“舌灿莲花句句妙”等活动；数学包括“小小计算家”“购物小能手”“小小测量师”“小小智多星”等活动；英语创设“Matching game”“Magic box”“Ring toss”等活动。游园活动题目设置简单但有梯度，内容简洁更有趣味，流程简易且操作方便，有效地实现了考试评价的多元化和有效性。

群力学校的游园活动为学生量身打造了丰富的知识闯关游戏，趣味十足的游戏激发了学生的学习内驱力，学生在游戏中灵活运用和巩固了知识。游园会不仅可以考查学生的知识储备情况和应用能力，还能深入了解其学习态度，寓教于乐，实现考试评价的增值。

群力学校三、四年级的期末考试方式仍以书面形式进行，但题目设置更注重与时俱进，既能夯实基础，又能激发学生学习兴趣。在《顺德区小学生素质发展报告册》中，学校严格按照顺德区小学考试等级标准，将学生期末考核情况划分为A+、A、B+、B、C+、C共6个等级。

三、素养假期之花尽兴开，芬芳自在

群力学校创设了《寒/暑假“五育”综合素养计划表》，通过学生在“爱亲敬长、学会学习、强身健体、临池学书、热爱劳动”五个项目中的表现，对学生“德智体美劳”素养的发展情况进行评价。学校鼓励家长带着放大镜寻找孩子的闪光点，激励孩子进步、成长。

开学初，学校将回收计划表，对表现优秀的学生进行星卡奖励（如：好学卡、努力卡、习惯卡）。星卡奖励打破了“唯分数论英雄”的情形，让每一分努力都有迹可循，让每一种成长都凸显价值，更是为考试评价提供了发展的新方向。

群力学校多元化的考试评价方式，在探索考试评价增值的实践道路上发挥了重要作用，滋养了学生的精神，促进了学生的个性化发展。

图4-3-1　游园活动场景

【点评】

群力学校积极落实“双减”政策，探索考试评价增值的新思路。从“唯分数论”到考试评价方式多元化，群力学校在学生日常行为习惯表现、期末综合能力考核、寒暑假综合素养评价三方面进行创新，通过家校共育塑人格、星卡评价筑成长、游园闯关谋新篇、活动课程促发展来优化考试评价体系，促进学生个性化发展。

沉浸主题，“闯”出评价新天地

顺德区乐从镇东平小学　黄舒娴　林桢　马翠红

为全面落实“双减”政策，在教育部印发的《关于加强义务教育学校考试管理的通知》指导下，小学一、二年级不再进行纸笔考试。东平小学积极探索出低年级“主题闯关”素养评价新方式，在情境中考查学生综合运用知识解决问题、完成任务的能力，给考试评价增值。

评价方式有趣，变做试卷为情境游。根据低年级学生年龄特点，东平小学的“沉浸场景+益智闯关”评价形式激发了学生的参与热情，表现了老师们独具匠心的设计。东平小学低年级多次开展主题闯关活动，包括“木偶奇遇记”“疯狂动物城”“拯救公主”“童话王国大冒险”“小宇航员，勇闯星球”“十二生肖闯东平”等主题活动。

在学校开展“拯救公主”素养评价闯关活动当天，学生化身为拯救公主的“勇士”，而老师们化身为拼音国的“公主”们。学生从老师手里接过通关手册，去拯救拼音国中被“怪兽”们抓走的“公主”，开启一场融知识与趣味于一体的沉浸式闯关旅行。学生根据指示进入校道开始闯关，这里已变成老师精心设计的拼音王国，氛围感十足。“拯救公主”的路上有“怪兽”设置的七个关卡，包括“规律堡”“算式屋”“拼音国”“英语桥”“古诗园”“故事林”“韵律海”，每个场景有不同的维度。关卡中的考官是由家长和老师扮演的戴着面具守关的“怪兽”，他们根据学生对知识的掌握、运用情况进行综合评价。“勇士”们每过一关就获得一块拼图，凑够七块拼图拼成地图，就能拯救出“公主”，“勇士”就闯关成功了！在有趣的闯关活动中，孩子们完全沉浸在故事情境中，不知不觉地完成评价任务，“减”掉了学习的负担，“增”添了学习的兴趣和信心。

评价内容多元，变重分数为重素养。学校组织老师进行课标解读、教材再读、知识点梳理，根据学情和校情设计学习评价内容及标准，评价指向学科核心素养。如数学学科考查数感、符号意识、运算能力、推理能力等；语文学科则考查口语交际能力、阅读能力、朗读能力、想象能力等。多学科、多维度地设计，力求丰富评价内容。在2021秋季学期末，东平小学紧扣神舟十三号载人飞船的发射和在太空的活动，为激发学生的航天梦，以“小宇航员，勇闯星球”为主题开展了低年级的素养评价闯关活动，设计了英语关“勇闯智慧星球”情景对话、语文关“勇闯妙语星球”趣味讲故事、数学关“勇闯巧手星球”操作演示、劳动关“勇闯勤劳星球”动手操作等多项活动，均符合学生活泼好动的特点，趣味性浓、实践体验性强，充分调动学生多感官参与，寓教于乐。

评价主体开放，变“一言堂”评价为多元化评价。东平小学低年级的素养评价不再是老师“一言堂”，实施评价的主体是老师、家长，还有学生本人。期末素养评价闯关活动中，家长也成为守关人和“裁判”，充分发挥家长在教育中的督促、陪伴和引领作用，形成家校合力。活动中，有家长称:“这样的主题式闯关非常有意义，孩子喜欢，我们也似乎再次感受童年。”在闯关过程中，学生之间互相评价规则意识、合作能力。闯关结束后，学生再根据老师设计的评价量表，给自己的学习态度、学习过程和学习效果进行星级自评，在自评中反思。

东平小学以“主题闯关”素养评价为杠杆，革新了低年级评价的方式，推动了“双减”政策下学校育人理念和行为的转变，更好地引导老师关注学生的综合素养和创新能力，进一步推动课堂教学提质，优化作业布置，促进“双减”政策落地。

图4-3-2　“沉浸场景+益智闯关”评价形式场景

【点评】

从“唯分数论”的纸笔考试到主题式素养闯关评价活动，“减”掉了学习的负担，“增”添了学习的兴趣和信心。东平小学的“主题闯关”素养评价方式，主题鲜明、形式新颖、内容丰富、评价主体多元，能更好地引导老师关注学生的综合素养，促进学生的全面发展，为考试评价增值，让“双减”政策落地。

多元评价有新意　五育少年乐学习

顺德区乐从镇沙滘小学　陈淦　邓嘉茵　欧达洪

在“双减”政策背景下，评价应当如何改革方能体现立德树人、五育并举的价值追求？一场考试评价增值的改革正在沙滘小学稳步推行，旨在落实减负增质，促进学生全面发展。

一、乐玩，玩出综合素养

“我全部通关了！”“闯关游戏真有趣！”拿着盖满印章的闯关卡，孩子们兴奋不已。“双减”政策下的期末考试，迎接学生的不是冰冷、枯燥的纸笔考试，而是寓学于乐、层层升级的智慧闯关游戏。

语文开设了“勇闯拼音谷”“口才展示营”“朗诵大舞台”“记忆大比拼”“看图联想营”五个关卡，只要闯关成功，就能收获星级印章，得到一个个荣誉称号。活动鼓励孩子们大胆开口，自信展示语文综合素养。

“加减乘除”摇身一变，化为趣味游戏。“脱口而出我会算”“珠联璧合我会拨”“按图索骥我会列算式”等活动吸引着孩子们穿梭流连，让孩子们在真实情境中运用所学的数学运算知识，培养数学思维。

在“‘英’你精彩”的英语闯关活动中，孩子们有的正在声情并茂地歌唱，有的忙着卡片连连看，有的挑战单词背诵赛……“孩子们不觉得像考试，更像是活动，他们积极展示英语能力，感受学习的进步，体会学英语的乐趣。”“关主”老师如是说。

在科学、劳动技能、体育等学科素养闯关活动中，孩子们围绕情境开展小组合作。实验制作、实践报告、课题答辩等考查形式，让孩子们既动脑又动手。

沙滘小学根据学生年龄特点和教学目标，将知识分板块设置成闯关活动，让学生“闯”出综合素养，“玩”转知识运用，改变聚焦于分数的评价思维，关注学生思维、心理、表达等综合素养。

二、巧评，评出“双减”效果

在“双减”政策下，如何让家长了解孩子的学习情况？如何让老师能更好地了解学生，将知识和内容转化为能力和素养？

首先，推行期末综合素养评价等级制度。不排名，不公布分数，只公布“A、B、C”等级，将过程性评价和总结性评价按比例结合，减掉的是考试压力，不减的是学习乐趣。

在“双减”政策下，“考什么”正在影响“评什么”。过去，评价主体是老师和家长，较少关注到学生的自我反思和发展。在沙滘小学，期末阶段，各班开展闯关夸夸会，学生在老师和同伴的帮助下，对自己的学习过程、学习方法、学习意志力等方面进行反思和梳理。

其次，优化设计无纸笔考试内容。闯关前，老师们精心研究和设计无纸笔考试内容，对闯关内容进行深入研讨，制定详细方案。无纸笔考试，既要激发学生的兴趣，找到学习的“生长力”，激发学生的求知欲，更要全面涵盖各学科的教学目标，让孩子收获“知识力”，以便教师掌握学生的学习情况，为学生个性化的学习提供指导。

在“双减”政策下，“考什么”正在影响“学什么”。无纸化测评更看重学生分析问题、解决问题、交际表达的能力，鼓励学生玩中学。这就要求教师更新全面育人的理念，在“应教尽教”基础上，使学生变机械学习为理解学习，变被动学习为主动学习，变浅度学习为深度学习。

三、活学，擦亮多元评价

结合“灵动小水滴，颗颗亮晶晶”的培养目标，学校围绕“水润”文化课程开展了丰富多彩的主题活动，学生在读书节、科技节、趣味运动会等展示平台上活学活用，施展才华，不断丰富个人成长经历。

看！亲子同游陈家祠，看、画、贴、说，多角度亲近乡土文化；跳蚤市场开摊了，孩子们在真实的情境中运用口语表达、展览设计、口算能力；创客编程赛上，创意家电设计屡获点赞，照亮创新梦想。趣味运动会、主题读书节、特色劳动技能展示日过后，点滴记忆又成为水滴文学社、“沙小之声”校园广播电台的征稿热门主题。

多元的评价机制让每个学生都有机会获得肯定，五育少年就像阳光下的种子，享受着考试评价改革带来的积极影响，正在蓬勃生长。

实践中，我们发现综合素养评价对引导“五育并举”有积极意义，但仍存在不少问题，例如记录的内容仅有结果记录，缺少过程；评价的信息和效果可参考性有待提升；等等。在探索多元评价之路上，我们且思且行。

【点评】

改变聚焦分数的评价思维，沙滘小学用层级分明的闯关游戏，让学生玩出综合素养；以等级评定代替传统分数，测出“双减”政策实施效果；在落实“双减”政策减负增效任务的同时，探索德智体美劳融合的新路径。多元评价机制让每个学生都有机会获得更多发展的可能。

智趣评童慧，“双减”创新行

顺德区龙江旺岗小学　张勤间　梁敏仪

作业负担重实质上是不科学的考试评价导致的，只有科学用好考试的评价手段，才能确保“双减”政策落地见效。在“双减”政策的背景下，应更重视学生的学习情感和数学能力的评价，把以往单一的笔试改为口头表达与动手实践相结合的评价方式；把单一目标的数学考试改为情感、知识、能力等方面的全面评价。

为此，依据2021年7月24日中共中央办公厅、国务院办公厅印发的《关于进一步减轻义务教育阶段学生作业负担和校外培训负担的意见》以及区镇相关文件精神，我校制定了“智雅星 · 智趣评”的低年段数学学科期末综合素养评价，以“融入知识、凸显趣味、多维评价”的方式逐层设计、有序推进。其中，学业质量评价主要采用以下两种方式：

一、定性评价：对学生平时数学学习的综合表现进行评价，占总分的70%

考查维度分为课堂学习表现、学习态度表现、学习习惯表现、学习思维呈现四个维度，着重考查学生在数学课堂中对数学学习的自信心、与同伴合作交流的意识、学习数学思维的灵活度、解题策略的多样性和正确性、数学学习习惯以及创新意识和实践能力等。

采用学生自评、小组评、家长评、教师评等方式进行综合评价。评价等级分为“小小智雅星”“智雅星”“智雅银星”“智雅金星”四个等级。

二、定量评价：对学生数学学习水平进行评价，占总分的30%

（一）趣味答题游戏

主要考查学生的计算能力。根据低年段“数与代数”领域的内容，从“认、读、写、算”方面设计“我会读、我能写、我会算”的趣味闯关游戏，让学生在参与游戏的过程中“无痕做题”。该环节设计三个关卡，每个关卡设置10个小关卡，采用以游戏争取印章的活动形式，让学生通过活动为自己争取“智雅星”的称号。

（二）动手操作游戏

主要考查学生的动手操作能力和提出问题、解决问题的能力。该环节仍采用以游戏争取印章的形式，共10道关卡，成功挑战一关则得1个印章。

累计两个环节，获得35~40枚印章，综合评价为“智雅金星”；获得30~34枚印章，综合评价为“智雅银星”；获得25~29枚印章，综合评价为“智雅星”；获得20~24枚印章，综合评价为“小小智雅星”。

学生能够运用所学知识轻松闯关，在活动中玩得不亦乐乎，纷纷表示很喜欢这样的闯关游戏。学生的学习观念也开始改变，从“要我学”转变到“我要学”，从“要我读背”转变到“我要说”，学习热情高涨，学习信心增强，真正做到了寓教于乐。

数学学科综合素养评价，如果能从多样性、趣味性、有效性三方面入手，就能激发起学生的兴趣，引起学生的好奇与好学；只有这样，学生的思维才能得到发展，学生的数学素养才能得到不断的提高。

【点评】

要改变对学生学习的评价方式，追求评价方式的多样性与趣味性，评价结果的呈现方式应多元化，不以分数为唯一的评价依据。通过综合评价与特色评价、自我评价与外部评价相结合的方式，在关注学生学习结果的同时，更关注学生学习的过程。使学生学得愉快，学得轻松。这样，学生的学业负担自然就减轻了。

多元评价，发展素养

顺德区伦教熹涌陈佐乾纪念学校　卢志佳

2021年8月30日，教育部印发《关于加强义务教育学校考试管理的通知》。文件的发布引起了广大教育者对教育教学质量综合评价的深度思考。

我校对考试增值评价进行积极思考和有效探索，充分考虑学校的实际情况，舍弃了原来周测、月测、期中测的评价方式，把过程性评价和结果性评价结合起来，构建了“531”增值评价新模式。

一、五育并举，深入评价

“5”就是五育并举：“德智体美劳”五个评价维度。“德”是品德发展：以品格礼仪、行为习惯、心理健康为主。“智”是学业发展：以学习习惯、思维能力为主。“体”是体质发展：以身心健康为主。“美”是艺术素养发展：以审美能力、创作能力为主。“劳”是实践素养发展：以劳动习惯、劳动技能、创新能力为主。学校通过制订《熹风少年成长手册》，以每周一小评、每月一大评、每学期一总评的阶段性评价形式对学生进行全面的评价。评价包括教师评、家长评、小组互评和学生自评。为了激发学生参与评价的积极性，营造人人争当“身体棒、品德好、学力优、能力强”的学生的氛围，学校采用争章进阶的形式，设立向阳章、智慧章、美雅章、健体章、劳动章等奖章，集齐五章可获评“熹风少年”称号。“五育争章”评价有效凸显了过程性评价，更加关注学生的纵向发展。

二、素养展示，深化评价

“3”是指向学生发展核心素养和学科素养的每周一展示、每季一“节日”、每学期一闯关活动。每周三早读期间举行一学科展示活动，教导处指导各科组根据教材内容制定学科展示内容。语文学科包括朗诵表演、书法展示、读书分享、课本剧表演等。数学学科包括说题展示、速算比赛、操作演练、模型制作等。英语学科则创设具体情境，采用“读”“演”“编”的形式进行展示。综合学科则通过学校每季度举办一“节日”，即春季读书节、夏季艺术节、秋季体育节、冬季科技节四大“节日”活动，对学生参与活动的积极性、参与效果进行评价。每学期末举办深受学生欢迎的学科知识闯关活动。闯关内容采用基本技能、思维提升、兴趣特长的分层设计原理，通过知识问答、语言表达、实践操作、演唱演奏、绘画欣赏、田径测试等项目，对学生的能力进行评价，教师通过学生综合表现给出综合能力评定等级，达到了玩中学、玩中评的目的。

三、项目学习，深度评价

“1”是学生每学期根据年龄和兴趣参与一次项目式学习研究。

基于核心素养的项目式学习涵盖多学科知识，更能体现学生的知识运用能力。强调学生主体性地位，通过学生的合作学习、自主探究，自行设计、执行各环节。项目式学习和传统的纸笔检测不同，项目结束时要有一个作品来呈现。作品的形式多样，可以是多媒体作品，也可以是小报告或者小论文等。项目式学习对学习过程、学习成果的评价是多元化的，教师通过制定评价量表，观察、记录学生在项目任务进行中的表现，从项目过程表现和项目作品成果两方面评定学生的发展水平。项目式学习最终是要学生实现知识的再建构，让学生在掌握核心知识的基础上，能够在新的情境中迁移、运用、转换，产生新知、付诸实践，运用各种知识和资源来解决实际问题，能更全面地测评学生的学业水平。

2021年秋季学期，学校在高年级开展了“诗歌抗疫情，争做小先锋”项目式学习活动，通过了解新冠肺炎的相关知识，收集抗疫的典型事迹，学习抗疫诗歌的创作方法，用儿童的视角创作以抗疫为主题的诗歌，并在老师的指导下为优秀童诗谱曲，制作成朗朗上口的童谣，抒发情意，致敬奋战在抗疫一线的工作人员。教师利用评价量表，对学生在活动中的过程性和表现性行为进行量化评价。

我们坚信，学校继续致力于探索增值评价与其他评价方式的衔接与融合，形成全面评价学生发展的综合效益，一定能促进学生全面发展，健康成长。

【点评】

“531”评价方式内容更丰富，包含了“五育争章”“学科素养展示”“项目学习”等评价方式，改变了以往纸笔测评的单一模式，实现了过程性评价和综合性评价的融合，是一种多元化的评价方式。“531”评价方式能引导教师关注学生发展核心素养。评价过程中，教师更加关注个体的差异以及学生的发展过程。学生可以根据评价标准或评价量表，随时进行自我诊断，激励学生不断发展自我。“531”评价方式发挥了评价导向的作用。

考试创新，助力评价增值

——低年级期末考试改革实践案例

顺德德胜学校小学部　陈晓　王宏伟　吴坤

如何借助新型期末评价方式，实现教学减负增质，增强“双减”政策下教育全面育人的整体效能？2021年，德胜学校小学部在过去6年小学一、二年级数学期末测评经验的基础上，以“趣味性足、体验感强、实效性强”为原则，立足学生学科综合素养评价，对小学一、二年级语文、数学、英语期末考试进行了创新与实践。

德胜学校小学部一、二年级期末测评化考试为“模拟情境”闯关活动，将学科知识与模拟情境相结合，创设具有挑战性的任务关卡。学生在测评活动中，根据不同情境扮演不同角色，在一项项任务中完成学科综合素养检测。任务涵盖语、数、英三科基础知识与基本技能，体现“玩”“用”“做”的特点。

在实际操作中，教师首先以学生熟悉的军事内容创设模拟情境。依托情境，以“大概念”为统领，舍弃传统纸笔零散性知识评价的方式，设置融合语、数、英三科知识的任务关卡，不同关卡体现不同的评价内容。关卡数量则根据学科评价内容进行合理配置，并在每个关卡分配1~2名测评员，负责组织学生参与考核。在2021—2022学年第一学期一年级“兵娃陆战队”模拟情境闯关活动中，教师共创设了9个关卡：在语文活动板块的3个关卡中，学生分别完成“读一读”“认一认”“数一数”“说一说”的任务，实现对口语表达、字词认读等素养的评价；在数学3个任务关卡中，学生分别完成“口算”“排队”等任务，实现对运算能力、推理能力、动手操作及解决问题能力的评价；在英语活动板块中，学生完成听、说、读、演等任务，实现对日常英语表达、自主阅读等综合素养的评价。活动开始时，参与测评的班级在测评员（教师）的组织下分组入场，主测评员（教师）则带领学生一起进入模拟情境，让学生在感受祖国强大军事实力，接受爱国主义教育的同时，完成闯关活动。带着任务，学生进入自由式闯关状态，全部任务挑战完成后，则自行离开现场。整个过程，学生亲身实践、深度体验、行动反思，在丰富的情境中寻求问题解决的方法与途径，实现了对学科综合素养发展水平的整体评价。

德胜学校小学部在期末考试改革实践中，认真贯彻落实教育部印发的《关于加强义务教育学校考试管理的通知》要求，取消一、二年级期末纸笔考试。在评价工具与标准方面，也进行了相应的创新。首先，在评价工具的选择与呈现方式上，学校取消了传统试题、纸笔呈现的方式，以任务关卡的形式呈现评价内容，紧密联系模拟情境，体现趣味性。如在二年级学生的“兵娃陆战队”模拟情境闯关活动中，教师在“奇妙商城”为学生提供了“人民币”和“商品”（“军帽”“步枪”“防弹衣”）作为学具。闯关时，学生需要充分运用自己掌握的人民币知识，与测评员模拟真实的付钱、找钱、取货等购物过程，以达成学生应用意识考核的目标，克服了传统纸笔测试模式固化、形式单一的弊端。其次，在评价标准的制定上，教师以学科核心素养发展体系为指南，对各学科任务关卡中的学生表现以“星级”的方式进行明确区分。而所拟定的评价标准都会一一呈现于学校制定的期末测评反馈表中，以方便教师、家长对学生测评结果进行精准把握。这种以“星级”代替传统测评中过于精细化的“分数”呈现方式的做法，弱化了评价的决定作用，增强了评价的导向与诊断功能，有助于真正实现“双减”政策背景下的评价增值。

期末模拟情境闯关活动的开展，是在“双减”政策下学校评价方式创新的结果，更是学校实现可持续发展的必然要求。以期末模拟情境闯关活动为导向，学校教师在日常教学中能够认真贯彻落实“双减”政策，扎根课堂，关注学生，对作业进行创造性设计。期末模拟情境闯关活动正是对学生日常“实践性作业”“探究性作业”“融合性作业”进行考查的重要活动。

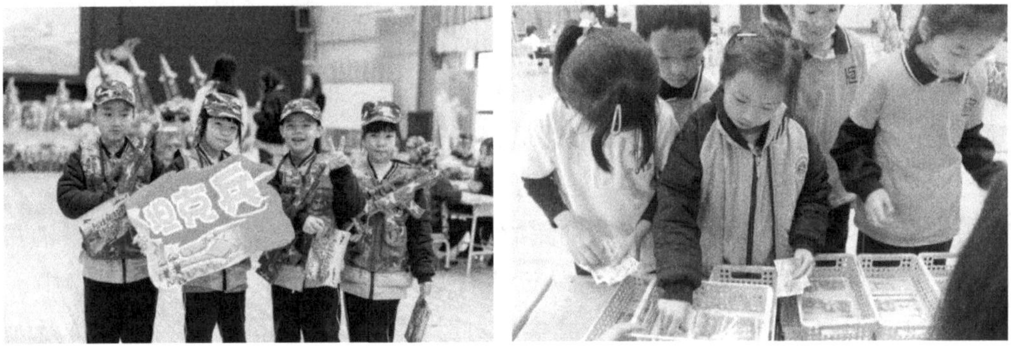

图4-3-3　期末“模拟情境”闯关活动

【点评】

兼具传承与创新，评价赋能“双减”政策落地。德胜学校小学部在已有实践经验的基础上，开展“趣味性足、体验感强、实效性强”的期末模拟情境闯关活动，将语、数、英三科知识融入情境，融入爱国主义教育，关注学生学科基础知识与素养发展水平的双重评价，创新了期末测评方式，培养了学生的应用意识与实践能力。

智慧闯关，悦“考”越乐

禅城区东鄱小学　余少莉

为落实“双减”政策，东鄱小学积极探索一、二年级素养测评新思路，通过打卡、智慧闯关等形式，围绕“书海拾贝——语文打卡”“思维挑战——数学闯关”“劳技合作——小组竞赛”三大板块，综合考查学生的知识素养、合作能力、劳动技能、行为养成等方面。

大堂里、操场上，快乐的游戏氛围，精美的游园卡，趣思结合的闯关活动，给了孩子们一次次欢乐的体验，一、二年级孩子们用智慧与热情在闯关中各显身手，享受到愉快的学习过程。

图4-3-4　孩子们正分享着闯关成功的喜悦

项目一：书海拾贝——语文打卡

识字能力是阅读和写作的基础，识字量与识字速度直接影响学生的读写能力。根据新课标及教材对一、二年级的要求，语文科组紧扣教材，聚焦识字、积累、阅读和口语交际，设置三个打卡项目：识字——抽字组词，积累——抽题背诵，口语与阅读——介绍我喜欢的一本书（一年级）。项目充分指向语文学科核心素养的发展。

表4-3-1　语文打卡活动评价表

打卡项目	内容	规则	评价
日积月累	识字——抽字组词	以教材要求会认、会写的字为题目，每卡3个字，学生随机抽字组词	A. 准确无误 B. 错1个 C. 错2个 D. 全错
	背诵——抽题背诵	以教材要求背诵的内容为题目，学生随机抽背	A. 准确流利 B. 不太熟练 C. 需要提醒 D. 不会背
“快乐读书吧”	一年级：介绍我喜欢的一本书	可以介绍“快乐读书吧”的书，也可以介绍其他读过的书	A. 能说出自己喜欢的书的名字，还能简单地说明理由 B. 能说出自己喜欢的书的名字 C. 说不出来
	二年级：课外阅读知多少	以教材“快乐读书吧”内容为题目，学生抽题作答	A. 全部正确 B. 部分错 C. 全错

项目二：思维挑战——数学闯关

结合新课标和教材对一、二年级的要求，数学科组精心设计了3关游戏。第1关——骰子算数（比速度），一年级考查学生20以内的加减法，二年级考查乘法口诀。按照规则，学生两手拿着骰子往地上抛，将抛出的两个骰子朝上的数字组出算式。第2关——看图说算式（比思维），看图列算式是最基本的数学解决问题题型之一，从一幅图中，看出了什么数学信息，能提出什么数学问题，想得清楚，说得明白，是学生数学逻辑思维的重要体现。第3关——抽题作答（比智慧），一年级考查的是20以内按顺序数数的知识，二年级考查认识时间和认识角的相关内容。学生思维敏捷，反应迅速，通过有趣、高效的活动形式，体验数学带来的乐趣。

表4-3-2　数学闯关活动评价表

关卡名称	游戏规则	评价
第1关	投骰算数	A. 一次性过关 B. 一次以上过关
第2关	看图说算式	A. 一次性过关 B. 一次以上过关
第3关	抽题作答	A. 一次性过关 B. 一次以上过关

项目三：劳技合作——小组竞赛

劳动最美丽，合作我能行。结合低年段学生的能力水平和年龄特点，这一板块也设置了3关：合作分豆、合作折纸、个人收纳整理。学生在实践考评中养成会劳动、爱劳动的习惯，培养会合作、敢创新的能力。学生从劳动合作中获得成就感，体验快乐并收获知识。

表4-3-3　劳技竞赛活动评价表

关卡名称	内容规则	评价
合作分豆	把混合在一起的红、黄、绿豌豆分开	A. 规定时间内完成 B. 规定时间内不能完成
合作折纸	看相同时间内完成的数量和质量	A. 数量较多，质量美观 B. 数量一般，质量一般
个人收纳整理	整理文具、佩戴红领巾	A. 整理整齐 B. 整理一般

图4-3-5　劳技合作——分豆

智慧闯关，悦“考”越乐。一、二年级期末综合测评，融知识性、趣味性于一体，联系学生生活实际，从形式上和内容上更全面、更客观地展示出学生在一学期内的进步与成长，让学生收获知识的同时，也展露自信的笑容。“双减”政策背景下的评价机制改革，使我们欣喜地看到了学生正从悦“考”走向悦“学”。

【点评】

三大板块的项目测评，以表现性评价为核心，指向学科知识、行为养成、劳动技能、团结合作等综合素养考查。创新有趣的智慧闯关方式，寓“考”于乐，趣思结合，符合学生年龄特点，使学生在接受挑战、考评之余，获得学习的乐趣。

“积分制 + 点赞卡 + 课堂记分牌”，焕发课堂评价新活力

禅城区南庄镇醒群小学　张思东　黄惠燕

“双减”和深化新时代教育评价改革的号角已吹响，那么，可以采取怎样的方式来评价学生在课堂上的表现?

南庄镇醒群小学抓住减负提质的政策要求，以学生课堂评价为突破口，采用以合作小组为单位的捆绑式评价，用“积分制+点赞卡+课堂记分牌”多元评价方式来全面评价学生在课堂上的表现，把各种评价以分数的形式进行量化，让课堂评价可视化、可积累，提高课堂教学效率，焕发课堂评价新活力。

具体操作如下，首先，制定一个“学生表现评分标准”，评分项目有作业情况（完成加2分、认真订正加1分）、课前准备、课堂小组表现（教师给发言学生派发点赞卡或小组长为发言的组员翻牌记分）、课堂练习情况（成绩得“A+、B+、C+”有分加，“+”表示在原来的基础上有进步）等。然后，在此基础上制定积分单。积分单评分主要分班级管理、课堂表现等大项，每个大项又分出行为习惯、助人为乐、上课发言、作业完成等小项，均以小组为单位实行加、减分。各小组每周领取一张积分单，每周五由小组长根据“学生表现评分标准”进行核算、评比，得分最高的3个获胜组，给予免作业、发奖品等班级个性化奖励；每月进行积分统计、排名，将结果贴到班级公布栏，获胜组员可佩戴学校定制的“金”木棉星奖章，进步组员佩戴定制的“银”木棉星奖章（见下图）。

图4-3-6　“金”木棉星奖章

图4-3-7　“银”木棉星奖章

此外，醒群小学还用“点赞卡”和“课堂记分牌”评价学生。市级课题《基于小学数学非线性教学的积分制评价研究》利用非线性的评价方式，引入了“点赞卡”——学生每获得一个“点赞卡”，就能为小组加1分，每回答一次问题能“翻牌”加1分。因为课堂教学一般情况下是线性推进的，而学生的学习整体上呈现非线

性的状态，每个学生的学习进度和表现各不相同，而“点赞卡”和“课堂记分牌”就是把教师的肯定和表扬以一种可视化、可累积的形式让每个学生主动为小组积分做出贡献，从而更好地引导学生努力绽放自己的闪光点，让努力被看见，让各式各样的闪光点都能得到重视，从而有效引导学生多元发展。

图4-3-8　课堂记分牌正面

图4-3-9　课堂记分牌背面

图4-3-10　点赞卡

“每个学科教师和班主任，都可以根据学生的表现派发一定数量的‘点赞卡’，小组长亦可以根据组员的表现进行‘翻牌’加分。”醒群小学教导处主任介绍道，“我校的课堂记分牌因为上面有小组名称、口号、照片等彰显小组个性的内容，因此除了可以‘翻牌’积分，还可以提升小组成员的归属感和荣誉感。”此外，当小组内遇到不会解答的题目时，还可以通过悬赏“点赞卡”求帮忙：谁能帮忙解答问题，这张“点赞卡”就归谁。这样使用“点赞卡”，极大地激发了学生挑战困难的热情。

醒群小学这种多元学生评价方式，涵盖各学科课堂内外、合作学习以及个体学习表现，目前已形成“学科学习表现（学习习惯养成）+班级行为规范（品德养成）”的学生评价方式。学生在生生互相管理中累积进步、培养习惯，又体验到每一次好的表现能为小组做出积分贡献，形成正反馈效应；学生参与“小社会”，能够加强社会性学习，激发主体发展的需求。教师也能根据周评价表、月汇总表对学生进行针对性的管理，提高管理效率。

我校正在推广市级课题的研究成果——21个合作微模式，合作模式是否有成效跟学生评价是否到位密切相关。“小组积分制+点赞卡+课堂记分牌”这种多元、创新的激励评价机制能够激发学生的学习热情、学习动机，更好地提升合作学习课堂的教学效果。将“点赞卡”灵活运用于各学科课堂教学、班级管理等方面，让学生无论哪一方面的闪光点都能被“点赞”，都能为小组积分做贡献，提升学生的自信心和责任感，真正实现“积分点赞促发展，多元评价立品质”。醒群小学的教学评价体系掷地有声，真正把“培养德智体美劳全面发展的社会主义建设者和接班人”化为每一个师生内在的生命力量。

【点评】

积分点赞促发展，多元评价立品质。南庄镇醒群小学以育人为本的小组合作学习“积分制+点赞卡+课堂记分牌”多元评价方式，为学生创造了互评互学互助的机会，让教师的肯定和表扬以一种可视化、可累积的形式滋润每位学生渴望被“点赞”的心灵，焕发“双减”政策下学生课堂学习和评价新活力，促进学生多元发展。

多元“考学”——幸福“评价”的新样态

佛山市第五小学　文丽萍

在“双减”政策背景下，为了切实落实教育评价改革，贯彻“五项管理”工作，提升教学质量，真实、准确地评价学校教师教学效果，真正做到缓解教育焦虑，佛山市第五小学秉承“从严从实从高”的校训，聚焦“多元评价，亲仁幸福”的目标使命，从培养学生的学习兴趣、创新能力、合作学习能力出发，全面提高学生的综合素质。从品德、健康、学习习惯的养成、学习生活技能的掌握等多方面评价，构建规范化、科学化、多元化的“考学”内容管理机制，创新考试评价模式，促进学生全面发展，助力学生幸福人生，成效显著。

一、在“双减”政策背景下，对评价的新定位

为了使教师能及时了解学生真实的学习情况，反思教学工作中存在的问题，提高教育教学质量，促进学生全面、持续发展，教学评价的改革是教育教学发展的必然趋势。小学阶段的教学评价要具有明确的指向性，指向学生的学习动力、学习效率、学习习惯等。在聚焦学生综合能力提升的同时，也要关注学科融合；在聚焦学生核心素养提升的同时，也要关注知识传授；在聚焦培养学生动口、动手能力的同时，也要关注学生理论联系实际的操作能力。

在“双减”政策下，教学评价不能是简单的“对不对”“好不好”，也不是单纯的一句鼓励、赞赏的话语，评价方式也不再只是考试，教学评价应该是多元的、客观的、多方参与的。评价的目的是激发学生的学习兴趣，培养他们的合作意识和公平竞争的精神。

二、多元“考学”——幸福“评价”的新样态

我校严格执行小学一、二年级不进行纸笔考试的规定，基于六大核心素养，对一、二年级的考试评价方式进行创新。学校研究并制定了《多元考试评价方案与量化考核细则》，融合学业素养、科学素养、道德素养、体质素养、艺术素养五个方面，采取传统与创新相结合的办法，确定评价题型与内容，减少题目数量，丰富题目类型；在评价方式上，采取无纸笔口述与动手实践相结合的办法，调动孩子参与评价的积极性和主动性。依据学科核心素养，确定“识字小达人”“小小朗诵家”“自信演说家”“神算小博士”“时间小主人”“乐观智多星”“欢乐小歌手”“自理小能手”“运动小健将”等9项“知识闯关游乐趣考”内容，将体验式游戏和动手实践活

动相结合，注重全面发展，把道德与法治、语文、数学、科学、劳动、体育、美术、音乐等科目的相关知识，用游戏的形式进行整合，在游戏中进行期末综合素养测试。多元“考学”内容与方式创新，符合学生年龄特点和认知特点，有效激发学生的学习兴趣，培养学生的合作意识和公平竞争的精神，能较好地让低年级学生保持可持续学习力。

学校组织教师研修团队进行题目设计，一、二年级每个考试项目包含4~9套题目，教导处校对、审核完毕后，以年组为单位打包共享，有序组织学生逐项抽取题号进行PK赛。从基础知识、综合能力等几个方面综合考查，采取口头、独立操作等形式，由评委进行检测，重点从知识掌握、表达操作、文明纪律等方面，将学生在检测中的表现对照标准条件进行综合评估。检测成绩按等级分为：A+（优异，90~100分）、A（优秀，80~89.5分）、B（良好，70~79.5分）、C（及格，60~69.5分）、D（不及格，低于60分）。

期末测评后，教师认真总结学生参与“知识闯关游乐趣考”的监测情况，并结合学生日常的学习表现、习惯养成、活动参与等情况，做出学生本学期期末综合能力评价结果，并以A、B、C、D等级形式反馈给学生及家长。

一、二年级无纸笔期末多元“考学”综合能力评价活动在轻松、愉快的氛围中进行，贯彻落实了教育评价改革工作要求，注重将学生日常的学习表现与期末评价有机结合，突出了对学生的多元智能综合考查，达到了预期效果。

【点评】

期末多元“考学”综合能力评价是按照“双减”政策要求组织、实施的评价模式改革，打破了传统的纸笔测评方式，完成了由“测试”变“评价”，由“单一”变“综合”，由“被动”变“主动”，由“束缚”变“自由”的转变，既考查了学生的知识掌握情况，又检验了学生随机应对的多元智能，符合“双减”政策下低年级教学改革目标。

“双减”政策背景下的低年段期末评价新探索

佛山市第一小学　欧阳慧娜

“双减”政策下的期末考核有了新的形式，学业评价有了新的乐趣。在2021—2022学年第一学期期末，学校研究决定一、二年级采用无纸笔闯关评价的形式，寓评于乐。老师们根据年段的课程教学目标，精心设计题卡，分学科、分能力点进行学业评价。

在期末评价中，语文无纸笔评价从识字认字、知识积累、课文背诵、口语交际、看图说话、课外阅读等方面进行；数学从计算能力、数学表达、实践操作、综合应用等方面进行评价。学生们带着紧张而惊喜的心情，抽取自己的闯关题目，并认真思考作答，既考查了学生的思维能力和知识的掌握情况，更对学生的口语表达和应变能力进行了一场即时考验。

考核前，学校管理层先召开低年段教师会议，商讨合适的操作方案，做好人员的分工。会后，根据各学科课标要求，各学科备课组老师经过集体研讨，综合本学科各班级学生学习的实际，商议出题范围和评价形式，并精心挑选和设计符合考核点的相关知识点或习题，设计不同难度等级的闯关游戏或活动，整理出5~8套不同的关卡内容，以便学生在闯关时，可以随机抽取题号进行考核。

考核时，考虑到班级的学生纪律管理，并根据教师对所负责的闯关项目中学生水平的横向对比，我们采取老师走班、学生依学号有序闯关的方法，由一位老师负责全级的1个或2个闯关项目的组织和评价。

例如，一年级语文的无纸笔期末评价，3位语文老师就设计了3个关卡。

表4-3-4　一年级语文无纸笔闯关评价设计

年级	关卡	考核项目	考核范围	评价标准	考核负责人
一年级	第一关	认读能手	（1）本册语文教材中要求会认、会写的字 （2）本册语文教材中的课文 （3）本册语文教材中要求背诵和积累的内容	（1）读准字音，并能正确组词 （2）正确、流利、有感情地朗读课文 （3）熟练地背诵相关内容	陈乐琴
	第二关	看图说话	根据图片内容，有条理地讲述内容	根据图片内容，有条理地讲述内容	许继平
	第三关	好书推荐	推荐一本自己课外阅读的有益书籍	（1）能说清楚书名 （2）把喜欢的理由说清楚，说充分 （3）语言表达流利、完整	吴丽娜

图4-3-11　闯关活动

老师们根据考核的范围设计闯关时的题卡、图片、字卡等，考核时，学生们随机抽取相关的内容。比如，在闯第一关时，有3个内容的考核，第一个是随机抽取字卡认读和组词，第二个是随机抽取题号对应的课文进行正确、流利、有感情地朗读，第三个是背诵抽到的提示卡中规定的内容。每一个学生抽到的内容都有可能不一样，当前一个学生在进行知识大考验的时候，后面同组排队等待闯关的同学凝神静气地倾听和观考，满怀着期待与紧张的心情，等待自己上场接受知识挑战。不得不说，这是智慧与勇气并存的大闯关。

在数学无纸笔测评中，为了改变以往学生做题的机械模式，老师们还将数学的教具，例如圆柱体、球体、圆锥体、大钟等，设计到闯关的环节中，让学生认识物体形状，感知方位，促进学生空间观念的发展。测评中还设计有口算、解决问题、综合运用等不同形式、不同难度的闯关卡，选取生活中常见的含有数学内容的素材，设计富有童趣且具有挑战性的数学探究活动，帮助学生获得愉悦的数学学习体验，增加学生对数学的亲近感，用生动活泼的活动形式让学生的数学学习主动而富有个性。

这周我们组积分获得第一名，老师买来18支笔作奖品，每人分一支，还剩多少支？

□○□=□（支）

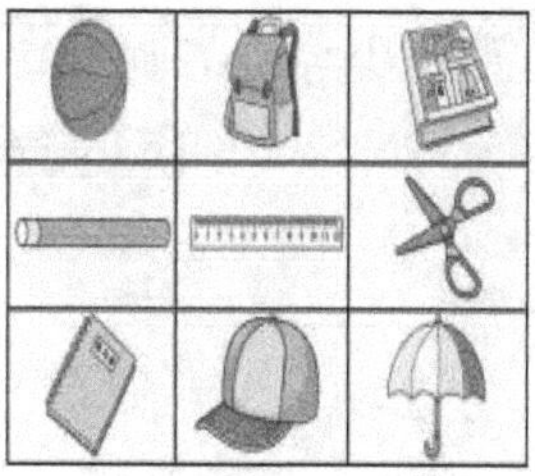

（1）图中一共有（　）件物品。

（2）▬在▱的（　）面，伞在剪刀的（　）面。

（3）书包的（　）边是球，（　）边是文具盒。

图4-3-12　一年级数学闯关卡内容

在每一次的闯关中，孩子们从一开始不知所措的“紧张”到“手中有粮，心中不慌”的积极应变，再到遇到难题时的沉着思考、冷静调试，最后到通关后的惊喜或者失败后的反思，不得不说，这是一次难得的心理考验。

学校也设计了符合无纸笔评价的闯关卡。孩子们在参与无纸笔评价后将得到一个总的评价反馈，家长们也可以从中知道孩子的学习能力和综合表现。孩子们不必再“分分计较”，而是在玩中学知识，在玩中得智慧，带着满心的欢喜，为一学期的学习生活画上一个充满欢声笑语的句号。

落实“双减”　我们在行动

佛山市第一小学2021—2022学年第一学期期末评价

闯关卡

班级：________　姓名：________　学号：________

一年级语文

关卡	考核项目	考核成绩	综合评价
第一关	认读能手		
第二关	看图说话		
第三关	好书推荐		

一年级数学

关卡	考核项目	考核成绩	综合评价
第一关	计算达人		
第二关	数学表达		
第三关	综合应用		

图4-3-13　一年级闯关评价卡

Foshanxiao 落实“双减” 我们在行动

佛山市第一小学2021-2022学年第一学期期末评价

闯关卡

班级：__________ 姓名：__________ 学号：__________

二年级数学

关卡	考核项目	考核成绩	综合评价
第一关	计算达人		
第二关	数学表达		
第三关	综合应用		

二年级语文

关卡	考核项目	考核成绩	综合评价
第一关	识字能手		
第二关	背诵达人		
第三关	口语交际		
第四关	看图说话		
第五关	好书推荐		

图4-3-14　二年级闯关评价卡

【点评】

佛山市第一小学的低年段期末评价闯关评价形式，寓评于乐，既扎实、有效地对学生的文化学科学习进行了考评，又将过往单一的纸笔测试变得充满趣味和挑战性。学生在愉悦的环境下，通过口头表达的方式闯关，使得学生的思维能力、应变能力、表达能力等综合素养得以充分展现。

沉浸式闯关游戏，为考试评价增值

南海区里水镇同声小学　曹小旭　蒲婉云

为深入贯彻落实教育评价改革和“双减”政策要求，切实降低学生的考试压力，促进学生的全面发展和健康成长，教育部办公厅印发了《关于加强义务教育学校考试管理的通知》，通知中明确指出小学一、二年级不进行纸笔考试。佛山市南海区里水镇同声小学积极响应文件要求，努力探寻增值性评价方式，分别在评价形式、评价内容、评价结果等方面进行了大胆尝试。

一、评价形式增趣味

为增强评价活动的趣味性，一、二年级采用闯关的形式，让学生沉浸在闯关游戏中，在体验成功喜悦的同时，获得各学科素养的综合性评价。评价方式巧妙，形式上有所创新。闯关活动现场，一、二年级的同学们头戴“闯关发卡”，手拿“通关积累卡”，欢快地穿梭在每一个关卡之间。发卡样式新颖别致，印有“我爱学习”“我是学霸”“我爱语文”“我爱数学”“我爱英语”等字样，而老师们也带着印有“我的学生最棒”“有问题找老师”“数你最棒”等字样头饰做“守关”评委，师生们热情互动，学生们“玩”得不亦乐乎！

图4-3-15　学生进行沉浸式闯关游戏

二、评价内容增维度

为了使评价内容更具生活性、趣味性，且能凸显知识的层次性，语文学科闯关活动分别从“拼”“读”“背”“思”四个维度进行监测，共分为4个关卡：“拼读百花园”“认读天地”“积累王国”和“巧学活用”；数学闯关活动分为“口算大通关”“思维大碰撞”2个关卡，分别从“口算能力”“解题思路”两个维度考查学生的数学计算能力；英语闯关活动共分为“I can say”“I can read”“I can act”3个关卡，分别从“自我介绍”“情景会话”“朗读句子”和“表演小故事”4个方面进行英语素养的综合评价。从传统的纸笔测试调整为目前的口语测评，学生在口语表达与分享中，完成了知识的积累与运用。多维度的评价内容综合测评了学生的各学科核心素养，充满趣味性的闯关活动深受学生的喜爱。为使活动更加客观公正，闯关活动还设置了难易程度均衡的A、B两套题卡，两套题卡交替使用，有利于检测学生的真实水平。

图4-3-16　沉浸式英语闯关游戏

三、评价结果增亮点

评价结果采用“通关积累卡”加“积章评等级”的方式进行。学生每闯过一关，都会获得专属印章一枚，积累印章的数量则作为评价等级的重要参考，使学生在玩游戏的同时获得满满的成就感与自信心。“‘双减’政策背景下，实施学生增值性评价有助于实现每一位学生的综合发展，而闯关游戏式测评切实地达到了减负增效的目的，让学生在沉浸式的口语闯关活动中，感受成功的喜悦。”同声小学蒲婉云校长如是说。

【点评】

摒弃应试教育分数至上的思维，以核心素养的培养为导向，设计活泼新颖的评价方式。同声小学以闯关游戏代替传统的笔试，按学科特点分维度设计“关卡”，兼顾考试的趣味性和科学性，充分调动了学生学习和参与评价的积极性，逐步提高了学生的各学科核心素养，切实实现了减负增效。

聚焦五育并举，优化考试评价

——“双减”政策背景下的考试管理及综合评价机制

南海区太平初级中学 黎运亮 邓苗甫 何援友

2021年，《关于进一步减轻义务教育阶段学生作业负担和校外培训负担的意见》出台。太平初级中学以考试改革（管理与评价）为撬点，推动教学管理改革，促进课堂教学质量提升，实现提质减负；建设“五育融合”学生发展质量评价体系，促进学生综合素养全面发展；引导家长形成对考试评价的理性认识，营造良好的教育生态环境，实现“考试评价增值”的改革目标。

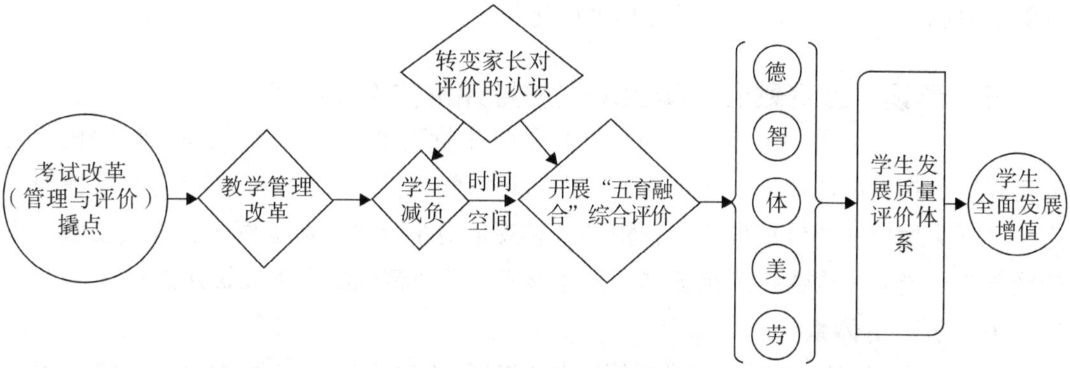

图4-3-17 创新考试评价方式

一、改革考试管理机制

（一）改革考试的数量及其形式

我校语文、数学、英语、物理、化学、道德与法治、历史、地理、生物学科每学期组织开展期中及期末两次纸笔考试，其中，物理、化学、生物并行实验操作技能考试；其他学科按市区考查要求，在学期末开展素养测评（朗读诵读、口语交际、戏剧表演、生活应用等）。

（二）建立命题与试卷质量管理机制

命题工作分为研制、审核和评价三个阶段。研制人员的职责侧重于研制三项细目表（试卷信息—知识点、分值、能力素养）、试题、答案和评分标准；审核人员的职责侧重于对试题与课程标准的吻合性，试题难度的合理性，试题、答案及评分标准的科学性等方面的评估；评价人员的职责侧重于考后数据分析、学业质量报告撰写和命题质量评价。

二、改革教学管理机制

（一）研制成绩等级评价标准

加强学生原始分数保密管理，研制成绩等级评价标准，原始分数等级化处理后再反馈给班主任和科任老师。在国家教育质量监测中，初中生一般采用优秀、良好、达标和待达标4个层级。根据我们学校的具体情况，考试成绩的反馈与呈现分为以下4个等级：A级（80~100）、B级（70~79.5）、C级（60~69.5）、D级（59.5分以下）。

（二）开展数据驱动精准教研

学校加强考试数据的采集、整理和优化，从单一的学业成绩数据走向反映教育综合质量的数据，从结果性数据走向结果性与过程性并重的数据，建立一套多层次、多维度、多功能的教育教学质量数据体系。指导年级、学科组、教师利用考试数据精准分析学情、教情，发现问题，科学施策，使教师从经验式教学转变为基于数据的证据式教学，切实改进课堂教学，有针对性地对学生进行辅导，有针对性地进行层次教学及随堂检测，促进学生的有效学习和个性化学习。

三、建设“五育融合”学生发展质量评价体系及平台

学校开发“太平中学发展性质量评价信息化管理系统”，以“互联网+手机”为依托开展学生发展性评价，教师、家长即时记录学生德、智、体、美、劳发展情况，生成“学生发展性评价报告单”，精准、客观地对学生进行数据画像，真实反映学生的成长变化趋势，构建起多元参与、关注形成、全面客观的学生成长评价模式。

（一）评价体系

评价体系包括品德发展、学业发展、身心发展、审美素养、劳动与社会实践五大项。

（二）评价方式

1. 采取过程与结果相结合的评价方式。
2. 改革评价场景，采取多元主体的立体化评价。
3. 改革评价工具，与技术平台深度结合。

学校考试评价是教育评价改革最重要、涉及面最广的领域。在“双减”政策下，太平中学积极探索通过考试管理与评价改革，推进教学管理改革，优化教育教学质量，切实减轻学生学业负担；通过学校考试管理与评价改革转变家长观念，构建家校共育合力，为学生健康成长营造良好的教育生态；构建学生发展质量评价体系，全过程、全方位引领学生全面发展，推动学校教育教学高质量发展。

【点评】

从考试成绩评价到综合素养评价，优化考试评价助力减负增效。太平中学通过考试管理与评价改革，推进教学管理改革，优化教育教学质量，切实减轻学生学业负担，构建学生发展质量评价体系，全过程、全方位引领学生全面发展。

让“双减”落地，让“趣味”延续

高明区沧江中学附属小学　邓玮仪

在“双减”政策下，学校要落实考试评价增值，教师要优化评价方式，共同探索真正能实现减负增效的新道路。《深化新时代教育评价改革总体方案》中的五“破”五“立”也要求学校转变“唯分数论”的评价机制，完善综合素质评价体系。随着“双减”政策的颁布和落实，佛山市高明区沧江中学附属小学大胆创新评价方式，从纸质评价方式转变为生动有趣的素质展示活动，将知识融入游戏中，将评价隐于活动中，更好地发挥评价的教育功能和导向功能，促进学生的全面发展。

沧江中学附属小学一年级在学期中和学期末分别举办了“趣味游园，快乐闯关”“虎娃闹新春，传承润童心”的综合素养展示活动，将“课堂”转移到了室外，探索了“双减”新途径。

一、“趣味乐游园，快乐大闯关”

在第一学期期中阶段，为了展示我校一年级学生在“双减”政策下的学习成果和精神风貌，也为了更好地了解现阶段学生的综合素质和学习状态，沧江中学附属小学开展了一场趣味十足的游园活动，主要通过让学生排队闯关集章的方式进行，将知识融入游戏中，让学生在做中学、玩中学、学中悟。

图4-3-18　学生排队闯关集章

（一）语文学科

语文新课标中对于一年级学段学生提出了在识字写字、汉语拼音、口语交际等方面的学习要求。因此，一年级语文备课组设置了许多趣味横生又干货满满的活动。

为考查学生的识字能力，本次活动设置了规则为“学生抽取本学期学过的生字词进行口头组词，至少组两个”的“口头组词我最棒”关卡，意在用组词的形式考查学生是否真正掌握了该生字。

汉语拼音是一年级上学期语文学习的“重头戏”，为考查学生能否准确拼读音节，设置了规则为“学生抽取音节，把音节拼读一遍”的“拼读我能行”关卡。为考查学生能否清晰分辨汉语拼音的声母、韵母以及整体认读音节，设置了要求学生根据拿到的拼音卡片，在规定时间内把他们送回“家”的关卡。本次活动还设置了“欢乐戴帽”关卡，规则为“你是否能正确标调？一起来找找属于拼音宝宝们的专属音调帽子吧！”该关卡意在考查学生的音节标声调掌握情况。

本次活动还设置了“读好儿歌我最棒”关卡，选取本学期已学课文中的儿歌，看学生能否读准确、读流利，意在考查学生能否达到“准确、流利地朗读课文”这一课标要求。

（二）数学学科

数学学科在一年级学段的重点是在数学学习中培养学生获得数感的能力、动手操作能力和解决问题的综合能力。因此，一年级数学备课组在本次活动中设置了许多操作性强又有趣的关卡。

为了考查学生的计算能力和数的大小比较能力，设置了“快乐骰数”关卡，学生抛骰子，抛到哪一个数字，就完成相应序号的题组，每组3道口算题和2道数的大小比较题。

为了考查学生看图列式解决数学问题的能力，设置了“智慧摘果”关卡，在黑板上，摘一个自己喜欢的“果子”，完成后面的题目，每组题目里包含2道看图列式题和1道一图四式题。

对于图形的感知是本学期数学学习的重点，因此设置了“幸运摸图”关卡，让每个学生戴着眼罩摸出4个立体图形，分别说出图形的名称，意在考查学生对图形的认知水平。“妙手探知”关卡则通过抽题，让学生按要求完成拼摆，从而考查学生对位置及图形拼摆等知识点的掌握情况。

一年级数学备课组还设置了“认数达人”关卡，通过学生抽取3张卡片说出相应字词并数数（卡片正面是常用词，背面是数数内容），考查学生对数学基础知识的掌握程度。

根据集章数量，学生可以换取礼品和获得“语文小达人”“数学小达人”的称号，这次活动提高了学生的学习热情，充分调动了他们的学习积极性。

二、“虎娃闹新春，传承润童心”

在期末举行的第二次素质展示活动，形式与期中的活动基本相似，都是以排队闯关集章的方式进行，不同的是本次活动以即将来临的虎年为主题，以过年习俗为线索，将评价活动寓于其中，生动有趣，贴近生活，“年”味十足!

（一）岁末大扫除

每到农历年的年末，家家都会进行拆窗帘、洗冬装、吸灰尘等大扫除活动，寓意除旧迎新等。本次活动设置了“岁末大扫除”的关卡，通过现场叠红领巾的形式考查学生的生活自理能力，体现了全面发展素质教育中“劳育”的要求。

（二）挂生菜

过年挂把生菜，讨个好彩头，寓意财源广进，来年运势更上一层楼。于是在本次活动中设置了“挂生菜”的关卡，在每棵生菜上附有1道计算题，学生自选一棵生菜，对其附有的题目进行计算并作答，意在考查学生的数学计算能力，体现了全面发展素质教育中“智育”的要求。

（三）逗利是

利是也叫利事或利市，取其大吉大利、好运连连之意。“逗利是”是孩子们最喜爱的过年习俗了，闯关活动中怎能少呢？因此本次活动设置了“逗利是”关卡，准备了9个利是封，每个利是封后面分别是1~9中不同的数字，任选两个利是封，口算两个数字的和或者差，意在考查学生的数学计算能力。

（四）置办年货

每到农历年的年末，人们总会以置办年货迎接新年的到来。于是本次活动设置了“置办年货”关卡，让学生任选一样年货的图片，每张图片正面附有相应的价钱，学生需要在计算器上拨出相应的价钱，意在考查学生的计算工具操作能力。

（五）赏花灯

新年在即，街上会挂满各种灯笼，一家大小赏花灯，其乐融融。因此本次活动中设置了考查学生拼音掌握能力的“赏花灯”关卡，学生任选两盏花灯，拼读出花灯上的拼音。

（六）说吉利话

新年到，怎能少得了相互说祝福语呢？因此，本次活动设置了“说吉利话”的关卡，学生从同学、老师、奶奶三者中任选一个人物，说出三句新年的祝福语，其中一句要用英语说。这不但考查了学生的口语交际能力和英语表达能力，还让学生在活动中明白对于不同辈分的人需要不同的表达，是对文明礼仪教育的落实，体现了全面发展素质教育中“德育”的要求。

图4-3-19 “说吉利话”关卡现场

（七）贴春联

过年贴春联、贴贴画，更有年味、更有意义。为了落实语文课文中的必背要求，考查学生的背诵情况，本次活动设置了“贴春联”关卡，学生选取春联或者贴画，并对背面的古诗或者课文片段进行填空式背诵。

（八）吃顿年夜饭

过年吃年夜饭，体现的不仅是过年的仪式感，也是对新年的美好祝愿。因此本次活动设置了“吃顿年夜饭”关卡，让学生任选一张年夜饭图片，在规定时间内看图说话，在富有趣味的新年场景中对学生的文字表达能力进行考查。

（九）全家福

为了让学生留下美好的回忆，本次活动还设置了“全家福”关卡，让学生至少4人为一组，在虎年相框中进行合照，要求每个人必须摆出不一样的动作。这体现了全面发展素质教育中“体育”的要求。

除此之外，本次活动还要求学生自己制作虎年头饰，穿着红色衣服来参加活动，这锻炼了学生的美术作品制作能力，体现了全面发展素质教育中“美育”的要求。

沧江中学附属小学这种非纸笔的新型评价方式符合“双减”政策规定，既对学生的综合能力进行了检测，为学生能力发展“加油”，又将教育新政有效落地，将减负增效落到实处，真正做到了让“双减”落地，让“趣味”延续，更为学生综合素质的整体提升探明了新方向！

【点评】

从分数本位的评价方式变为素养本位的评价方式，趣味十足。沧江中学附属小学创新学生综合素质评价方式，考查场地从教室内转移到教室外，形式从枯燥的纸笔考试转变为游戏闯关活动，真正做到了让“双减”落地，让“趣味”延续。

“双减”在行动，乐享“数”评

高明区西安实验小学　吴伟媚　甘美兰

“双减”政策实施以来，西安实验小学积极学习政策，认真抓好落实，在这一过程中，学校的教育教学活动发生了较大的变化，尤其是考试评价。在“双减”政策下，考试评价该如何改变，如何实施？

根据“双减”政策要求，小学一、二年级不进行笔试。那么，一、二年级该如何“诊断”学生的学习情况呢？西安实验小学一年级的孩子们通过口头回答和动手操作来进行数学期末考试，为无纸化测评增加了趣味性和实操性。

第一关：我会拨计数器（0~20各数的认识）

孩子们通过在计数器上动手拨珠、数数，认识1~20的数位。拨珠的过程能帮助学生直观理解十进制，理解10个一就是1个十。同时，让学生观察计数器上的珠子，引导学生发现：十几是由1个十和几个一组成的。

图4-3-20　在计数器上动手拨珠活动

第二关：我会进行分类整理（说出你的分类标准）

数学学习的最终目的是让学生把习得的知识运用在生活当中，学以致用。因此，一年级的老师们别出心裁，把考场设在学生们的家里。学习分类整理，让学生在家里利用分类整理的方法进行物品的整理。看！学生们都分类整理了什么物品？

图4-3-21　分类整理方法操练

完成分类整理任务后，让家长当老师，由学生们在分类整理后对物品数量进行比较，说出哪种物品最多，哪种物品最少和根据什么样的分类标准来分类，最终由家长根据孩子的表现给出评价。

参加此次数学闯关期末测评的学生们都很开心，他们说，通过自己动手操作来进行考试，特别有趣和有成就感。

学习数学要学以致用，学习知识的目的就是运用，通过有趣的闯关游戏，既能激发学生的学习兴趣，又能检测学生对知识的掌握和运用情况，一举两得。

【点评】

在“双减”政策下，进一步规范西安实验小学考试评价，一、二年级从笔试转化为口语交际和动手操作能力测评，培养了学生良好的学习习惯，减少了学生的考试压力，同时也落实了“双减”政策。

第五章
教师队伍减负

JIAOSHI DUIWU JIANFU

第一节　区域案例

落实教师“减负”，贯彻“双减”新政

三水区芦苞镇教育指导中心　胡耀恒

为落实中共中央办公厅、国务院办公厅印发的《关于减轻中小学教师负担进一步营造教育教学良好环境的若干意见》，芦苞镇落实为学校、教师减负，抓住教师中的“关键少数”——名师，放大其价值，为其搭台赋能组团，贯彻“双减”政策，促进教育教学质量提升。

一、落实严控，缩减“进校园”活动

芦苞镇教育办公室规定其他部门工作“进校园”必须要向镇教育指导中心申报，向各学校明确：除了上级有文件要求学校、教师参与的工作外，其他未经镇教育指导中心批准的任务，学校、老师有权不参与。各学校的挂牌督学到学校督导检查时，同时对“进校园”工作进行排查，对未经批准而进入校园的部门，由镇教育办公室出函整改，同时呈报镇委、镇政府。

芦苞镇规定学校不得布置家长关注与教育无关的公众号，或下载与教育无关的APP，以免影响了教育的公信力。学校对未经镇教育指导中心通知下载APP、关注公众号等任务，学校有权不传达给教师和家长。

二、优化整合，压减工作环节和“无用功”

学校是独立的法人单位，请示、财经手续审批等向各级部门呈批文件较多。芦苞镇规定：各学校的经费预算纳入镇教育办公室部门预算；各学校的请示、财经手续审批文件递交镇教育办公室，接下来的流程由教育办公室安排人员代办；学校的重大事项需要呈报镇党政联席会议讨论通过的，由镇教育办公室统一整理资料呈报。

除了学校邀请相关部门进校园指导工作外，各相关部门每季度到学校检查工作，由镇教育办公室牵头组织联合检查，尽量减少对正常教学秩序的干扰。

启动“名校+”工程。根据三水区教育局的指引，结合学校实际，芦苞镇实施全域“名校+”工程，把4所小学、5所幼儿园搭建成3个共同发展组团，分别是“芦苞实验小学+新乐丰小学”“蔡边小学+东华文武学校”“芦苞中心幼儿园+4所民办幼儿园”，牵头学校辐射教研成果，支持共建学校成长，促进镇域学校均衡优质发展。同

时，牵头学校提供课改方案，共建学校结合本校实际进行改良和创新，压减共建学校重复性行政文案工作，减少“低效用功”和“无用功”。

三、名师引领，建设优秀教师团队

根据佛山市三水区人民政府办公室关于印发《佛山市三水区“强师工程”实施办法的通知》的精神，贯彻《芦苞镇教育提升三年行动计划》，实施《芦苞镇“强师工程”建设实施方案》。“强师工程”分为名师系列和骨干教师系列。名师系列设名园长、名教师、名班主任3个项目，骨干教师系列设教学能手、教坛新秀2个项目。目前，除了市、区级名师外，我镇认定了8位“芦苞镇名师”、5位“芦苞镇名班主任”、9位“芦苞镇教学能手”、11位“芦苞镇教坛新秀”。

镇名师的认定周期为3年，认定周期内须积极参加课改探索，可以自主备课、自主设计作业、创新开展教学活动，充分发挥示范、引领和辐射作用；成立工作室，积极组织教师学习、培训，开展“传、帮、带”活动；积极开展教科研工作，承担课题研究与人才培养任务；定期开放常态课堂，为其他教师提供学习的机会。每位名师与不少于3名镇级青年教师或骨干教师结对。同时，根据我镇教育教学情况及存在的重点和难点问题，名师开展教学课题研究，完成不少于1项镇级以上教育行政部门立项课题研究，并形成高质量的研究报告、专业论文或专业著作，为我镇教学改革提供科研服务。

【点评】

为学校减负，是对教育负责；为教师减负，是让教师回到本位、让教育回归本质的有效行动。芦苞镇抓住减负的关键，开展“强师工程”，抓住了教师队伍中的“关键少数”，对实施“双减”政策后“如何尊重教育规律，从而实现提质增效”的问题采取了有效措施。

第二节 样本示范

减压在行动，幸福来敲门

禅城区东鄱小学 陈艳允

“双减”政策已经推行了一段时间，学生和家长明显实现了减负，与此同时，带给教师们的却是更多的思考和挑战，其工作强度和压力一度增加，因此，锻造“快乐”钥匙，帮助老师开启幸福之门，减轻工作压力，成为东鄱小学落实“双减”政策的一个重要课题。

“快乐”钥匙之一：完善合作机制

在“双减”政策下促进学生“五育”发展，对老师有了更严格的要求。学校努力构建“家—校—社区”合作共同体，充分利用家长和社会资源辅助课程开发，撬动了教师的专业短板，同时减轻了教师的工作压力。自“双减”政策实施以来，北京同仁堂佛山分公司多次派出医师到校，为师生讲授药理课程和进行艾灸，并手把手教授学生制作中药香包和烹饪药膳；擅长书法和美术的学生家长，每周到校义务为低、中年级的学生进行书法和绘画的指导，提升学生的美育水平；东鄱村民庞师傅喜好龙狮，在学校组织了龙狮队，讲述龙狮文化，传授龙狮套路，帮助学生更好地学习祖国的优秀传统文化；热心家长为学校录制系列宣传视频，积极向外界讲述东鄱好故事……“家—校—社区”合作共同体的良好运行，有效减轻了教师的工作负担。

“快乐”钥匙之二：经营温馨小屋

学校把教师的身心健康放在极其重要的位置，我们通过打造温馨怡人的教师休憩小屋，让教师们在繁忙的工作中感受偷闲的乐趣。小屋聘请专业人士进行设计，四壁书籍满目，顶上绿植环绕，装修简洁淡雅。身处其中，教师们可以感受书香的美好；可以品尝美味的糕点；可以喝着咖啡和同事们聊天谈笑；也可以自行制作各种果汁，感受劳动的快乐。一个小小的温馨屋子，让教师们尽情释放身心的压力，既拉近了人与人之间的距离，又增强了教师的职业幸福感。现在，温馨小屋已经成为东鄱小学一个民心亮点工程，为教师们赶走一天的疲累，让教师们切实感受学校的人文关怀。

“快乐”钥匙之三：开启“五个一”工程

学校积极构建减负机制，营造幸福和谐的教育环境，减少教师烦琐重复的资料筹备工作，杜绝低效和无效的劳动，每学期在教研组内开展“五个一”幸福工程：读一本好书、去一次郊游、参加一次运动比赛、组织一次团建活动、写一个成长故事。学校把主动权交给教研组长，由教研组长在每学期初制定好“五个一”工程方案，提交要购买的书目清单和各项活动需要配置的物品，校方则全力配合完成物力的准备。在教研组长的统筹下，科组老师出谋献策，使不同科组的“五个一”工程各美其美。活动在鼓励教师团结互助、努力工作的同时，也让教师能感受美好的生活，记录精彩的点滴，尽情享受为师之乐。

“快乐”钥匙之四：启动“校长有约”

随着“双减”政策的落地，为了真正实现减负提质，学校对课堂教学和教师的专业发展有了更高的要求。教师们工作时间延长，学习和教学任务加重，不免有焦虑的情绪。学校启动了“校长有约”项目，校长不定期对教师进行约谈，为的是更好地了解教师心中所需，帮助教师解决困难。“校长有约”虽然只是运作了一个多学期，但聊天的对象覆盖了新、老教师和不同学科的教师。学校希望建立民主的沟通方式，通过坦诚的彼此倾听，彼此思考，从而达到彼此接纳，在相互理解中合作共生。同时，项目加强了教师对学校工作的理解和支持，激发了教师工作的热情和创造性，让每一位教师都感受到同事间关系的温暖。

“双减”政策给予了我们太多思考和创造的空间，如何为老师们减压，使其开启新的幸福工作的旅程？我想正是像东鄱小学日常所做的那样，赋予教师更多的专业引领，让教师感受职业的尊严；关心爱护每一位教师，让教师们体会集体中的幸福感；努力改善工作环境和建设民心工程，让教师们享受家庭般的温暖。“快乐”钥匙在手，让我们敞开心扉，迎接幸福来敲门。

【点评】

“双减”政策的实施，要求教师对课堂的把控更精准，对教学的实施更有效，对学生的教育更到位，这些都在无形之中加大了教师的工作量和工作压力。教师除了本职工作外，还有家庭的责任，所以难免出现倦态。东鄱小学为了疏导教师的心理，排解其工作压力，减轻其职业倦怠感，通过锻造“快乐”钥匙，积极采取各种有效的手段丰富教师生活，提升教师“待遇”，解决教师生活和工作中的困难，帮助教师开启了幸福工作之门。

第三节 学校案例

智慧办公助力，教师轻装上阵

禅城区澜石小学 郭志江

在“双减”政策背景下，澜石小学利用智慧办公手段精简优化教师办公场景，实现在考勤请假、值日汇报、防疫数据收集、健康日报、设备报修、家校沟通、校本课程研修、会议签到、制度流程查询等方面的智慧办公，让教师不受时间和空间的限制，可以随时随地畅通高效办公；让教师有充足的时间开展教育、教学、科研等工作，提升专业素养，实现自我发展及促进学生成长。

智慧校园泛在化管理，让教师少跑腿。教师上班时进入校园用手机APP完成自动打卡，后台生成出勤月报，使教师避免了到指定地点做纸质签到的空间束缚；值日教师通过手机APP的汇报功能实现值日到岗签到，使各岗位的值日到岗情况一目了然；教师通过手机APP请假，即时发送给主管领导审批，审批结束后抄送给各处、室、部门。除此之外，一键报修、外出申请、出市出省汇报等功能同样便捷高效。这些应用有效提高了学校管理质量和水平，改变了学校的管理方式，对教师减负的效果显著。

智慧云端校本研修，助力教师专业发展。教师日常都拥有自己的教育教学工作，为避免教师频繁应付现场工作，澜石小学通过手机APP的乐享课程功能开展教师校本培训课程，管理员根据学期研修计划，建立研修资源库，设置定时推送，教师可随时随地学习并可在留言区发表学习心得体会。管理后台详细记录学习时长、完成率等数据，根据实际情况，管理员可一键催办提醒。

智慧家校沟通，高效畅顺减负。普通的班级群在管理上存在身份认证不实、功能单一的问题，班主任或任课教师较难管理。澜石小学基于手机APP的家校沟通功能，进行实时在线的智慧化信息发布，家长以实名身份接收信息。教师与家长单独沟通时，可以将工作关系和生活关系分开，隐私得到保护。与此同时，手机APP的使用还能使教师减负，如利用能每天定时提醒与催办的健康上报功能，班主任能在后台获取填报的大数据，一键生成导出表格，使在疫情防控时期的班级日常管理更高效便捷；通过群发通知功能，教师可以随时查阅每一则通知的家长阅读情况并导出签名确认表，大大减少了教师的工作量；机器人自动催办功能也能使教师省心省力；群内收集表的发布，可在群内收集照片、数据、文件等信息；借助家校通讯录，教师可随时查阅家长联系方式，一键拨通家长电话，实现顺畅高效沟通。澜石小学通过智慧校园有效加强学校与家庭之间的沟通和联系，不断提升我校教育教学管理水平，让每位孩子的可持续发展成为可能，同时优化了我校家校沟通方式，使其更加智慧化，更具互动性、及时性。

澜石小学为实现教师减负，深入探究教师存在的负担，明确其产生的内在原因，通过手机APP的使用，使教师进行智慧办公，“轻装上阵”，成效显著。

【点评】

为实现教师减负不减质，澜石小学深入探究教师日常工作中存在的问题，运用智慧校园信息化办公工具，减轻教师工作中存在的负担，让教师全身心地投入到教书育人工作中，专心承担起立德树人的任务。

做一名幸福的教师

高明区沧江中学附属小学　胡楚友

随着“双减”政策的颁布与落实，公众普遍关注学生负担减轻和教育教学质量提升的问题，对教师队伍的减负工作却关注不够。沧江中学附属小学的领导们认为，为学生减负，也要为教师减负，减轻教师们的工作压力和非教学负担，促进他们静心教书、潜心育人，从而进一步提升我校教育品质，打造人人向往的沧江中学附属小学教育。

沧江中学附属小学在教师队伍减负方面有妙招。

一、无纸化审批

告别了烦琐的审批流程，不用到处奔波找领导签字，从而避免浪费教师大量的时间。所有的审批单、申请单等都可以在手机上操作完成，不仅节省了时间，也节约了纸质材料，还能减轻教师做统计表、收集资料的压力。

二、两小时方便假

校内制度是给予教师以约束和规范，而人文关怀则是对教师的关爱和理解。有效制度要“取之于师”，才能“用之于师”。沧江中学附属小学在教师请假制度里增设了特有的“零星假”，即两小时方便假，为教师的工作提供了弹性时间，从而使教师可以把生活和工作的关系处理得更好，也给教师增加了幸福感。

三、促进教师专业发展

创造机会、开辟条件，沧江中学附属小学经常让教师“走出去”参加各类学习、培训活动，把专家“请进来”，组织教师参加讲座、学术研讨交流、读书会、推荐阅读书目、观看影片等活动，使教师们专业成长快速，从而获得更多的幸福感。

师生从来就是一个成长的共同体，师生是相互影响、共同成长的。只有教师健康、成长，才能促进学生更好地发展、成长。在“双减”政策下，沧江中学附属小学将更加爱护教师、理解教师、尊重教师、关心教师、帮助教师，只有这样，才能确保沧江中学附属小学这支生力军更有生机，沧江中学附属小学这个教育阵地更有活力，才能确保“双减”政策持续、有效地贯彻落实。

【点评】

在“双减”政策下，沧江中学附属小学从教育教学工作任务、教师专业发展需求、教师心理健康等多方面考虑，切实减轻教师的工作负担，这不仅有助于营造尊师重教的社会氛围，切实提高教师的社会地位，而且还可以在一定程度上提高教师的生活质量，缓解教师的生活压力，让教师能够安心从教、舒心从教。

“学习共同体”助力教师“松绑减负”

南海区罗村实验小学　胡文君

中共中央办公厅、国务院办公厅印发的《关于进一步减轻义务教育阶段学生作业负担和校外培训负担的意见》，引发了全社会的关注。“减负提质”对教师的专业能力提出了更高的要求，教师的压力和负担也增加了。因此，“双减”背景下，如何在科学地减轻教师负担的情况下，促进教师专业发展，提高教学质量？这对学校教育提出了更多的现实挑战。

罗村实验小学为推进“双减”政策的落实，首先为教师“松绑减负”，帮助教师激活自己，去学习、去提升、去创造。基于“双减”政策，打造“学习共同体”，即以我校“四品教师”评聘制度为依托，通过“科组共同体”“志趣共同体”“师徒共同体”“评价共同体”的建设，实现教师队伍动力引领、专业引领、价值引领，打造一支结构层次化、素质专业化、发展持续化的教师队伍，提升教师自身的职业幸福感，从而走出一条“减负”与“提质”双赢的发展之路。

“科组共同体”——拓展教师专业发展的广度。“科组共同体”是指各学科教研组在共同的思路、想法下，为共同的教育愿景而合作、努力。以“学研行”学科组织为载体的“科组共同体”，团结聚力，打破传统故步自封的状态，实现共融，共建新型教研模式。通过集体备课、课题引领、公开展示的模式发挥相互融合、相互促进的作用，在大学科前提下提供给教师最广的互学方式，让科组教研成为教师专业成长的重要路径，让教师的教研思想实现“执行—参与—共建”的蜕变。

“志趣共同体”——巩固教师专业发展的深度。“志趣共同体”是以自由组合与学校统筹相结合的方式搭建教师成长、成才的实践框架，让志趣相投的教师形成一个合力，专门在某一个教学主题上开展研究，也称“群动力联盟”。每个联盟由联盟领袖、联盟骨干和联盟成员组成，尊重了教师个性、能力层次的差异。学校通过联盟课程的实施和评价，增加教师团队的凝聚力和驱动力，促进教师专业成长。

“师徒共同体”——增加教师专业发展的厚度。通过“传、帮、带”作用，给青年教师铺路子，压担子，进一步加大对青年教师的培养力度，帮助青年教师不断提高教育教学水平和科研能力。点对点地教，手把手地扶，激励青年教师快速成长，能更有效地促进青年教师迅速融入团队，也能为骨干教师注入活力，是帮助教师们把教育教学工作做细做实的关键，有助于打造发展可持续化的教师队伍。

“评价共同体”——助推教师专业发展的程度。利用学业评价系统分析产生的

“班级学业评价报告单”和“年级学业评价报告单”，将班级知识、技能、思维能力统计情况与年级知识、技能、思维能力统计情况比对，得出“教师教学能力分析报告单”，实现学科教育、教学、教研的全面提升和发展。引进第三方评价系统和重组“‘幸福课堂’观测表”二维一体的评价体系，通过精准的数据对学生达成三维目标的情况和多元智能发展水平进行分析，并结合“‘幸福课堂’观察表”，激发学习的幸福点，促进教育教学走向精准化。

在“双减”政策下，为实现教育质量和效率共同提高，学校一手抓“减负”，一手抓“提质”。“学习共同体”能在科学减轻教师负担的情况下，更有效地提高教师专业发展的广度、深度、厚度、程度，促进教师专业发展，提高教育教学质量。

【点评】

罗村实验小学为推进“双减”政策的落实，帮助教师“松绑减负”，打造“学习共同体”，以学校的“四品教师”评聘制度为依托，通过“科组共同体”“志趣共同体”“师徒共同体”“评价共同体”的建设，实现教师队伍动力引领、专业引领、价值引领，打造一支结构层次化、素质专业化、发展持续化的教师队伍，从而走出一条“减负”与“提质”双赢的发展之路。

资源优化，从“-”变“+”

南海区狮山镇光明新城小学　梁佩妍

在“双减”政策下，学生的作业变少了、家长的负担减轻了，相对而言，教师的工作量变多，工作时长变长，教师也成为需要减负的团体。我校在“双减”政策实施的大环境下，多管齐下地实施新的管理办法，让教师们的工作量减少，把时间和精力还给教师，让他们静下心来研究教学、备课“充电”、提高专业水平。

对课后服务实施“减法”。对参加课后服务的学生进行拼班，最大限度地压缩课后服务班数，增加课后服务绩效津贴，让教师每周只需要参与一次课后服务；还推行“弹性上下班制”，让教师没有后顾之忧，在时间的安排上有更大的自由空间。

对会议实行“减法”。精减会议，使全校教师会议只安排在开学前及学期结束后，共2次；任何通知及精神通过教导处、德育处和总务处三条线分级公布，分层管理，尽可能少开会或不开会。

对评价机制实施“减法”。要改变教师对学生“唯分数论”的评价标准，须先从学校对教师的评价机制改变开始。校内不建立“唯分数论”的教师评价机制，改变教师“应该教育”的心态，使教学从“知识本位”向“健康本位”“素养本位”转化，才能真正改变教师的教育教学行为。

对备课实施“减法”。在教师的工作中，备课占了不少的时间，“双减”政策的实施对课堂效率与教学效果提出了更高的要求。我校为了提高课堂效率，减少了无效的科组学习和检查，增加了集体备课时间，每周固定安排2节集体备课时间。把备课组内的教师安排在同一个办公室，方便沟通。除三年教龄内的青年教师需要手写详案外，其他教师不再需要重复性地手写详案。我校的青年教师较多，他们缺乏教学经验，对教学重难点把握不准确，教学方法不到位，教学效率不高，教学效果大打折扣。因此我校采用“以老带新”的办法进行集体备课，在主备课人备课的基础上进行备课组内研讨修改，得到最终稿后根据班级的情况进行个性化修改，改变了以往每个教师需要手写详案的重复性工作方式，使课堂增效。集体备课时还注重学生作业的设计，分层设计作业，提升作业质量，“减量”而不“降质”。我校重视团队建设，每个备课组的人数较多，学校充分发挥科组长及备课组长的领导能力，将整个备课组的教学任务交由备课组长分配，语、数、英每个备课组每周每位教师备课不超过一课时，极大地减少了教师个人的备课时长。每位教师都把自己的备课资料共享给整个备课组，包括教学设计、课件、课堂作业及课后作业等，提高了每位老师课堂教学的有效性、作业设计的科学性。学校只对整个备课组的教学效果进行评价，不对教师个人的教学效果进行评价，从而更好地发挥备课组的团队力量，提高备课实效，实施课堂创新，提高作业质量。

“双减”政策实施后，在无形中给教师增加了许多压力，学校多次让教师对学校的管理提出意见，从后勤方面极大地为教师的生活服务，减少教师的后顾之忧，减少教师的非教学和隐性工作时间，给予教师群体更多关注和关怀，鼓励教师兼顾家庭和个人生活，不断提升工作效率。

【点评】

资源优化，让“双减”政策成为学校管理不断完善的指挥棒。学校的评价机制从唯“分数”到重“素质教育”转变，从“个人评价”到“集体评价”转化。实现教师个人备课减负，集体备课增效，优化集体备课，既减轻了教师备课的负担，又提高了备课的效率，从而提升了教学效果及作业质量，提高了集体的凝聚力。

“师”情“画”意，减负增效

华南师范大学附属实验小学恒大南海学校　汪萍　李昕璐　何韵

以为教师减负为目标，为落实《“健康中国2030”规划纲要》精神，华南师范大学附属小学恒大南海学校不断丰富教师的文化体育生活，组织建立了羽毛球社团、乒乓球社团、篮球社团、足球社团、游泳社团、绘画解压社团、身体韵律社团和三字艺术社团8大社团。丰富的社团活动与美妙的艺术展示，体现了学校教师爱国爱校的丰富情感和深厚的人文素养。

风“羽”同舟，“羽”你相约。羽毛球一直都是学校品牌运动之一，学校羽毛球队在各大比赛中，连年斩获佳绩。专业的教练和艰苦的训练为学校打造出了一支强劲的羽毛球队伍，社团成员于球场方寸之地挥斥方遒。

国球态度，“乒”出精彩。恒小教师，当仁不让。乒乓球社团为学校乒乓球爱好者搭建了一个互相学习、交流的平台，教师们各施绝技，展现了学校教师的乒乓球运动水平和锐意进取的精神风貌。

篮球精神，竞技健体。篮球场是一个活力无限的地方，无论严寒酷暑，无论刮风下雨，学校篮球场上总有许多挥汗如雨的身影，这就是篮球的魅力所在。坚定的目光，美丽的运动弧线，精准的投篮，展现了教师积极向上的精神风貌。

足球健将，魄力十足。下午六点，绿色宽敞的草坪上，足球社团的教师们身姿矫健、步伐灵巧，只见他们奔跑、运球、闪避、射门，一系列的技术动作让人眼花缭乱。赛场中，他们拼抢积极、战术得当、团结一致，尽情释放着激情和活力。

纵壑之鱼，健身塑形。“沙鸥翔集，锦鳞游泳。”在清澈的泳池中，游泳社团的教师十分惬意，游出如锦鲤般的身姿，悠然自得。

在提升教师身体素质的同时，学校也关注着教师精神世界的需求，艺术解压类社团也开展得有声有色。

浓墨重彩，“绘”声“绘”色。古有丹青妙手，沉浸于绘画之中，画出之物栩栩如生。现代研究发现，绘画这种艺术方式可以让人达到释放心中压力的作用。心理学中也有专业的绘画心理分析技术，通过分析画作了解绘画者心理状况。在绘画解压社团，教师用绘画艺术释放心中的压力。

图5-3-1　教师参与社团活动

仪态万千，“韵”味十足。翩若惊鸿，宛若游龙，身法韵味，步步生莲。气质出众的人总少不了优雅的仪态，舞蹈身韵社团主要以让教师陶冶性情、塑身健体、提升气质为目的，由学校专业舞蹈教师授课。

行云流水，落笔有神。入木三分，笔走龙蛇，此等书法技巧，非刻苦不能练就。但“行到水穷处，坐看云起时”的淡然态度，却可以通过业余书法练习获得。书法社团旨在让参与教师喜好书法，修身养性，去除尘世所带来的躁动，沉淀自身气质，习得“采菊东篱下，悠然见南山”般悠然闲适的心境。

在各类社团活动开展一段时间之后，学校对教师进行了回访调查，发现教师对参加社团活动的热情节节攀升。许多教师都觉得这样丰富多彩的社团活动十分有意义，希望能够多多组织。各类社团活动在整体层面上，极大丰富了学校教师的业余文化生活，使教师的精神面貌有较明显的提升。同时，社团活动增强了教师之间的情感联结，提高了教师们协同工作的效率，促进了学校的发展。

【点评】

教师减负，教学却并未减效，华南师范大学附属小学恒大南海学校注重教师修养和素质的提升，将学校君子教育的精神根植于心，注重师德师风建设，落实“双减”政策，以增强教师对学校的归属感、缔结教师与学校深刻的情感纽带为目的，帮助教师在忙碌的工作中化解压力，培养良好的道德情操，形成积极向上、健康活泼的校园氛围。

减负，让教师轻装上阵

三水区白坭镇第二小学　李少兴

2021—2022学年第一学期，是中小学全面落实“双减”政策有关部署要求的第一个学期，三水区教育局发布了《校内课后托管服务工作方案（试行）》。第一学期结束后，白坭镇第二小学课后服务的质量得到家长的认同，在问卷调查中家长的满意度达到99%，学校减负提质工作初见成效。

学校的核心工作是教学，教学工作的关键在教师。如何给教师减负，让教师轻装上阵、走得更远，让教育回归本源呢？白坭镇第二小学在给教师减负方面进行了初步探索，收到不错的成效，促进了教师的身心健康。

学校开展“减轻教师负担，提升教育品质”行动，学校领导班子“过滤”了上级各单位、各部门布置的工作任务，把一些与学校关联不大的活动拒之门外，减轻了学校教师的工作负担，使教师安心教学。

学校实行精简会议时间、限制会议数量的举措。以前，学校基本上一周召开一次教师会议，时间是两节课。在新学期，经学校行政会议讨论通过，每月召开一次校级的教师工作会议，有紧急任务要传达时，由传达任务的教师精简概括工作要求，会议时间控制在一节课内。

实行校内午休托管服务，保障师生休息时间。早前，师生的午睡效果特别差：有学生因趴在桌子上睡得不舒服而不愿意睡；低年级学生趴睡时会不经意歪倒在地上；看管纪律的教师也辛苦。实行校内午休托管服务后，全校的学生都参加了午休托管，学校不断改善午休的条件，在各教室安装了空调，买了厚胶垫，让学生躺平睡。同学们睡得舒服，愉悦的小脸是得到舒适休息的见证。教师安顿好学生午睡后，可以适当休息。师生休息时间得到保障，这也是为教师减负的一个体现。

学生在晚托期间基本完成书面作业，教师在校内及时批改作业。早前，各学校普遍存在一种不良的现象：各课任教师争着布置大量作业，学生晚上挑灯夜战，教师则通常背着厚重的作业回家加班加点批改。“双减”政策要求严控书面作业总量：小学一、二年级不布置书面家庭作业，三至六年级书面作业平均完成时间不超过60分钟。学校有96%的学生参加基本托管，教师们科学合理布置作业，学生基本上都能在校内完成书面作业，交给教师批改，教师批改后及时辅导同学订正错题。这样，学生书包实现“瘦身”，学生晚上在家完成实践作业和阅读名著，教师也能轻装回家，一举两得。学校实施了弹性下班制度，没有晚托任务的教师在16:30下班。教师下班后可以锻炼身体，或陪伴家人，教师的职业幸福感加强。

学校控制考试次数，利于教师专业发展。早前，有些小学出现两天一小考、一周一大考的现象，还超纲教学和加快教学进度，导致教师和学生都吃不消，出现拔苗助长的反效果。“双减”政策落地后，学校控制考试次数，师生拍手叫好。一、二年级学生不进行书面考试，教师在期末的时候进行别开生面的闯关活动，考查学生对基础知识的掌握情况，提升学生自主探究的能力，让学生体验成功的喜悦，教师们十分乐意做这样有意义的工作。三到六年级每学期只进行一次期末考试，不仅减轻了学生学习负担，也使教师如释重负。

减负，让教师轻装上阵，拥有更多的时间去潜心备课，把更多的精力放在教学研讨上，提高课堂教学质量，促进自身专业成长。

【点评】

“双减”政策的落地，使师生“减负”，有利于师生的身心健康。白坭镇第二小学紧跟“双减”政策，以人为本，采取多种措施为教师减负。精简教师会议、在午托时让教师适当休息、在晚托时辅导和批改作业、实行弹性下班制度、控制考试次数……使教师的工作减“量”不减“质”，让教师轻装上阵，实现教育教学质量的提高。

思贤师贤，减负赋能

三水区思贤小学　陈思沛

“双减”政策落地，为学生、家长减负。随着校内课后托管服务的开展，教师的工作时间延长，工作任务加重，工作压力倍增。减负提质，“双减”政策之下，学校也应为教师减负。教师在教育工作中获得幸福感，才能带着学生去创造幸福的教育。如何切实为教师减负，增强教师教育的幸福感，从而保证“双减”的效果呢？三水区思贤小学且思且行，对此进行了积极的探索和实践。

一、扎根课堂，深耕简出

教师耗时耗力最大的还是常规的教育教学工作。课堂需要扎根、深耕，才能扎实，才能枝繁叶茂，开出美丽的花，但深耕不代表着就要耗时耗力。“相对关注教师工作时间的长短，我们更注重教师工作质量的高低，为教师减负是为了更好地给教师赋能。”思贤小学邓妙珊校长说。紧紧抓住“高效”“精简”“精减”三个关键词，学校积极进行课堂改革和课程建设的“减负”探索。课堂、作业“高效”：各科组进行“高效”课堂公开课研讨，从课堂教学的有效性和作业设计的科学性出发，让教学实现减负提质。课程设置“精简”：在全面落实国家课程，追求高效课堂之外，校本课程并不全面开花，根据学校目前只有一、二年级学生的实际情况，着眼学科核心素养，量身定做、精准定位，全力研发“童心童诗 · 绘读绘写”、数学思维课程。常规工作“精减”：减少全校性教职工会议，保证每周一个“无会日”；各类线上线下小型会议、不同类型的教师培训、读书沙龙，实现精减、精准，有针对性和实效性；全面推进电子备课，取消青年教师手写教案，重视电子教案的二次完善和教科书上的备课笔记，把重心放在优质课程资源的开发和常规教学的反思上。“高效”“精简”“精减”，让思贤小学教研有热度，有高度，更有温度。

二、幸福工会，贴心暖心

从心出发，从细处入手，真诚对待每一位教职工，思贤小学努力创建一种“家”文化。“我们是相亲相爱的一家人”，学校有意识地在每一次全体教职工会议上播种这种理念，同时从学校生活的方方面面践行这种理念：学校工会不定时进行团建活动，举办春（秋）游活动、体育运动比赛；给教职工发放生日蛋糕券；在妇女节给每名女职工一朵鲜花、一句真诚的祝福；用心做好每一顿早餐、午餐，在中秋节送月饼；给因参加学校教育教学活动而加班的教职工们提供下午茶点或暖心晚餐；仪式感就是幸福感，给因工作调动等原因离开思贤小学的教职工举行小小欢送会，给新加入思贤小学的教职工举行欢迎会……

“家”文化让教师们互相尊重，彼此信任，身心愉悦，让教师们得到真正意义上的减负。在身心放松、安心舒心的状态下，教师自身散发出来的生命力能更好地影响学生，让学生真正地“向下扎根，向上生长”。

三、幸福教育，弹性在岗

佛山市教育局发布的《关于做好义务教育校内课后服务的若干指导意见》中指出：探索实施教师弹性工作制，对有不同教学工作量和日常管理任务的教师进行优化组合和时间安排。学校统筹安排教师弹性上下班，努力给教师减负，给予教师更多的时间和空间、更多的关心和关爱。

思贤小学的每一名教师在不影响学校正常教育教学秩序的前提下，每个月会有两张“幸福假单”：一是一次弹性上下班，可选择早上9点到校或者下午提前1小时下班；二是“双减假”，对积极参与课后服务，当月出全勤的教师给予奖励，发放一张用来自我调整的休息半天“幸福卡”。两张“幸福假单”，不仅为教师们在精神上减压，也为他们潜心教书育人留出足够的空间，更为营造师生共赢的教育生态提供了条件。

思贤师贤，减负赋能。沐浴在阳光下，教师们精神饱满，心中有爱，学生们积极向上，眼里有光，他们一起奔向未来、奔赴星辰大海，这才是幸福教育应该有的模样。思贤小学将在为教师减负的道路上继续探究，不断改进、修正，为创造幸福教育而不懈努力！

【点评】

为教师减负是教育系统的民生工程，思贤小学积极探索，敢于创新，敢于实践，从课堂、教研、生活、弹性上下班等细处入手，营造“家”文化，为教师立体减负、贴心减负，为教师在精神上减压，让教师有更好的精力和更饱满的状态投入教育教学中。教师和学校形成了成长共同体，合力发展。教师有“生”气，学校发展有底气，教育才有“福”气。

运用信息技术为教师工作提效赋能减负

顺德区北滘碧江中学　梁世忠　赖定中　安媛

为在“双减”政策背景下做到增效不增压、减负不减质，我校积极探索基于信息技术的思维课堂发展新思路，借力信息技术手段为教师减负，实现学校教育高质量发展。

一、大投入创设信息化场景，为课堂增容提质升级场室硬件

近年，我校不断加快信息化建设进程，共投入约500万元对各场室信息化设备升级更新；学校重视教师信息化素养发展，坚持对全体教师进行信息化培训；多名教师在信息化比赛、课件软件比赛中获奖。

学校所有教室实现一体机全覆盖。教师教学用计算机配备率达100%，每位专任教师均配备了笔记本电脑或台式电脑；每百名学生拥有终端设备46台。学校配建有计算机室、无人机室、创客室等信息化教学场室。2020年，学校建成了录播室，方便创作个性化、可视化的课例，提升教学研讨效果。

二、多渠道引入精准教学资源，为教师减负赋能

学校引入了菁优网、智学网、洋葱学院、阅课教学平台及校运会管理平台等。通过菁优网线上选题，精准比对、改编优化，提高了教师工作效率和编印资料的质量；通过智学网线上阅卷，建立质量检测精准数据，为问题研讨、分析和策略研究提供基础，也为个性化培尖辅临精准定位，让教师不需做大量的手工操作就能根据学生错点开展反思，调整教学策略。

三、深层次开展信息化教研常规建设

（一）录播课案例研究

先录课后集体研讨。各科组以可视化的录像作为集体研讨内容，选择节点、痛点进行研究，做到到点、可视。依现场研讨生成的新课例，为优化课堂、提高课堂效果、沉淀有效资源找到抓手。

（二）“一体机+智慧课堂”案例研究

“一体机+智慧课堂”覆盖初三年级各班，为初三年级教师课堂提质赋能。通过个性化、实时反馈开展点对点和点对面的精准教学，让课堂问题凸现、可视，并在课堂中得到解决，减轻了教师课后负担。

学校通过每周一次的分科研讨课，形成课例，为教师解决课堂教学问题、发展课堂教学能力及开展自我反思提供了分析与积累的范本。

（三）智学网阅卷后集体研究

教师每次用智学网阅卷后，根据阅卷数据，形成个人、学科、班级的分析报告，开展学科内、班级科任小团队内研究，对问题、对人进行具体到点的分析，既减少了教师手工操作的麻烦，也提供了到点、到人的精准数据分析。

四、成绩与展望

通过信息技术为教师减负赋能，我校教学质量得到显著提升。

2021年，我校中考综合评价结果位列顺德区第七名，办学绩效实现了从C级到B级再到A级的跃升，荣获2021年“顺德区初中教学质量进步奖”；我校良好的课改成效和不俗的办学绩效得到一致好评，成为很多兄弟学校学习的典范。

下一阶段，我校将进一步开发信息化校本建设，提高资源质量，优化常规建设，构建信息化智慧校园，进一步为教师减负赋能。

【点评】

立足校情，通过信息化手段进行个性化分析研究，增容提质，精准教学，有效反馈，针对性跟进，大大提高了教学质量，切实减轻了教师教学负担。

以“家”文化为引领，重构教师职业专业性地位

顺德区陈村镇潭村小学　钟雪城　何焕贞

“双减”政策的实施是教育领域的一个大变革，需要教师转变教育教学观念，不断学习、实践与提升。与此同时，自“双减”政策实施以来，学校大部分老师都参与了课后服务工作，教师的工作时长和负担增加了。加上现时疫情防控的常态化，教师像陀螺般一天转不停，对于自身专业发展的思考少之又少。而教育工作需要高度仰赖教师的专业技能，教师在学校内、在教学上的专业自主权是至关重要的，面临这一困境，怎么突破？

潭村小学提出“大家潭小”的理念，以“家”文化为引领，秉持“为教师职业重构专业性的地位，明确其在学校工作中的主体地位”的信念，探索重建教师的专业自主权，把时间和空间还给教师，使教师关注自身专业发展，从工作内容及身心上为教师减负。

一是着力营造“大家潭小”文化，促进教师可持续发展。学校致力于打造一个以“家”文化为核心的大家庭，积极构建良好的学校氛围和人际关系，为教师创造温暖便利的校园生活条件，如为所有教师增添午休床、改造教师饭堂、大力开展形式多样的工会活动等，让教师有归属感、凝聚力，提升教师的幸福感。于潭村小学教师而言，正是由于一个共同目标——“大家风范”“大家参与”“大家发展”的引领，让全体教师秉持共同的价值观，同事之间互相支持和帮扶，从而得到可持续发展。

二是着力构建学校“内生能力”，让教育回归本质。学校“内生能力”发展的关键是教师的发展。潭村小学把“内生能力”建设作为长期的重要任务来设计和落实。学校制定与“适子德育　大家潭小”特色教育相匹配的师资培训规划，让教师回归教学等专业工作，包括成立教师发展中心，制定教师发展计划，完善教师发展方案，建立教师发展评价体系，区域联动开展教师专业发展系列活动，如“青蓝工程”“师徒结对”“校内外青年教师基本功大赛”等，让教师拥有真正的专业自主权，从而提高教师自主创造力和成就感，促进教师专业化、个性化发展。

三是放权赋能，革新层级管理。潭村小学教师有一定的专业素养和能力，大部分教师对教育事业有很高的忠诚度，他们足够热忱，愿意投入教育教学工作中，但是，在过去的一段时期内，教师的价值并没有得到充分发挥。于是，新一届领导班子进行大胆改革，增设了学校发展中心和民主管理小组，让更多基层教师参与学校的决策；新增级组长管理制度，细致关怀各年级教师的需求，全面、细致地统筹和推进学校工

作的开展与落实；成立学校教研中心，统领、探索和优化课堂改革、作业改革、素养考核等重要举措，推进“双减”政策落地，切实提升教学质量；对工会、防疫卫生、创客发展中心等部门负责人进行了调整，把教师放在最适合他们的地方，使每一个部门负责人在自己的工作岗位上为学校的发展发光发热、主动作为，使学校层级管理取得显著效果的同时，教师得到专业化的引领、锻炼和发展，获得成就感。一支责任心强、敢于负责、善于管理、团结奋进的管理队伍随之产生，这促进了学校整体的高效运作。

【点评】

为教师减负，从根本上来看，必须要让教育回归本质，让教师回归教学等专业事务。潭村小学秉持“大家潭小”的理念，以“家”文化为引领，让教师从身心上得到满足，提高教师的幸福感；以“大家风范”“大家参与”“大家发展”为目标，促进教师的专业性发展，让每一位教师发现自我，点亮自我，在“内生能力”的驱动下积极主动作为，获得成就感，使各部门的工作得到全面、细致的统筹和发展，教师工作得到优化，从而真正落实为教师队伍减负。

擎动“输出为本”思想，寻找“减提增”内驱力

顺德区本原小学　刘瑞华

信息化、智能化、未来化教育的到来，引发了一场学校教育生态、育人方式划时代的变革，一种全新的教育秩序正在形成。教师到了必须要“转型”的阶段，也到了该静静地想一想、妥妥地变一变、实实地做一做的时候。

“课程无边界”“课堂无边界”“视野无边界”“创造无边界”的全新教育生态已经阔步走来。2020年10月15日，我校成为华南师范大学教师教育学部组织的“核心基础”教育实验广东省首批四所实验校之一。2021年7月，“双减”政策的出台更加坚定了我们重塑教师队伍的决心。

一、向“三阶教师”借力，激发主人翁意识

教师思想的引领和观念的转变成了教师队伍建设的关键环节。已经走过116年长路的本原小学底蕴深厚，但在时代的浪潮中也出现了一些问题——教师年龄结构不合理，教育观念亟待更新。于是学校提出“三阶教师”（老中青）共同发力，以“寻找发光源—成立工作室—生发责任感—无私传帮带”为主线，让学校的“老骥”获得被信任感和被重视感，唤醒他们的“主人翁”意识，使他们成为学校改革发展的有力推动者，同时也带动身边的中青年教师以他们为榜样，向他们看齐。

二、向优质师资借力，发挥工作室力量

我校成立了本原教育集团教师成长研修项目。本原小学的杨姝枫、林春贤、尹广萍三位老师，她们与时俱进的教育思想、敢立潮头的教育勇气、别具一格的教育方法、为孩子可持续发展奠基的教育初衷让我们寻找到了“真金美玉”。三位老师成立了“慧心阅读”研修工作室、“魅力教师”研修工作室、“习惯育人”班主任成长研修工作室。以工作室为依托，一大批成长愿望迫切的中青年教师加入了研修团队。工作室定期开展课堂教学研讨、专题讲座、主题沙龙等，引导教师对学生的评价逐渐实现由“学业型质量”向“成长型质量”“生命型质量”迈进。

三、向高阶思维借力，丰润思想体系

华南师范大学“输出为本”项目研究团队多次莅临我校指导工作。他们强调以“输出”为目的，以“输入”为手段；以“输出”倒逼“输入”，让学生带着能力输出的目标进行有目的、有动力、有意义的知识输入，倒逼学生进行深度学习，对所学

知识进行自我建构。研究团队多次深入学校，开展交流研讨活动，与一线教师进行思维碰撞，给了我校很多的思想启迪和智慧引领。“输出为本”项目团队研究也由“微团队”增容为“超级阵营”，我校所有的行政中层、科长、备课长都加入了这个团队，大家积极参与，主动学习。

四、向躬身实践借力，壮大教师队伍

我校在课堂教学改革的浪潮中已经出发，学思践悟，倾听先行。我们努力引导教师做到“两个关注”：一是关注孩子们的思维走向，培养他们的倾听、表达、质疑能力；二是关注孩子们的输出质量，培养他们发现和解决问题、自信展示与大方交流的能力，让不同层次的学生都能在课堂中“发声”。已近50岁的数学科科长陈志和说：“没有想到在这个年龄还能和大家一起学习，成为‘输出为本’项目研究团队的核心成员，这种‘自主探究+自我建构+自信展示’的教学范式对我来说很受用，也激励着我不断地思考和实践。”入职不到2年的侯静、陆子华、林晓岚、彭金、杨菡等教师已经成为学校教师队伍建设的重点培养对象。

站在新时代，本原小学以“输出”思想为切入点，以教师队伍建设为突破口，重教育的本质，循教育的真因，“三阶教师”共同发力，成为学校教学改革的推动者和参与者。

【点评】

在“双减”政策背景下，随着新课程改革的不断深入，新的课程观、人才观的确立，新的课程体系的全面落实，学校也需要更加具有改革和创新动能的教师。教师队伍建设，已成为当下学校最需解决的问题。学校以“输出为本”项目研究为依托，优化师资队伍结构，提高教师队伍整体素质，让这所有着深厚底蕴的百年名校焕发出不一样的神采。

为教师减负，让学生受益

顺德区大良实验小学　黄文虎

2021年11月初，学校来了一场作业突击检查，主要是希望通过突击检查，全面了解教师们落实“双减”政策的实际情况。检查结果总体良好，大部分的教师布置的作业量符合要求。但是也有一些意料之内的情况：有些班的作业种类多了一些，有些班的作业批改次数特别多，有些作业出现漏批改的现象……这些情况是什么原因导致的呢？

为此，学校对相关的教师进行了约谈，约谈结果更是令人感到意外：有些班级的家长私下要求教师给孩子们“加料”；有些教师担心规定的作业量无法实现提升成绩的目标；有些教师看到别的教师“加料”，于是也悄悄“加料”；个别教师因为别的事情忙不过来而出现了漏批的现象……学校行政部门针对以上情况，紧急召开研讨会，商讨解决的办法。只有给教师们真正减负了，孩子们的学业负担才能减下来，才能真正落实“双减”政策。通过激烈而富于理性的研讨，学校提出了3点策略。

首先，对教学常规中的作业布置做出更细致的要求。明确规定不同学科、不同年级的作业种类，并详细说明每个种类的作业主要起什么作用、什么时候布置，规定每次作业量的变化幅度。同时，提出批改程度和订正的要求。在新的教学常规中，也对家长参与度进行了明确规定，要求教师不得违规迁就家长、一味满足家长提出的要求。学校需要用实际行动维护教学常规，杜绝那些假借“特色”之名的“课程”出现。另外，教师批改作业的工作量，计入教师工作总量，与教师绩效工资挂钩，私自的“加料”不得计算工作量。这样，就从制度上为教师实行减负。

其次，学校提出“日清周结、零存整取”的工作方式。“日清周结”指的是，教师们每天布置、收取的学生作业，必须当天批改完成；对于高年级作文的批改，则要求在本周内完成批改。“零存整取”指的是，教师们要善于根据任务的轻重缓急安排工作次序，重要的事、难办的事先完成，小事、轻事、缓事等，集中在一个时间一起完成，这样有利于提高工作的效率。这样一来，教师们就不敢随意多布置作业，否则当天就完成不了批改的任务。

第三，丰富教师们的文体生活，把教师们从繁杂的事务中解放出来。学校通过工会组织，要求大家积极参与到体育锻炼之中，为教师们制定“体育锻炼三项达标制”。这三项运动分别是跳绳、踢毽子、摇呼啦圈，根据不同的年龄设定不同的达标要求，每天大课间活动时间，教师和学生们一起运动起来。同时，学校工会每月安排一次看电影，把教师们引出办公室、带出校园。学校希望通过这样的方式，重新规划教师们的日常工作时间，教师们伏案时间少了，负担就轻了，真正受益的一定是学生。

几拨“操作”，大受教师们的欢迎，教师们认为这些是响应“双减”政策的有效方式。改变管理机制，为老师减负，能让教师舒心，学生受益。

【点评】

学校“把脉”学生作业，追寻学业负担减不下来的根源，发现根源还是在学校的管理机制上。学校提出做细作业常规、改变工作方式、丰富教师文体生活三大策略，与教师们产生了共鸣。我们相信这种“共鸣”，一定能与“双减”政策“共振”，其背后的逻辑值得深思，其大胆的做法非常值得借鉴。

负负得正，相得益彰

顺德区南沙小学　何玉媚　欧阳健文

“教师的主业是教书育人。给教师减负，就是让教师们把更多的精力放到教书育人的主业上去，放到立德树人的使命上去。这既是遵循教育规律的内在要求，更是教育事业发展的客观需要。”2019年，《关于减轻中小学教师负担进一步营造教育教学良好环境的若干意见》印发；2021年，“双减”政策出台。随着时代的发展，师生减负问题双双被关注。学生背后的教师们，似乎容易被遗忘，教师如何真正实现减负？且看顺德区南沙小学的改革新尝试。

一、追根溯源誓减负

“要给教师减负，必须走进每位教师的内心，真正了解教师的负担来源，才能满足他们最内在的需求。在2.0信息技术高速发展的时代，除了个别谈话，我校选择了‘互联网＋’方式。我校利用网络问卷星平台对在校教师做了普查，根据对后台反馈数据的分析，我较直观、便捷地得出了结论：我校教师普遍认为他们的负担来源从高到低依次为教学工作、督查检查评比考核、防疫工作、家庭事务、个人情绪和身体健康状况、个人专业能力发展与继续教育、社会舆论等。收集到这些数据后，我校便开始在教师的工作量上进行反思，并在教师减负的策略上进行探讨。”顺德区南沙小学陈泽良校长说。

除了教育教学工作，因为疫情防控需求，我校教师，尤其是班主任，在学生防疫方面做了大量工作：上心理课、宣传疫情防控知识、及时收集整理健康码情况、协助学校开展学生大规模核酸检测工作、在假期及时关注学生去向……由此可见，教师的负担不轻，为了让教师回归教书育人的主业，南沙小学想方设法地为教师减去与教育教学无关的事项，以争取更多的时间、精力，回归教育。我们一起来看看具体的教师减负举措。

二、助力减负勇实践

（一）系列减负活动一：减社会事务进校园

“学校是教师教学、学生学习的地方，但往往一些社会事务需要教师参与，如扶贫、城市创优评先、防疫等。需要学校配合的社会事务，我校会充分运用每周的升旗典礼进行宣讲，绝不占用教师的其他时间。关于学生德育的渲染和日常行为习惯的规范，符合‘立德树人’基准的活动，大型的重要活动，我校会由大队委组织参与，比如：‘童享爱心压岁钱　共筑幸福中国梦　——南沙小学举行广东红领巾基金募集捐赠仪式’；中小型的日常教育活动，我校德育处会统一制作教案、课件，并以年级为单位明确指引班主任借助每周的班会课进行，从而减轻班主任队伍的负担。至于其他一些不必要的宣讲或无关事务，我校绝不让其进入校园，绝不加大教师不必要的负担。”顺德区南沙小学德育副主任陈靖雯说。

（二）系列减负活动二：配套更新硬件设施，引入智慧课堂，提高课堂效率

“教师事务上的减负不等于教学质量的减负，相反，在教学上，我校提倡减负增效提质。那么，怎样在教师减负的同时达到教学提质的效果呢？我们思考许久，决定给教师们配备‘先进的教学武器’。课堂是师生学习的主阵地，我校为了提高教师教学效率，在课室安装了希沃白板，利用教师会议时间共同学习白板的操作方法，并制定校本研修课程，以科组为单位，进行智慧课堂的研修和实践，让教师们与时代接轨，在理论、实践中提高信息技术能力，以此增加课堂趣味，减轻教师备课、上课的负担，快速搜集学生相关数据，整理教学所需资料，实现增效提质。”顺德区南沙小学教务处陈永健主任说。“有了希沃白板，我看黑板更清楚了，以前坐课室后面，投影不清晰，我基本都看不清老师投影的内容。”顺德区南沙小学五（5）班陈同学说。“希沃白板是一个全新的教学设备，使用希沃白板，一开始我不太熟练，但用着发现它可以随时圈画、批注课文里的关键字句，更方便了我的教学。”一位语文教师说。

（三）系列减负活动三：教学资源共享，教学资料电子化，评价考核多样化

“根据教师们的反馈，我决定让我校信息技术老师组建一个 FTP资源共享数据库，使学校教师在校内网上方便上传资料和下载所需资料。该数据库以科组为单位，目前正是资料的上传期，相信一段时间下来，大家任教新年级时，可以更方便、快捷地搜索到所需资料，这样将大大减去我们无资源的重负。另外，在教学资料检查中，除了教案，我们以电子资料的收集和上交为主，这样既省时又节约。在教师考核方面，我校公平公正公开进行，以过程性评价为主，根据学校相关考核方案，结合教师自评和行政他评，避免了只看成绩、‘一刀切’的局面，为教师减去了资料、检查、评价等方面的负担。”顺德区南沙小学教学副校长莫丽燕说。

（四）系列减负活动四：开展多样工会活动，丰富教师课余生活，关心教师身心发展

“健康的体魄是工作前进的基础。我校积极关注教师身心的健康发展，不定期举行教师工会活动、发放生日慰问品等，希望以此释放教师平日工作里的压力，使教师关系更加和谐融洽。比如，2021年秋季学期初，我们开展了‘情系半边天　巾帼绽芳华——南沙小学庆祝妇女节系列活动’；学期中，我们开展了‘展教师风采　秀团队魅力——南沙小学教职工趣味运动会暨元旦迎新活动’；学期末，我们开展了‘欢

声笑语迎新年　凝心聚力共成长——佛山市顺德区南沙小学2022年教职工迎新春活动’。活动内容有‘阿娇’系列小品续集、教师互动游戏、教师自编自排歌唱、舞蹈等，现场气氛活跃，深受教师们的热爱。”南沙小学工会主席李淑菲说。

三、减负在望常反思

“我们学校想方设法地为教师减负尝试了一些新举措，我们更希望社会勠力同心，未来有更多的相关法律法规为我们的教师保驾护航，在安定和谐，家长、社会支持的环境下，相信我们的教师会更加负责任地全身心地投入于我们的教育事业。‘负负得正，相得益彰’，教师减负在路上，我们携手一起向未来！”南沙小学陈泽良校长殷切地期许。

【点评】

从教师负担来源的调查分析，到学校为教师减负的举措实施——减社会事务进校园；配套更新硬件设施，引入智慧课堂，提高课堂效率；教学资源共享，教学资料检查电子简约化，评价考核过程多样化；开展形式多样的工会活动，丰富教师课余生活，关心教师身心发展——每一环节的实施都经过了深思熟虑的思考。我们相信，坚持为教师减负，教师们也会将心比心，负责任地教育好我们祖国未来的接班人。“负负得正，相得益彰”，教师减负在路上，我们携手一起向未来！

助力教师队伍减负“三步走”

顺德区龙江坦田小学　黄玲

2021年7月24日，中共中央办公厅、国务院办公厅印发了《关于进一步减轻义务教育阶段学生作业负担和校外培训负担的意见》。随后，区镇传达了相关文件精神。我校在控好总量、提高质量、高效完成等方面进行了积极的探索和实践，给老师们的切实减负提供了可行性的操作建议。

一、立足课标，骨干团队设计“四类作业”，助师“研减负”

教师只有超越知识体系的束缚，从更广阔的背景下思考教学内容，并形成有效的教学方法，才能赋予学习意义。学校集结语文、数学、英语、综合四大学科的主管行政领导、备课组长、学科骨干教师进行基于课程和教学目标的作业设计，结合课程标准、教材、教学进度与内容进行整体的考量，实现作业目标与教学目标的一致性，使“有效作业设计”成为教师共同研究的课题，收到良好的研究效果。

团队制定出四种作业类型：基础训练作业，关注学生对基础知识掌握的情况；能力拓展作业，关注学生应用知识的能力；动手实践作业，关注学生综合运用所学知识的能力；资源共享作业，关注学生与他人分享学习资源的过程。四类作业紧扣学科整合，深化作业目标的落实，做到在“顶层设计”上，助力教师研有方向、研有策略、研得方法。

以书法课程为例，年级组各班语文老师将学生易错词语汇总在一起，由书法组的老师整理成一周书法作业单，将“教材写字+书法练字”融为一体，提高书法作业的针对性，既在课堂内落实了语文要素，又把书法作业融入其中，实现教学目标高效落地，促进学生能力在课堂学习中顺势生长。

二、学科融合，家校携手建构“项目式作业”，助师“量减负”

我校结合学校课程体系，建构“精准、分层、及时、规范”的“项目式课程”。联系家长，将多学科相关联的知识融合于课程中，设计实践型、操作型作业。立足多样“项目式课程”的开展，在任务布置和实践过程中，学生在多学科教师指引及家长的带领下，完成具有生活化、趣味化、探究性的“作业”时，会在不同的任务阶段得到不同的“作业批改”（即对完成任务的评价），这既能让学生学得开心与满足，又能让教师在“作业批改”上得以减负。同时，学校和教师还实现了对学生的全面评价。

例如：我们从探索跨学科作业路径出发，围绕“做一个有‘粮’心的中国人”这个主题，让学生把餐后饭菜剩余的情况以表格数据或图片的形式进行记录，根据家庭餐饮的饭菜需求分量制定合理的分配标准，鼓励学生自主探究，培养学生解决问题的能力。活动最后，学生在家长的教导下，以亲子活动的形式完成“小厨师养成记”记录，进行晚饭的制作，由此锻炼学生独立自主的生活能力。

“项目式课程”推进关注学生、教师的个体需求和能力，以综合性专题呈现，涉及学习与个人、社会、生活、世界紧密联系的丰富教学资源。我们尊重个性差异，自主研发作业单，落实教学目标，难度可控可选，在力求每个孩子都能获得个性发展的同时，也实现了教师一定程度的减负。

三、下放权限，机制督导规范管理，确保教师“实减负”

学校将作业管理权限下放给级长和班主任，老师将每一天的作业“晒”在班级群里，备注完成作业的预估时间，接受学校、家长的监督。班主任看到作业内容后可以统筹各科作业类型及时间，防止出现各科老师各自为政的情况。各学科教研组、备课组通过观察老师每天、每周、每月甚至每学期的周期作业，协调作业进度、作业内容及作业难度等，适时做出调整或分层要求。学校管理层利用数据及结果引导老师把握作业各环节需要关注的问题，增加老师对于作业设计与评价的思考深度。2021秋季学期末问卷调查的数据显示，93%的学生和家长认为老师布置的作业已经适量或者偏少了，作业的思维含量明显提升。

【点评】

借助综合学科作业设计与管理来实现教师队伍减负的整体性创新。龙江坦田小学是一所新扩建学校，面临学科组师资激增、教师团队水平亟待提高等问题，学校聚焦于综合学科核心素养，创造性地进行跨学科整合，提供多样化的作业，引导教师将精力用在分析学生的学习特点、学习方法以及学生的真正需求上，打破传统的教学模式，实现教师“跨界”成长。科学地完成学科作业，就是最好的师生减负。

内外驱动增效能，教研融合共成长

顺德一中外国语学校　王莹

为落实立德树人根本任务，着眼建设高质量基础教育体系，我校在深入推进“双减”政策落实落细的过程中，进一步探索教师队伍减负的有效措施。正确处理“高素质队伍建设”与“为教师减负”两者的关系，推动“强化教师培训”（外力）与“激发教师的自主发展”（内力）两者的有机结合的，让学校成为教师成长的乐园，让培训活动及教师发展更具有效性。

一、有的放矢，优化组合提效力

科学、合理的用人制度与管理制度是调动广大教师工作积极性，优化师资队伍整体素质的重要方式；绩效挂钩机制则是促进教师发展的有效手段。在实践中，我们通过不断完善制度改革，本着激励与发展的原则，大胆尝试，加强教师队伍的建设。目前，我校已经最大化地将师资予以合理配置，使教师工作得心应手，让教师的专业与专长得以发挥。

二、减少繁杂，精准施力创精品

减少不必要的会议次数，缩短会议时间，减少非教学必需环节和活动对教师工作的干扰。

三、以研促教，教研融合共成长

（一）强化教研，突出成果

科组长和备课组长积极组织好本科组、备课组的教研活动，教研活动要做到定人、定时间、定内容，要有详细的活动记录，切实提高教研活动的实效性。每周四前将下周教研活动情况上报给教务处，教务处在每周五公示下周教研活动安排，科组、备课组教师要全员参与，认真听课，并进行评课。同时，要集中集体智慧，实现教学资料校本化，编制适合顺德一中外国语学校学生学情的学习资料，并体现个性化、系列化、思维化的特点。

（二）以研促教，以赛促学

一是鼓励教师参加各层级学科基本功大赛和教学比武，通过团队研修打磨参赛教师，促使教师成长、成名，逐步形成“凡参赛必摘冠”的顺德一中外国语学校现象，充分展现顺德一中外国语学校教师的专业风采。二是立足当前学校教育教学工作，本着“问题即课题，行动即研究，发展即成果”的原则，与教研室一同引领教师开展小课题研究，切实解决工作中遇到的热点、难点、盲点问题；帮助教师开展教学课例研究，开拓教研交流平台。

（三）加强交流，突出重点

以“聚焦思维，深度学习”为核心内容，立足高效课堂，以更开放的思路，“走出去”“请进来”。携手区属初中教研联盟，对标名校（佛山华英学校、广州外国语学校、深圳外国语学校等），利用多种教育资源（北京外国语大学国际学校、上海外国语学校等），搭建基于高效课堂的学科教学教研平台，开展校际学科主题教研活动，为教师的专业成长创设有效的途径。同时，积极迎接市、区的视导、调研工作，展示课改阶段性成果，提高区域影响力。让教师们在交流互鉴中不断加强理论和实践学习，提高理论素养和教学教研能力。

（四）搭建平台，共同成长

1. 课堂教学效益月活动

开学第一个月开展课堂教学效益月活动，进一步规范备课和课堂教学细节，注重课堂的思维训练，向课堂要效益。

2. 教学行动周活动（思维课堂、智慧课堂）

举办联合教研中考备考峰会，邀请各地课改专家、中考命题研究专家以及一线教学名师与我校九年级骨干教师同台竞技，进一步提升九年级教师的中考备考能力和教研能力。

3. “互联·深度”智慧课堂展示课

深化课堂改革，进一步推进智慧课堂建设。七年级、八年级的每个备课组推选智慧课堂种子教师开展“互联·深度”智慧课堂展示课。

4. 复习课教学设计评比活动

根据顺德区举办九年级新授课教学评比展示活动的要求，举行复习课教学设计评比活动，旨在落实我校“思维课堂行动计划”，不断提升我校学科教学质量。

【点评】

顺德一中外国语学校在教师队伍建设中，一方面大刀阔斧地为教师“减负”，减少不必要的教学教研负担；另一方面加强教学教研工作，为教师成长提供平台，让广大教师在争做“事业型、研究型”教师的过程中，个体潜能得到了快速的发展，并呈现了强劲的可持续发展态势。